国家と対峙するイスラーム

マレーシアにおけるイスラーム法学の展開

Shiozaki Yuki
塩崎悠輝

作品社

はじめに

イスラームとは、唯一にして全知全能の存在であるアッラーに帰依、服従することである。それは信仰という、個々の人間が持つアッラーへの姿勢のことである。信仰は、まず人間の心の中に生じる。しかし、イスラームでは、信仰は、心の中だけにとどまらず、アッラーの啓示を受け入れ、その命令に服従することをも求められる。アッラーの啓示とは、預言者を通して人類にもたらされたメッセージのことであり、第一にまずクルアーン（コーラン）のことを意味する。啓示には、人間が個人として、あるいは社会として服従するべき命令が含まれており、規範としての性質を持つ。

イスラームの信仰を持つムスリムの社会であっても、啓示で命令されたとおりに人間が行動しているわけではない。全ての個人が一日5回の礼拝を行うという命令に従っているわけではないし、飲酒をしたムスリムは鞭打ち刑に処されるという命令が必ずしも実行されているわけでもない。他の宗教でもそうであるように、心の中の信仰や教義で示された規範と現実の社会は別のものである。現実の人間は、生理的欲求や経済的利益、家族をはじめとする人間関係等、様々な要因に影響されながら行動する。「イスラームの教義がこうなっているから、ムスリムの社会はこうなっている」と単純にいうことはできない。ムスリムの社会で起きている事象であるからといって、一様にイスラームに関連づけられるべきではない。現実のムスリム社会を理解するには、イスラームの教義を理解するだけでは十分ではなく、むしろその他の様々な要因への理解が必要となる。

本書の基本的な課題は、イスラームが、国家のあり方という問題で現実の社会にどのように作用するのか、を20世紀のマレーシアを具体例としながら考察するということである。イスラームとはここでは信仰のことであり、啓示から導き出された教義のことである。信仰や教義は形而上的で、現実社会とは別の次元の範疇に属しており、したがって、現実社会に直接影響を与えることはない。しかしながら、本書ではイスラームの教義を体系化した神学や法学が、現実社会と無関係であるとは考えない。信仰を持った人間（の一部）が教義を社会で実現しようとすることを通して、イスラームは現実に作用すると考える。

イスラームの歴史を通して、教義を現実に実現しようとする人々は数多く現れており、時に新王朝の興隆や動乱といった事態にまで至る運動を形成した。しかしながら、こういった運動もイスラーム以外の政治や経済に関わる様々な要因に影響されており、イスラームが現実社会に作用する過程は複雑である。宗教の社会への作用は、個人の意識しうる範囲を超えており、非常に長期に渡る。したがって、実証は非常に困難である。20世紀のマレーシアに限っても、一つの研究でとらえうるものでは到底ないが、本書では、ファトワー（教義回答）をはじめとする歴史的な資料の分析を通して、イスラームがマレーシアのムスリム社会に作用してきた痕跡を切り抜くことを試みた。

イスラームの教義を現実社会に実現しようとした中心的な人々は、ウラマー（イスラーム学者）であったといえる。ウラマーが教義を現実社会に実現しようとしても、権力を持つ統治者をはじめ、社会の様々な要因が障壁となって苦闘を強いられ、その結果は一部の稀な事例を除けば、妥協であり、屈服であった。近代になって、イスラームを社会において忠実に作用させようとする試みは、近代国家という、かつてない困難に直面することになった。近代国家は、植民地化等を通してもたらされ、イスラームの外部に由来していた。そして、イスラームを必要としておらず、本質的に世俗的であった。

近代国家は従来のイスラームの教義で想定されていなかったシステムであり、多くのウラマーや一般のムスリムは、その世俗的なシステムに違和感を表明しつつも、イスラームに基づく対処を長らく見出せずにいた。一部のムスリムはイスラームを武器として近代国家を克服することを訴え、イスラーム国家という理念が解答であると主張した。他方、イスラームを武器として近代国家と対決することにもまた違和感を持つムスリムも多く、大多数のムスリムは近代国家の下で安住することを選んだ。近代国家によって構成される世界でイスラームの教義は現実社会にどのように実現されるべきか、全てのムスリムが同意する解答は現在に至るまで見出されていない。本書の表題を『国家と対峙するイスラーム』としたのは、決然とした対決には至らず、逡巡し試行錯誤を続けるウラマーの姿勢には「対峙」という語が適切であると考えられたためである。

マレーシアはムスリムが国民の多数を占める国としては距離的に日本に最も近く、日系企業や日本人駐在員も多数見られることが示すように、1980年代以降は高度経済成長が続き、治安面でも経済面でも安定した状況が続いている。また、ムスリム諸国の中でも有数の議会と選挙制度が長期間機能しており、近代諸制度が比較的発展している国でもある。イスラーム運動は、しばしばムスリム諸国の中でも近代化が未発展であるか、もしくは近代化に失敗して破綻した国家で、統治の不在を突いて台頭すると理解される。しかし、そのような状況は、イスラーム以外の要因で起きる部分が多く、ムスリムが政治的対立や紛争を引き起こしているからといって、そこにイスラームと近代の対立があるとは限らない。一方で、マレーシアは、近代化と経済成長が進展するとともにウラマー層もイスラーム運動も拡大し続けてきた。むしろマレーシアのようなムスリム諸国の中でも近代化の優等生として位置づけられるような国においてこそ、イスラームが近代国家にいかに対峙するべきか、が喫緊の課題となる。

近代とイスラームの対峙はムスリムが居住する全ての近代国家で見られる。しかし、国家の近代化の度合いが様々であるとともに、ウラマーの水準や人数も国によって様々であり、対峙のあり方も異なる。近代化のある程度進展しているムスリム諸国、例えばトルコのような国であっても、社会集団としてのウラマーは20世紀に一度壊滅的に弱体化してしまったような場合もある。マレーシアの事例の重要な点は、一つは近代国家が本書で論じられたファトワー管理制度のようにイスラームを――時に発展させるためという名目で――積極的に管理しようとしたこと、もう一つはウラマーが政党というかたちで結集し、野党として政府と激しく対立する道を選んだことである。近代国家ではウラマーはまとまった政治勢力とはならず政府に雇用されている場合が多く、マレーシアのようなスンナ派のウラマーが最大野党になるまでの政治勢力となった例は、しいて挙げればアフガニスタンのターリバーンくらいである。マレーシアのムスリム人口は現在では6割程度であるが、非ムスリムの人口も多く、イスラームの教義に基づく社会への賛同は限られる。こういった諸条件から、近代社会を無視したイスラーム的社会の実現といった選択肢は考えにくく、政治勢力として結集したウラマーは、近代国家にいかに対峙するべきか真摯に模索することを迫られた。

マレーシアで見られる近代国家とイスラームの対峙は、多くのムスリム諸国で見られるような紛争や国家の破綻というかたちをとっていない。近代国家は動かしがたく根づいている。一方で、中東や南アジアへの留学の結果、マレーシアのイスラーム学の水準は20世紀を通して向上し続けた。ウラマーが持ち帰ったイスラーム思想は、近代国家への批判的対峙を促し、時に武力を伴う激しい対立を引き起こした。本書はマレーシアにおけるイスラーム法学の歴史的展開を論じ、それがウラマーの近代国家との対峙にどのようにつながっていったのかを描くことで、イスラームが現実社会にどのように作用するのかを示そうとした試みである。

国家と対峙するイスラーム

マレーシアにおけるイスラーム法学の展開

目次

凡例

1. 本書では、アラビア語の人名、書名の原語については次の一覧表のように転写した。ジャウィ（アラビア文字表記）で記されたマレー語の人名、書名については現代マレー語の表記法を用いて転写した。マレー語のイスラーム学文献の多くはアラビア語の表題を掲げているが、文献の本文がマレー語である場合は、表題の原語もマレー語の転写法をとっている。
2. 特に断りがない場合は、文中のカッコ内のラテン文字表記は、マレー語である。マレー語の単語にはアラビア語起源のものが多く含まれる。アラビア語起源の単語でもマレー語に取り入れられているものはマレー語綴りで表記する（例：imam、syariah。長母音は用いない）。必要な場合は、アラビア語単語はAr、英語単語はEn、マレー語単語はMと付記して記載する（アラビア語単語として表記する場合の例：imām: Ar、sharīʿah: Ar）。
3. 引用した訳文中で必要な場合は、（　）で原語を記載する。また、筆者による訳注は［　］内に記載する。

アラビア文字転写一覧表

	アラビア語	マレー語（ジャウィ）
ا	a, i, u	a, i, u
ب	b	b
ت	t	t
ث	th	s, th
ڽ (ث)		ny
ج	j	j
ح	ḥ	h
خ	kh	kh
چ (ج)		c
د	d	d
ذ	dh	z
ر	r	r
ز	z	z
س	s	s
ش	sh	sy
ص	ṣ	S
ض	ḍ	d, dh
ط	ṭ	t, th
ظ	ẓ	z
ع	ʻ	a, i, u, k, ’
غ	gh	g, gh
ڠ (غ)		ng
ف	f	f
ق	q	q, k
ڤ (ف)		p
ك	k	k
ل	l	l
م	m	m
ن	n	n
ه	h	h
و	w	w, u
ى	y	y, i
ء	’	’, a, i, u, または表記なし

略語表

ABIM: Angkatan Belia Islam Malaysia, マレーシア・イスラーム青年運動
ABIM-MISG: Angkatan Belia Islam Malaysia-Malaysian Islamic Study Group, ABIM とマレーシア・イスラーム学習グループ（MISG）が合併した団体
BN: Barisan Nasional, 国民戦線
DAP: Democratic Action Party of Malaysia, マレーシア民主行動党
GERAKAN: Parti Gerakan Rakyat Malaysia, マレーシア人民運動党
IAIS: International Institute of Advanced Islamic Studies, マレーシア国際高等イスラーム研究所
JAKIM: Jabatan Kemajuan Islam Malaysia, マレーシア・イスラーム発展庁
JI: Jamaah Islamiah, ジャマア・イスラーミーヤ
JIM: Jamaah Islah Malaysia, マレーシア改革協会
Masyumi: Majelis Syuro Muslimin Indonesia, インドネシア・ムスリム評議会
MCA: Malaysian（Malayan）Chinese Association, マレーシア華人協会（マレーシア成立以前はマラヤ華人協会）
MIC: Malaysian（Malayan）Indian Congress, マレーシア・インド人会議（マレーシア成立以前はマラヤ・インド人会議）
NEP: New Economic Policy, 新経済政策
NU: Nahdatul Ulama, ナフダトゥル・ウラマー
OIC: Organization of Islamic Conference（Cooperation）, イスラーム諸国会議機構（2011 年にイスラーム協力機構に改称）
PAS: Parti Islam Se-Malaysia, マレーシア・イスラーム党
PKMM: Parti Kebangsaan Melayu Malaya, マラヤ・マレー国民党
PMIP: Pan-Malayan Islamic Party, 汎マラヤ・イスラーム党
PPP: People's Progressive Party, 人民進歩党
PUM: Persatuan Ulama Malaysia, マレーシア・ウラマー協会
UMNO: United Malays National Organization, 統一マレー人国民組織

図表一覧

序章

なぜウラマーは国家と対峙するに至ったのか？

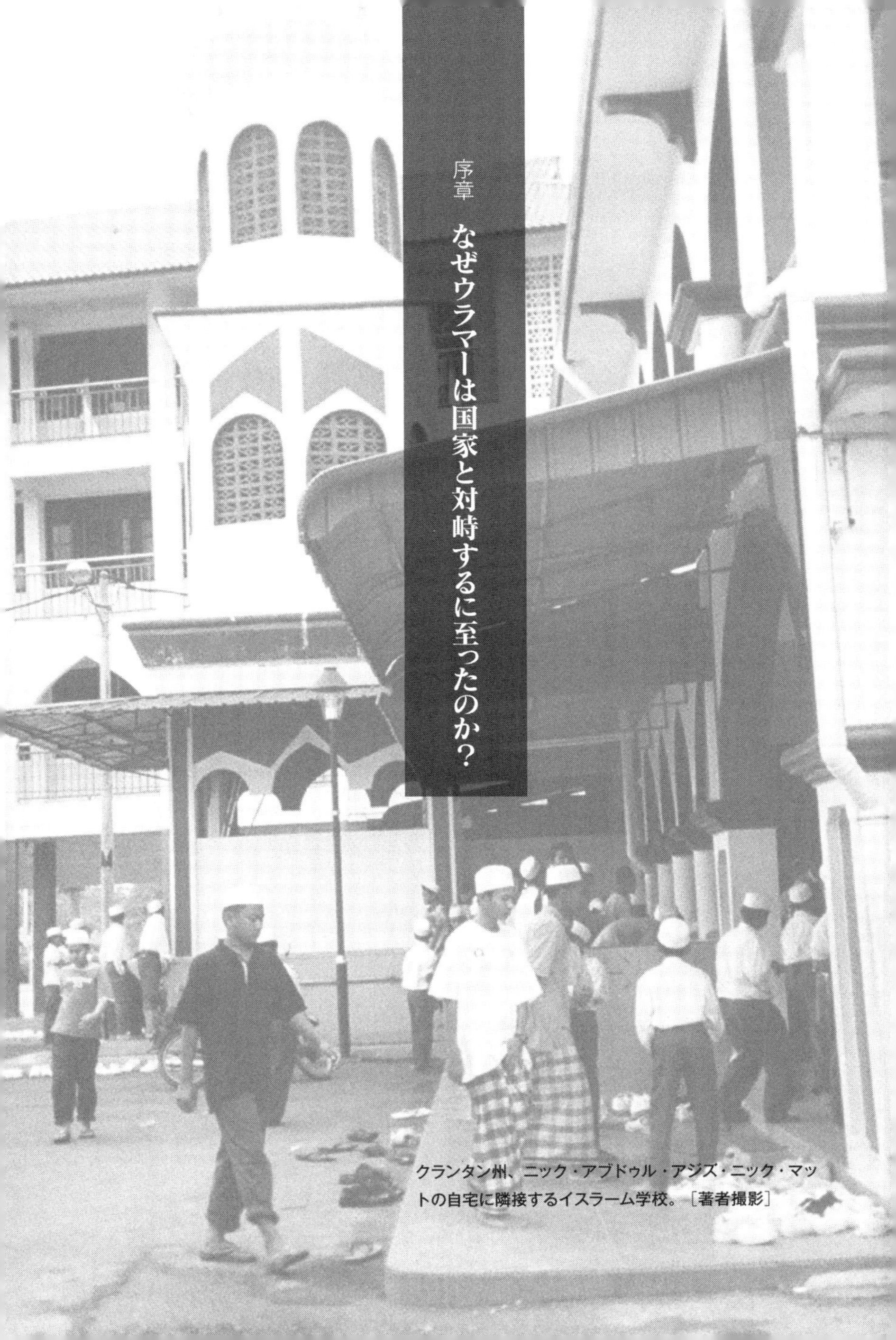

クランタン州、ニック・アブドゥル・アジズ・ニック・マットの自宅に隣接するイスラーム学校。［著者撮影］

イスラームとは唯一にして全知全能の存在とされるアッラーの教え（シャリーア）[1]に従って生きることである。現在、世界に16億人いるともいわれるムスリムの居住地は世界各地に広がっており、シャリーアについて共通の理解を持つことで同じムスリムであることができる。シャリーアに関する学問には、クルアーン学やハディース学（ムハンマドの言行録集の研究）、アキーダ（‘aqīdah: Ar、神学）やフィクフ（fiqh: Ar, fiqh: M、イスラーム法学、より正確にはシャリーアに基づく行為規範の学）等、多岐に渡る分野があり、その習得には長い年月を必要とする。中東をはじめとする各地を移動しながらシャリーアに関する学問を習得し、ムスリム社会で継承してきた人々は、ウラマー[2]（イスラーム学者）と呼ばれる。地域を超えて共有されたイスラームの共通性は、教義の体系の共有を基礎としている。ウラマーは師弟関係や留学を通してシャリーアを継承してきた。

東南アジアにおいてイスラームの伝来は、少なくとも12世紀まではさかのぼることができるが［Madjid Hasan Bahafdullah 2010: 167-171］、当初から、中東との関係を通して発展してきた。東南アジアと中東の関係は、交易や巡礼といった目的のために、人の移動が拡大してきたが、同時に、イスラーム諸学の習得もまた東南アジアから中東へムスリムが移動する際の主要な目的の一つであった。東南アジアにおいて社会的に大きな影響力を持つウラマーとなるためには、中東で学んだ経歴は、不可欠といっても過言でないほどの重要性を持ってきた。東南アジア（特にマレー半島部）のムスリムがイスラーム諸学を習得するための留学先としては、中東の他に南アジアのとりわけデーオバンド派の教育機関も大きな重要性を占めてきた。20世紀になって近代的な領域国家が成立して以降も地域を超えた学びのための移動は維持され続けた。20世紀の情報通信技術、交通手段、出版の発達は、地域を超えたイスラームの学びを盛んにする役割を果たした。

本書では、東南アジアのマレーシア[3]においてどのようにウラマーが中東からシャリーアの知識を持ち帰り、現地の国家との関係の中でシャリーアに従って生きる社会を構想していったのかを論じた。本書で論じた19世紀の終わりから１９８０年代にかけての東南アジアは、植民地化を経て独立を果たし、近代国家が成立していった時代である。そのような時代に、中東からもたらされたシャリーアの知識が現地で受け入れられ、時に国家の政策と対立しながら独自の展開を遂げていった経緯をたどったのが本書である。シャリーアの知識の受容と展開の経緯について、特に着目したのがイスラーム法学の分野であり、それはシャリーアの中でもイスラーム法学がムスリムの日常生活から統治者の政策に至るまで行為の規範となっており、近代や国家と衝突することもあるからである。シャリーアの担い手であるウラマーは、学者、教師、あるいは政府の役人となり、シャリーアに従った生き方が社会で実現されるように努めてきた。神学的な使命を果たすために政府と対立するウラマーと――シャリーアに基づく統治による公正な政府を期待して――それを支持するムスリム大衆の姿は、近現代イスラーム世界の至る所で見られる。

ウラマーがシャリーアに関する質問に対して出した回答はファトワー（fatwā: Ar, fatwa: M、教義回答、イスラームの教義に関する質問に対する回答）と呼ばれる。ファトワーは、人々の生活の指針となるとともに、政府への批判、牽制となることもあった。ウラマーはまた、ＮＧＯや政党をつくって近代国家と協調あるいは対決することもあった。特に１９５０年代にウラマーが結集して結成された政党であり、政府と対峙し続けているのがマレーシア・イスラーム党（Parti Islam SeMalaysia: PAS）である。本書は、ファトワーをはじめとするウラマーの言説を分析しながら、近代国家との対峙を通してシャリーアに従う社会を実現しようとするウラマーの苦闘を描いた。

マレーシアを含むイスラーム世界のほとんどでは、近代国家制度は、植民地化を経てヨーロッパ諸国から移植された。マレーシアでも20世紀になって急速に近代国家制度が整備され、1957年に独立国家が成立した。近代国家は、シャリーアを前提に成立したものではなく、ムスリム社会で継承されてきた法システムと相容れない部分がある。ヨーロッパから移植された法システムとシャリーアのいずれを優先するべきか、あるいは両者を折衷するべきか、という葛藤は、マレーシアでも、他のムスリム諸国でも同様に見られ、現在まで決着していない。シャリーアに基づく法システムの優先を提唱する最も有力な社会集団がウラマーである。ウラマーと近代国家の対立は、地域を超えたイスラームの論理とモダニズムや経済に基づく国家の論理の対立でもある。

イスラームの論理と近代国家の論理が対立する時、領域の限定された国民国家に対して、イスラームの論理は地域を超えた世界的なネットワークを拠り所とする。このネットワークによって地域間を移動し、シャリーアの学問を継承してきたのがウラマーである。本書で着目したのは、まず、留学や師弟関係といったシャリーアの学問を継承するメカニズムである。さらに、本書では東南アジアのウラマーのネットワークが移入してきたシャリーアの学問の思想的・系統的傾向を論じた上で、ウラマーがシャリーアという知の体系を根拠に近代国家に対してどのように対峙したのかを論じた。そのために本書が最も依拠した資料がファトワーである。ファトワーは、国家や社会に関する諸問題についてウラマーがシャリーアに基づく見解を表明したものであり、そこにはシャリーア解釈のみならず、ウラマーや政府、その他の社会集団間の駆け引きが反映されている。また、ファトワーは時にはウラマーがシャリーアの権威によって政府を牽制する際の主要な手段ともなる。そのような理由から、ファトワーは、イスラームの論理と近代国家の論理が現実の社会においてどのように対峙したか研究するための格好の資料である。

本書では、ファトワーの分析を通して、20世紀の特に後半のマレーシアで、「誰がシャリーアを解釈するのか」をめぐって近代国家とウラマーの間で起きたせめぎあいがどのように激化し、収斂していったのかを明らかにした。イスラーム世界の歴史を通して、ファトワーはシャリーア解釈の専門家としてのウラマーたちが、信徒からの質問に答えるかたちで自由に出されてきた。しかしながら、マレーシアでは、ファトワーがスルタン等の称号を持つ各州の統治者（Raja）とイスラーム宗教評議会（Majlis Agama Islam）の管理下に置かれた。さらに、このように公的に布告されたファトワーに反した言動を行った際の罰則が定められたことによって、「ファトワー管理制度」と呼ぶべき制度が整備されてきた。ムスリム諸国が近代国家としての機構を発展させていく過程で、従来政府とは独立して行われていたイスラームに関わる活動が国家機構に取り込まれ、ウラマーによるファトワーもまた政府の意向を反映したり、統制を受けたりするようになった事例はイスラーム世界の各地で見られる。[4] しかし、マレーシアの公的なファトワー管理制度は、（1）国家の認可なくファトワーを出すことができなくしたという点、（2）官報で布告されたファトワーにムスリム信徒が従わねばならないという法令があり罰則を伴う拘束力を持つ点、そして、（1）と（2）によって、（3）ウラマーを含めてムスリムが公的に布告されたファトワーに反する言説を行えなくしたという点において、近代ムスリム諸国によるファトワー統制の試みの中でも際立った事例であるといえる。このように批判が許容されない公的なファトワー管理制度が整備されてきた歴史の中にあって、言動を制限されてきたウラマーは様々な対応をとってきた。本書は、このような過程にあってウラマーがどのように従来のファトワーのあり方を回復しようとしてきたのか、そしてシャリーアの解釈権を確保しようとしてきたのかを明らかにした。マレーシアの公的なファトワー管理制度を研究することは、近代国家によるイスラームに関わる活動への統制の実態を明らかにし、近代国家とイスラームの関係、そしてウラマーを含むムスリム社会の近代国家への対応を明らかにする上で大きな意義を持つ。

シャリーアをめぐるウラマーと近代国家の対立はイスラーム世界に広く見られるが、マレーシアでは際立った二点の特徴があった。一点は、ウラマーの大多数がマレーシア・イスラーム党（PAS）という政党に結集し、国政における野党として政府に対抗したことである。もう一点は、ウラマーがファトワーという手段によって政府のイスラーム的正当性を問題にしたのに対して、政府が法制度を整備することでファトワーを統制したことである。ファトワーを出すことは公的機関のみに認められ、公的なファトワーに反する言説や行為は処罰されると定めたことである。これが、本書でその発展の経緯と背景を詳述した「ファトワー管理制度」である。このような近代国家の法制度によるファトワーの統制は、他のムスリム諸国には見られない。マレーシアでは、他のムスリム諸国と比べてもイスラームの論理と国家の論理の対立が激しかったといえる。本書では、ファトワーとファトワーをめぐる言説を両者の論理が対決している場としてとらえ、両者の論理がそこにどのように反映されているかを分析した。そのためにイスラームの論理の基礎であるシャリーアに関する学問と国家の論理の基礎であるモダニズムやナショナリズム、開発政策、民族政策についても論じており、両者の論理がどのように衝突して対立が激化していったのかを具体的に分析した。このような分析のためには、イスラーム世界で長い歴史を持ち大きな役割を果たしてきたファトワーが、近代国家においてどのように変質させられてきたのかを確認する必要がある。つまり、ファトワーというテキストへの権力の作用を認識しておくことが必要となる。

地域を超えたイスラームの知が近代国家の権力といかに対峙したのか、マレーシアにおける展開を明らかにするために、本書では以下のような研究を行った。まず、ファトワー管理制度の根拠となっている法令および行政文書を研究者らの先行研究、政党関係者やNGO等による言説を参照しながら分析した。次いで、ウラマーが出したファトワー、公的機関が出したファトワーといった資料の分析にあたっては、イスラーム学の文献を参照しながらファトワーの典拠となっている学説上の先例やファトワーを出したウラマーたちの学統、イスラーム知識伝達の経緯や地理上の背景等も考察した。また、政党としてのＰＡＳに属するウラマーおよびそれ以外のウラマーたちがどのようにファトワー管理制度に対応してきたのかを論じるにあたっては、政党から出された文書、伝記といった資料に依拠するとともにウラマーたちへのインタビューを行った。

マレーシアにおいて、イスラームの知を中東から受け継いできたウラマーたちが、発展していく近代国家の機構とどのように対峙したのか、この問題について論じるために、本書では、まず第1章、第2章で、ファトワーに見られるイスラームの知が、中東から東南アジアにどのように伝えられ、発展を遂げたかを示した。次いで、第3章、第4章では、近代国家マレーシアが、イスラームをどのように管理しようとし、一方で国家の管理が及ばない、社会の中のイスラームを公共圏の概念を用いて描いた。第5章、第6章は、ファトワーに見られる国家とイスラームの対峙、すなわち国家によるファトワー管理と、それに抵抗するウラマーたち、特にマレーシア・イスラーム党（PAS）の衝突が起きるに至った過程を詳細に論じた。

本書の特色は、主に次の二点である。第一の、いわば内容的な特色は、20世紀マレーシアの各時期に影響力の大きかったファトワー、あるいはイスラーム学の観点から特色のあるファトワーを取り上げ、20世紀マレーシアにおけるファトワーの特徴の変遷、特に植民地統治下や近代国家に特有の、当時としては新しい課題であった諸問題へのウラマーたちの対応を俯瞰できるようにしたことである。同時にそれらのファトワーを出したウラマーの学統、学業の場といった背景を取り上げ、それらの背景がファトワーにどのように反映されているかを論じた。これらの作業を通じて、ウラマーが育成されファトワーを出す上で、地域を超えたウラマーの修学のネットワークとマレーシアにもたらされた法学をはじめとするイスラーム諸学の継承が決定的な重要性を持つことが明らかになるであろう。特に第2章においてウラマーたちの中東等での修学とマレーシアでのイスラーム諸学の水準向上がいかにファトワーに反映されたかが論じられる。

第二の、いわば方法論的な特色は、20世紀マレーシアの各時期における政治、社会上の重要課題やウラマーをめぐる権力関係についても記述し、これらの環境がファトワーにどのように作用していたのかについても考察するよう心掛けたことである。ファトワーを出す際に基礎となるのはイスラーム諸学であるが、一方で、現実の事態への理解とその現実の事態に応じて何が義務となるのかということへの理解が必要であり、ファトワーを出した結果もたらされる影響をも考慮して判断を表明することがウラマーには求められる。ファトワーはイスラーム学の体系のみに依拠した解釈から発せられるのではなく、むしろ各時代の政治・社会環境との対決の中で、時に動揺しながら発せられる。イスラーム諸学のみを参照するのでは、ファトワーを通してウラマーたちの本来の意図や姿勢を探る上で不十分である。本書では、ファトワーの内容を政治的、社会的な権力関係や利害関係に還元するのではなく、同時にこれらの外的条件を捨象するのでもなく、ウラマーたちの置かれた環境とファトワーとの相互作用を考慮しながらウラマーたちがファトワーにこめた本来の意図を推察することに努めた。第3章、第4章、第5章で近代国家マレーシアの諸課題と、それに対して構築された諸制度、諸政策について論じるのも、マレーシアにおけるファトワーとウラマーたちの同時代への対応をより動態的に分析するための準備である。第6章ではファトワー分析を通してPASと政府の対立関係のあり方を論じ、当時の政治的、社会的環境とウラマーたちの出したファトワーの間で重要な相互作用があった複数のケースを分析する。

研究史的には、本書は、大きな視点から見れば国家あるいは統治者の権力と宗教勢力の間で起きた教義解釈をめぐる対立に関する研究の一つである。このような教義解釈をめぐる対立はイスラームのみならずほとんどの諸宗教に見られるものであり、近代のみに限られたことでもない。キリスト教においては、古来より教皇首位説あるいは教皇権至上主義（ウルトラ・モンタニスモ）と公会議主義の対立、ガリカニスムの台頭、そしてプロテスタントによる福音主義というように教義解釈権をめぐる幾多の対立が見られた。

また、近代国家の多くが世俗主義の原則を有するに至った過程においても多くの宗教で教義解釈をめぐる対立が見られ、近代以降においては世界の主な諸宗教と国家制度の関係は公法学上の重要問題となっている［シュミット 1971］。しかしながら、本書は第3章で論じているようなイスラーム特有の条件を持つ近代ムスリム国家のみを対象とした研究であり、他宗教との比較は今後の課題となろう。ここでいうイスラーム特有の条件とは、イスラームはキリスト教におけるような教会を有していないこと、多くのムスリム諸国は植民地統治後の独立の結果として成立しておりごく短期間で欧米の諸制度を移入したこと、そして近代国家が成立して以降もほとんどのムスリム諸国は少なくとも建前上は世俗主義を否定しており、欧米から移入された制度とシャリーアを反映しているとされる制度が並存していることである。本書は、このようなイスラーム世界特有の条件を持つ近代国家における政府とウラマー（彼らは基本的には教義解釈権を持つ機関に属する聖職者ではなく、あくまでイスラーム諸学に通じた知識層として社会集団を形成している）の間の教義解釈をめぐる対立に関する研究である。

本書の主要な先行研究は、以下の二つのカテゴリーに分類することができる。

1．中東と東南アジアをつなぐウラマーのネットワークに関する研究

2．マレーシアにおけるファトワーの研究

1．については、現在までマレーシアにおけるウラマーのネットワークとそれに基づく活動に関する研究は限られたものである。[5] 東南アジア、特に現在のインドネシアにあたる地域出身のウラマーたちのネットワークに関する研究としては、アジュマルディ・アズラの傑出した業績がある［Azyumardi Azra 2004］。その他に代表的な研究として、クルアーン解釈学を中心としたイスラーム諸学上の影響に関するリデルの研究［Riddell 2001］、インドネシアで学ばれているイスラーム学文献に関するブライネッセンの研究［Bru-inessen 1995］、中東と東南アジアにまたがったムスリムの歴史的活動に関するタグリアコッツォ［Tagliacozzo 2009］、リズアーン・オスマン［Redzuan Othman 2005a］らによる研究等がある。また、イエメンと東南アジアをつなぐネットワークに関する研究の蓄積があり、［Jonge and Kaptein 2002］等にまとめられている。中東と東南アジアをつなぐウラマーのネットワークに関する研究は、近年急速な進展を見せているが、研究対象が膨大であることもあり、未開拓の領域が多いといえる。

２．については、現代イスラーム世界における公的なファトワー布告制度に関する研究はすでに一定の蓄積がなされている[6]。マレーシアにおける公的なファトワー布告制度に関する研究は、マレー語による研究[7]は近年盛んに行われているものの、英語による先行研究はフーカー［Hooker 1993; 1997］、ロフ［Roff 1996; 2009］、ハーシム・カマリ［Mohammad Hashim Kamali 2000］らによる研究に限られており、日本語による研究は藤本［藤本 1966a; 1966b］による二つの論文と多和田［多和田 2001］による研究が見られる程度である。これらの先行研究において、20世紀のマレーシアで発展してきた「ファトワー管理制度」と呼ぶべきイスラーム世界でもあまり例を見ないマレーシアの特徴的な制度について、その発展の経緯とムスリム社会にもたらされた影響を含めて包括的に論じた研究は見られない。本書はこれらの先行研究に比して特にファトワー管理制度が発展してきた背景を分析して国家がシャリーア解釈権を独占しようとしてきた経緯を明らかにすると同時に、国際的なネットワークを通してイスラーム諸学の水準向上に努めてきたウラマーの活動にも焦点を当てる。本書では、ウラマーたちがファトワー管理制度にどのように対峙してきたのか、そしてその背景には中東と東南アジアをつなぐネットワークによってもたらされたイスラームの知があったことが、包括的な研究を通して明らかになる。

第1章 東南アジアにおけるイスラーム法解釈の発展とファトワー

クダー州立のイスラーム学校マクタブ・マフムードの生徒たち。［著者撮影］

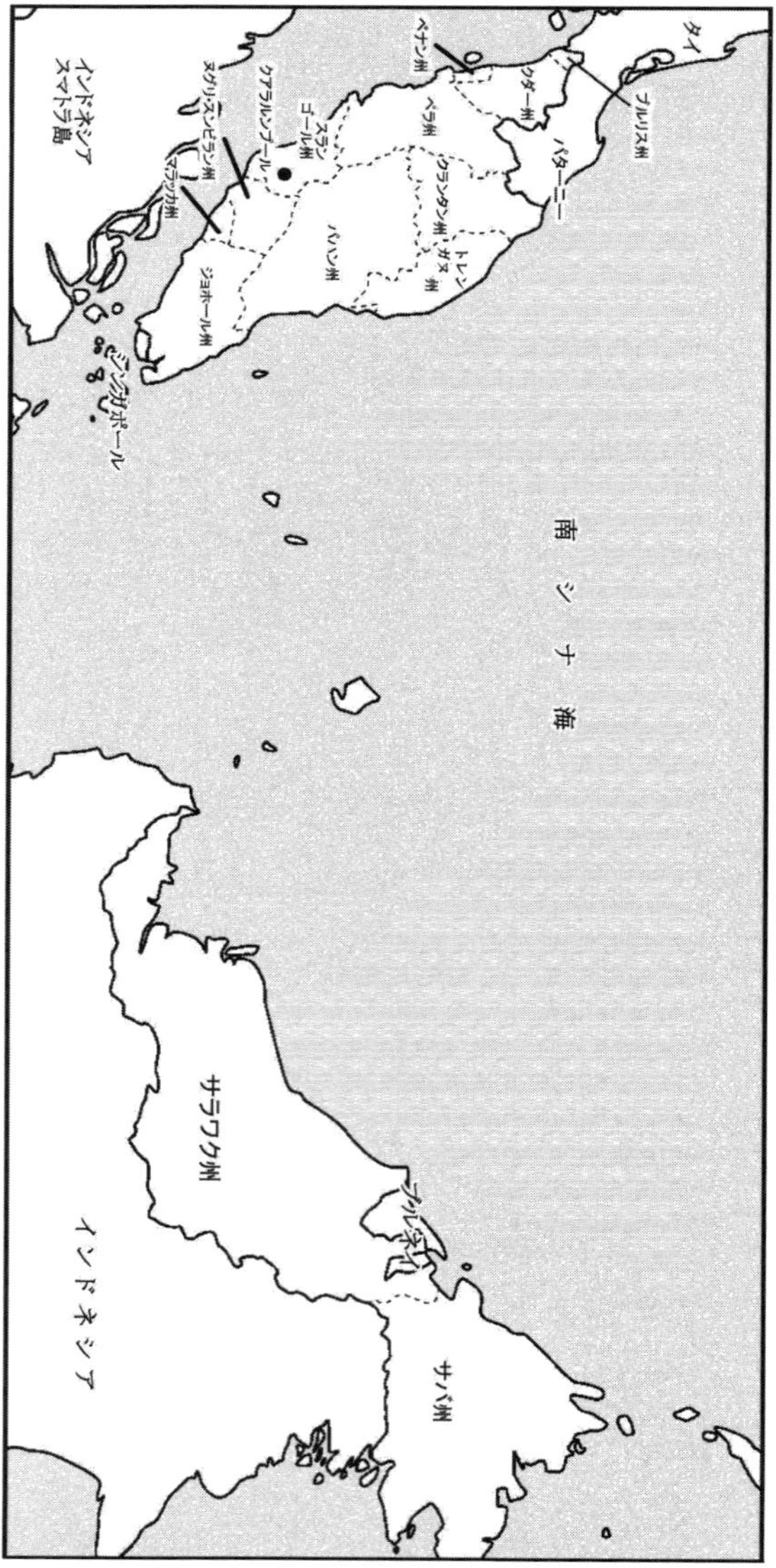
タイ
ペナン州
ペルリス州
クダー州
ペラ州
パターニー
クランタン州
トレンガヌ州
パハン州
ジョホール州
スランゴール州
クアラルンプール
マラッカ州
シンガポール
インドネシア
スマトラ島
南シナ海
サラワク州
サバ州
インドネシア

図１　**現代のマレーシア**

キー・ワード

フィクフ

シャリーアに基づく行為規範の学問。しばしば「イスラーム法学」と訳されるが、欧米や日本の法学とは非常に異なる。国家により制定、施行される法律に関する学問ではなく、クルアーンやハディースに基づいて、礼拝をはじめとする宗教行為のやり方を定め、その他様々な人間の行為を分類する。ハラール（許された）な行為、ハラーム（禁じられた）な行為に分類した上で、さらに義務、推奨される行為、避けたほうがよい行為、禁止された行為、といった分類をする。分類の対象は、刑法や民法、商法、国際法といった欧米の法律の対象になるような行為ばかりではなく、むしろ礼拝や巡礼といった宗教行為についての学説が多い。ほとんどの行為については、統治者（政府）が行う罰則規定は定められておらず、法律というよりも倫理の基準を論じる学問と考えたほうが近い。

ファトワー

イスラームの教義に関する（質問に対する）回答。ムスリムはイスラーム的に正しく生きるべきであるが、そのためにはイスラームの教義を知らなければならない。そのための努力のことをイジュティハード（最善を尽くすこと）という。アラビア語のクルアーンやハディース、様々な学説を熟読して正しい判断を行うことは大部分のムスリムには難しい。その能力を持つのがウラマーである。多くのムスリムはイスラーム的により良い行い、より正しい理解を得るというイジュティハードの手段として、ウラマーに質問し、回答、すなわちファトワーを求める。ウラマーにとってファトワーは、自分の学説を示す機会である。ファトワーを出す者のことをアラビア語でムフティーという。政府に雇用される公職としてのムフティーも存在する。

本章は、本書で扱う問題の出発点を示している。最初に、イスラーム世界の歴史を通してファトワーがどのように定義されムスリム社会でどのような役割を果たしてきたのかを論じた。また、これまでの東南アジア・イスラーム研究がファトワーをどのように研究してきたか概観した上で、東南アジアのファトワーに関する研究がさらに進展することで、イスラーム世界および東南アジアの研究に何が付け足されうるのかを述べた。また、本書における主要な一次資料でもあるファトワーが、学術的にどのような意義を持つ資料であるのかを論じ、ファトワーの分析を行うことの意義を明らかにする。

ファトワーは、イスラームの教義全般に関する質問への回答であるが、その多くはフィクフ、すなわちシャリーアに基づく行為規範の学に関するものである。イスラーム諸学はシャリーア、すなわちアッラーからの啓示であるクルアーンと預言者ムハンマドの言行録であるハディースによって示された教えをその源泉とする。預言者ムハンマドを通してもたらされた啓示という知を継承するのがウラマーの役割であり、フィクフは、継承されてきた知的伝統を典拠として様々な状況での行為規範を演繹する学問である。

ファトワーは、フィクフの学説を世に公表する機会であるともいえる。その学説は、既存の定説であることもあるし、ファトワーを出したウラマー自身による新説であることもある。そのようなファトワーの実例を分析することは、啓示に基づくイスラームの知的伝統が、現実の社会とどのような関係にあったのかを明らかにすることにつながる。ファトワーについて研究することは、イスラームの知的伝統、すなわち伝統的なイスラーム学の中でもフィクフについて研究することと切り離せないが、以下、フィクフを発展させてきた法学派という仕組みのあらましについて簡略に述べておく。

ファトワーを出すためのフィクフ上の判断において、基礎となるのは法学派（madhhab: Ar）である。イスラームの神学においては、7世紀にクルアーンが啓示され、8世紀からムウタズィラ派、アシュアリー派、マートゥリーディー派といった学派が現れて、ギリシア哲学を取り入れながら、予定論、自由意志、神の属性といった問題をめぐって相互に対立しつつ発展していったが、11世紀以降はアシュアリー派、マートゥリーディー派、「ハディースの徒」がスンナ派（Ahl al-Sunnah wa al-Jamāʻah: Ar）における神学派となっていった。[8] 一方、フィクフにおいては、クルアーンが啓示されてからムスリムによる統治が確立され、その領域が拡大していった8世紀から10世紀の間に、様々な行為に関する規範を構築するために、優れたウラマーが現れると弟子たちが師の学説と方法論を体系化して継承することにより、法学派を形成する動きが数多く見られた。最終的には、スンナ派においてはそれぞれの法学派の祖であるウラマーの名を冠してハナフィー派、マーリク派、シャーフィイー派、ハンバル派と呼ばれる四大法学派が公認の法学派として残った。他に、ザーヒル派のような法学派も存在したが、13世紀には消滅した。10世紀以降のフィクフは、法学派ごとに体系化され、法学派の祖や法学派の初期のウラマーによって著された基本書に記された学説を規範として発展していった。法学派に基づくフィクフは、多くは基本書の解釈とその現実への適用であり、著述の多くも基本書の注釈や提要であった［堀井 2004: 114］。

なお、7世紀に預言者ムハンマドの後継者の地位をめぐって、多数派のスンナ派と対立して独自の勢力を形成したのがシーア派であるが、シーア派は神学、法学においてもスンナ派とは別の学派を形成するようになった。シーア派内では、指導者の継承をめぐって、さらに十二イマーム派、ザイド派等に分かれた。スンナ派でもシーア派でもない勢力としては、オマーンで公認されているイバード派等がある。

マレーシアでは、シャーフィイー派が圧倒的に有力な法学派であり、行政においても最優先されている。ファトワーを含め、マレーシアにおけるフィクフは、歴史的にシャーフィイー派に基づいたものである。しかしながら、本書第5章で論じるように、20世紀のイスラーム世界では、特定の法学派のみに基づくのではなく、複数の法学派を参照する方法や、法学派の定説ではなくクルアーンとハディースに直接典拠を求めようとする方法が盛んになってきたのであり、その影響はマレーシアにも着実に及んだ。法学派と法学上の方法論を理解することは、20世紀マレーシアのファトワーについて論じる上で、必須である。

第1節　伝統イスラーム学におけるファトワーとムフティー

スンナ派四大法学派のみならず十二イマーム派、ザイド派、イバード派、ザーヒル派の学説を網羅した現代の最も浩瀚で権威ある『フィクフ事典（al-Mawsūʻah al-Fiqhīyah）』によれば、ファトワーとは、「シャリーアに関する質問に対する典拠（dalīl: Ar）の明示を伴う回答」と定義されており[9]、自身でイジュティハード（ijtihād: Ar、原義は「（正しい答えを得るために）最善を尽くすこと」であるが、ここでは自分自身の判断でフィクフの規範を演繹する作業）を行うことができないムスリム信徒からの質問に対する専門家（ウラマー）による教義回答である。質問者は、統治者でもありうるし、私人でもありうる。イスラーム世界での質問の多くはフィクフに関わるものであり、ファトワーはフィクフの学説発表のための主要な手段のひとつでもあったため、フィクフの発展のために不可欠な機能を果たしてきた。ファトワーを発するためには、フィクフの規定、細則を知っているだけでは十分ではなく、現実の事態への理解とその現実の事態に応じて何が義務となるのかということへの理解が必要であり、ファトワーを出した結果もたらされる影響をも考慮して、細則にとらわれず大所高所からの判断が必要となる［中田 2003: 25-26］。ウラマーが現実の事態を判断して教義上の判断を表明せねばならないということを示した好例として、イブン・カイイム（Ibn Qayyim, 1292-1350）が彼の師であるイブン・タイミーヤ（Ibn Taymīya, 1258-1328）から伝えられた次に逸話がある。

私は「イスラームの師表」イブン・タイミーヤが、以下の話を度々語るのを聞いたものである。「タタール人による占領時代、私［イブン・タイミーヤ］がハンバル派の同学の一人と共に、タタール人の一団が酒を飲んでいるところに通りかかったところ、私の同行者が彼らを咎めようとした。そこで私はこう言って彼を阻止した。『アッラーが酒を禁じ給うたのは、酒がアッラーを念ずること、礼拝から遠ざけるからに他ならない。ところが彼らタタール人に関しては、酒は殺人、児童誘拐、金品強奪から彼らを遠ざけているのだ。だから彼らを［殺人、誘拐、強盗より社会にとってより害の少ない酒宴に耽るままに］放っておきなさい。』」［Ibn Qayyim al-Jawzīyah 1955 : 16］。

イブン・タイミーヤはタタール人たちが酒を飲んだ結果として、ムスリムの生命と家族と財産の保護が達成されるのであれば、タタール人たちの飲酒は放置されるべきであると判断したのである。飲酒という悪行の阻止よりも、ムスリムの生命・家族・財産の保護の方が優先されたといえる。イブン・タイミーヤはその学説においてはいかなる種類の酒もムスリムが飲むことは一切許されていないと論じているが、この例に見られるように、一般的行為範疇に妥当する法的規定を明らかにすることと、それを現実の事態に適用することとは全く別の問題なのである［中田 2003: 26］。

ファトワーを発する者すなわち説明ないしは回答を意味するイフター（iftā': Ar）を行う者がムフティー（muftī: Ar）であるが、ウラマーの間にはイフターとイジュティハードは同一の行為であるとの見解もある。ムフティーはクルアーン、スンナ（sunnah: Ar、預言者ムハンマドの言行）とイジュマー（ijmā': Ar、コンセンサス）から演繹してシャリーアに関する判断を明らかにするのであり、その行為はイジュティハードと多くの点で共通している。イフターとイジュティハードが同一の意味であるとする見解をとるウラマーは、ムフティーにはムジュタヒド（mujtahid: Ar、イジュティハードを行う者）の諸要件が必要であると見なしている。しかしながら、ファトワーは概して質問に対する回答であるが、イジュティハードはそうである必要はない。また、ファトワーは、クルアーンとスンナに明文で規定されている内容を回答するだけの場合もあり、その場合にはイジュティハードは必要とならない［Usāmah 'Umar al-Ashqar 2008: 11-13］。

マレーシアに限らずイスラーム世界各地には統治者に任命されて政府や裁判所からの質問に対してファトワーを発することを職務とする政府の役職としてのムフティーが存在してきたが、本書で取り上げるマレーシアのムフティーも主に政府に任命されたムフティーのことを指している。

イスラーム世界の歴史の中で、ファトワーは政府からは独立した自律的な集団としてのウラマーたちがムスリム社会に働きかける主要な手段であった。ウラマーたちがファトワーを発する際の権威の拠り所はあくまでシャリーアであり、国家ないしは統治者ではなかった。シャリーアは国家が制定するものではなく、一方で国家の正当性はシャリーアに適合していないと確保することが難しい。ウラマーは専門家集団としてシャリーア解釈権を握るが、社会集団としてのウラマーはイスラーム知識の伝達を通して自己再生産してきたのであり、誰がウラマーであるかは国家による任命で決まるわけではない［小杉 2006: 524-525］。近代以前のイスラーム世界では、政府からは独立した自律的なウラマーたちと統治者の間での緊張しつつも協調的な関係が維持されてきた。アッバース朝期（750-1258）にはすでに国家がウラマーを宗教と法の専門家として認知し、ウラマーたちもまた行政一般についての国家の管轄を尊重するという、一種の協調関係が成り立っていた。ただし、この協調関係は国家とウラマーが互いの領域を侵犯しないことを前提とした役割分担であり、ウラマーによる体制迎合を意味するものではなかった。堀井の述べるように「国家の役割はスィヤーサ（行政）に限定されたのであり、国家がひとたびその領域を踏み越えれば、法学者はシャリーアを武器としてこれを抑制しようとした」［堀井 2004: 60-61］のである。

マーワルディー（al-Māwardī, 975-1058）は『統治の諸規則』においてイスラーム法におけるカリフ制の目的を「信仰を擁護し、人間世界を統べる」［マーワルディー 2006: 6］ためと要約しているが、カリフの職務として狭義の政治問題と共に狭義の宗教案件も挙げられている。カリフの権能・義務とされる狭義の宗教案件には以下のような事項が含まれる。（1）背教者との戦い［マーワルディー 2006: 128-138］、（2）シャリーア裁判（カーディーの任命）［マーワルディー 2006: 154-181］、（3）行政（の不正に関する）裁判［マーワルディー 2006: 184-228］、（4）預言者の血統の管理［マーワルディー 2006: 230-239］、（5）礼拝の催行（大モスクのイマームの任命）［マーワルディー 2006: 242-259］、（6）ザカートの管理［マーワルディー 2006: 276-303］、（7）法定刑（フドゥード）、裁量刑（タァズィール）の執行［マーワルディー 2006: 528-573］、（8）勧善懲悪（ヒスバ：主として市場監督）の実施［マーワルディー 2006: 576-620］。しかしながら、ウラマーがファトワーを出すことへの介入は、統治者の権能・義務には含まれない。マーワルディーはこのことについて、「礼拝のイマームが支配者によって任命されたのではない地域的な（街の街区の）モスクであるならば、そこで講義したり、ファトワーを出したりする者は、そのモスクに座ってそうすることについて、支配者の許可を得る必要はない」と述べている［マーワルディー 2006: 457］。

伝統的イスラーム法学においては、ファトワーへの介入は、統治者の管轄事項とは見なされない。ところが、近代国家としてのムスリム諸国では、国家が管轄する行政の範囲は拡大され、教育をはじめとして従来は民間の領域にあった諸々のイスラームに関わる活動が政府の管理下に置かれるようになっていった。様々な政治勢力、とりわけ国家が政治的利益のためにウラマーとファトワーの政治的利用を試み、政府はファトワーを出すための公的な制度と機関を整備しようと試みてきた［Usāmah ʻUmar al-Ashqar 2008: 72-74］。最高ムフティー、あるいは公的なファトワー布告機関（Dār al-Iftā'：Ar）の設置もこうした動きの一部であった。マレーシアのファトワー管理制度もまたムスリム社会でのウラマーの自律的な活動を抑制し、フィクフやムスリム社会の世論を国家の政策に沿ったものにしていこうとする試みである。

ここで本書における主要な一次資料でもあるファトワーという資料の形態とその研究上の価値について言及しておく。ファトワーとは「シャリーアに関する質問に対する回答」と定義される。したがって、モスクであれ、学習の場であれ、一般信徒がシャリーアの知識を持つと見なされるウラマーに対して何らかの教義上の質問をして、回答がなされればそれはファトワーである。このような意味で、ファトワーはムスリム社会でごく日常的に見られる活動であり、その多くは口頭で交わされるものである。その内容も、一言答えを示すだけのこともあり、否とか応と言うだけのものも多い。ファトワーはシャリーアを根拠とした回答であり、したがっていかなるファトワーにもクルアーン、ハディース、あるいは権威ある法学書に基づく典拠（dalīl: Ar）があると考えられるが、それがファトワー中に明記されることはファトワーの成立要件ではない。典拠が明記されるかどうかは質問者の理解度や回答の形式、その場の状況次第であるが、ファトワー集のような文献に収められたファトワーには典拠を明記しているものが多い。ファトワーがファトワーたりうるためには、文書である必要はなく、行政機関を通す必要もない。

口頭で出されたファトワーは、何者かが記録した場合を除けば記録に残らないため、資料として用いることはできない。20世紀になってからの音声、映像による記録を除けば、資料として用いられうるのは文

郵便はがき

料金受取人払郵便

102-8790

麹町支店承認

6747

差出有効期間
平成29年1月
9日まで

切手を貼らずに
お出しください

102

[受取人]
東京都千代田区
飯田橋2—7—4

株式会社 作品社
営業部読者係 行

【書籍ご購入お申し込み欄】

お問い合わせ 作品社営業部
TEL03(3262)9753/FAX03(3262)9757

小社へ直接ご注文の場合は、このはがきでお申し込み下さい。宅急便でご自宅までお届けいたします。送料は冊数に関係なく300円（ただしご購入の金額が1500円以上の場合は無料）、手数料は一律230円です。お申し込みから一週間前後で宅配いたします。書籍代金（税込）、送料、手数料は、お届け時にお支払い下さい。

書名	定価　　円	冊
書名	定価　　円	冊
書名	定価　　円	冊
お名前	TEL　（　　）	
ご住所 〒		

フリガナ
お名前

男・女　　　　歳

ご住所
〒

Eメール
アドレス

ご職業

ご購入図書名

●本書をお求めになった書店名

●ご購読の新聞・雑誌名

●本書を何でお知りになりましたか。

イ　店頭で

ロ　友人・知人の推薦

ハ　広告をみて（　　　　　）

ニ　書評・紹介記事をみて（　　　　　）

ホ　その他（　　　　　）

●本書についてのご感想をお聞かせください。

ご購入ありがとうございました。このカードによる皆様のご意見は、今後の出版の貴重な資料として生かしていきたいと存じます。また、ご記入いただいたご住所、Eメールアドレスに、小社の出版物のご案内をさしあげることがあります。上記以外の目的で、お客様の個人情報を使用することはありません。

献のかたちで記録されたファトワーであり、その多くは様々なファトワー集の中に収められている。ファトワー集には、一人のウラマーが出したファトワーがまとめられたものもあれば、特定の地域で出されたファトワー、特定の問題に関して出されたファトワーがまとめられたものもある。また、統治者が命じて編纂させたファトワー集もある［堀井 2004: 143-144］。

ファトワーは、イスラーム諸学、特にフィクフの研究において非常に重要な資料である。フィクフについては、古来より法理論やキヤース（qiyās: Ar、類推）の方法論にも言及した体系的な法学書、特定の問題に焦点を当てた学説書もあるが、ファトワーがフィクフの学説集と異なる点は、学説集が一般的行為範疇に妥当する法的規定を示したものであるのに対して、ファトワーは具体的に起きた事例について、状況に応じた法的判断を下したものであることである。そのため、裁判官であるカーディー（qāḍī: Ar、裁判官）や裁判に際して法学上の見解を諮問される（公職としての）ムフティーにとっては、ファトワー集は職務上の基礎的な資料、あるいはマニュアルであった［堀井 2004: 143］。

ファトワーは、ウラマーたちが政治や社会といった現実の事態をどのように認識し、対応していったかを知る上での有用な資料でもある。ムスリム社会でそれまで見られなかった新しい事案——例えばコーヒーのような未知の物品の伝来［ハトックス 1993］や電話や遺伝子操作といった新技術の導入——が起きた時、どのように対処するべきかについてのファトワーが求められることになるため、ファトワーはウラマーたちがイジュティハードを行い、新たな学説を世に現す機会でもあった。このようなイジュティハードの結果としてのファトワーもファトワー集には数多く収められている。イジュティハードを要するファトワーは、ウラマーたちの力量が問われ、フィクフの方法論が重要となるため、そのようなファトワーは、当時用いられていたフィクフの方法論を知り、フィクフの方法論の発展をたどる上でも基礎的な資料となる。また、典拠としてどのような法学書が引用されているかを見ることで、ファトワーを出したウラマー自身の学統やその時代や地域において影響力の大きかった学統を知ることができる。

ファトワーには問題となった事案の経緯や背景が記されていることも多い。また、民事、刑事、行政訴訟を含めた裁判に際して、参照とするために、カーディーもしくは訴訟当事者がファトワーを求めることも多かったため、当時の裁判の内容を知るための史料ともなりうる。そのため、ファトワーはムスリム社会の社会史を研究する上でも重要な史料である。ムスリムの歴史において、統治者らは様々な政策決定を行う際、決定の指針として、あるいは決定への権威付けとしてファトワーを求めた。統治者らは（異教徒との）戦争を行う際は、それがジハードであるとのファトワーを取り付けた。したがって、ファトワーは政治史研究においても参照される史料である。

第2節　ファトワーという史料と東南アジア・イスラーム研究

ファトワー集という形式の文献は、中東においてはイスラーム史の中でも初期から見られたが、第2章で詳説するとおり、マレー半島出身者によるファトワー集は、19世紀末になるまで現れなかった。マレー半島では、20世紀初期までは特定のウラマー個人によるファトワー集やマッカに居住する複数のウラマーたちによるファトワー集も出版されていたが、ファトワーの公的管理制度が整備されると、「ファトワー」と称される教義上の回答は公的機関によってのみ発出できるようになり、20世紀後半に出版されたマレー半島出身者によるファトワー集は、連邦政府もしくは各州政府の公的機関から発出されたファトワーを集めたものばかりである。[10] ただし、外国のウラマーによるファトワー集は数多く翻訳され、出版されている。

20世紀に至るまで、マレーシアで最も参照されてきたファトワー集は、シャーフィイー派のウラマー、イブン・ハジャル・アル・ハイタミー（Ibn Ḥajar al-Haythamī, 1503-1566）によるファトワー集、『イマーム・シャーフィイーのマズハブにおけるフィクフの大ファトワー集』［Ibn Ḥajar al-Makkī al-Haythamī 1997］である。

マレー語によるファトワーは、20世紀半ばまでは、ジャウィ（Jawi）というアラビア文字を用いた表記法によって記されたものがほとんどである。20世紀後半にはルーミー（Rumi）というラテン・アルファベットを用いた表記が増加していったが、1980年代になってもジャウィで表記されたファトワーも多かった。現在でも、特にイスラーム関係の著述でジャウィが用いられることもある。また、クルアーンやハディース、あるいは古典的な法学書からの引用部分やイスラーム諸学の用語は、現在に至るまでそのままアラビア語で記されていることが多い。

20世紀になるまでは、記録されたファトワーは、専らファトワー集という形式の文献によって保存されてきたが、20世紀に入ると印刷技術の発達に伴い、他の形式の資料にもファトワーが見られるようになった。とりわけ、新聞と雑誌はファトワーを公表する新たな形式をもたらした。マレー半島で新聞と雑誌が出版されるようになった初期から、読者が質問を投稿し、それにウラマーが回答するという欄が設けられていた。そのような欄は、ファトワーと銘打たれていてもいなくても、教義上の質問に回答している以上はファトワーの一種であると見なされうる。新聞や雑誌といったメディアによって、それまでよりも即時に、短期間に、より広範な地域のより多数の読者にファトワーが知れ渡り、社会に影響を及ぼすことが可能になった。第2章第3節で詳説するが、このようなファトワー欄が設けられた雑誌の初期の代表的なものにシンガポール在住のウラマーたちが発行した『アル＝イマーム（*al-Imam*）』とクランタン州政府のイスラーム宗教評議会が発行した『プンガソ（*Pengasuh*）』があった。

20世紀後半になるとラジオ、次いでテレビが登場し、視聴者からの電話での質問に対して番組に出演したウラマーが回答するという番組が作られるようになり、全国の視聴者が実況中継で口頭での回答を知ることができるようになった。さらに、20世紀末になるとインターネットが登場し、インターネット上で教義上の質問と回答がやりとりされるようになった。インターネットによる質問と回答は、電子メールによる非公開のものも、ウェブサイト上での公開のものもあったが、国外へ質問して回答を得ることも短時間で可能になり、世界各地で出されたファトワーについて知ることも容易になった。マレーシア・イスラーム発展庁（Jabatan Agama Kemajuan Islam Malaysia: JAKIM）長官であるワン・モハマド・シェイフ・アブドゥル・アジズ（Wan Mohamad Sheikh Abdul Aziz）は、『ファトワーの発出・広報におけるインターネットの影響』という著作において、表1に挙げたようなファトワーを閲覧できる様々なウェブサイトを紹介している［Wan Mohamad Sheikh Abdul Aziz 2010: 32-47］。また、イスラーム発展庁のウェブサイトでは、"e-fatwa"というセクション（http://www.e-fatwa.gov.my/）が設けられており、各州で出されたファトワーの一部を、結論部分のみ閲覧できるようになっている。

このように、教義上の質問に対して回答を示すメディアは多様に存在しているが、20世紀のマレーシアでは、公的なファトワー管理制度によって、「ファトワー」と称された教義上の回答は公的機関のみが発出できるようになっていった。特に、官報に掲載されたファトワーは、罰則を伴う拘束力を持つと定められた。官報に掲載されたファトワーを含め、公的機関から発出されたファトワーは、公立の公文書館等に保存されるようになった。

以下では、ファトワーが一般的にどのような形式を持っているのかの例として、２０００年にマラッカ州の公的機関であるファトワー委員会が出したザカート（zakāt: Ar, zakat: M）に関するファトワーを検討する。ザカートとは、シャリーアにおいてムスリムに課された義務としての喜捨、浄財である。イスラー

表1　**ファトワーを閲覧できるウェブサイト**

公的機関のウェブサイト、もしくは公的な性格の強いウェブサイト	
サウディ・アラビア政府による教学に関するウェブサイト	http://www.al-islam.com/
ブルネイ王国ムフティー局のウェブサイト	http://www.brunet.bn/gov/mufti/
インドネシア・ウラマー評議会のウェブサイトにあるファトワー集	http://mui.or.id/mui_in/product_2/fatwa.php/
ヨーロッパ・ファトワー・研究評議会のウェブサイト	http://e-cfr.org/
世界イスラーム連盟のウェブサイトにあるファトワー集	http://themwl.org/fatwa/
イスラーム協力機構による教学に関するウェブサイト	http://www.fiqhacademy.org.sa/
イスラーム・フィクフ・アカデミー（インド）	http://ifa-india.org/
マレーシア・イスラーム発展庁によるウェブサイト“e-fatwa”	http://www.e-fatwa.gov.my/
ウラマーが私的に個人、もしくは集団で開設しているウェブサイト	
アメリカ・シャリーア委員会のウェブサイト	http://www.shariahboard.org/
イスラーム・オンライン（ムスリム同胞団系のウェブサイト）	http://www.islam-online.net/
スンナの道研究アカデミーのウェブサイト	http://www.sunnipath.com/
ユースフ・カラダーウィーのウェブサイト	http://www.qaradawi.net/
ワフバー・ムスタファ・アッズハイリーのウェブサイト	http://www.zuhayli.net/

ムにおける喜捨にはザカートとサダカ（sadaqah: Ar, sedekah: M）の二種類があるが、サダカが自発的な喜捨であるのに対して、ザカートは定められた最低限以上の資産を所有するムスリムの義務である。ザカートには、年次ごとに所有する財産に一定の率で課される年次浄財（zakāt al-māl: Ar, zakat harta: M）とラマダーン月明けの礼拝前に一定額を支払う斎戒明けの浄財（zakāt al-fitr: Ar, zakat fitrah: M）がある。ザカートの使途である支給の対象者は（1）極貧者、（2）貧者、（3）ザカート関連業務者、（4）イスラームへの新規入信者、（5）奴隷（の解放のため）、（6）債務者、（7）ジハードへの従軍者、（8）旅行者、といった項目に限定されている［中田 2003: 262-264］。現代マレーシアでは、ザカートの徴収と分配は行政機関によって独占的に行われている。伝統的なフィクフの説においては、年次浄財の課税対象となるのは、家畜、穀物・果実、金銀、商品といった資産であるが、以下のファトワーで問題とされているのは、現代的な給与所得者、すなわち労働に対して貨幣で報酬を得て、なおかつ資産の大きな部分を貨幣で所有しているムスリムにとって、ザカート支払いが義務となるか、ということである。

「給与のザカート」

背景

・以下の説明では、「給与」とは一般に、労働あるいは奉仕に対して雇用者により支払われる報酬を意味する。ここで意味するのは、あらゆる種類の給金、すなわち狭義の給与、手当、賞与、補助金、利子等、労働または奉仕に対する「報酬」と呼ぶにふさわしい全てのものを含む。

・辞書『カムス・デワン（*Kamus Dewan*）』によると、「給与」は「一定の期間に（生計、労働等の成果として）発生する一定量の金銭、あるいは給料として得られたもの等」と定義されている。

・統計によると、マレーシア国民の給与所得者の大部分がイスラームを信仰する者である。彼らは給与［所得から］のザカートが義務となる場合、ザカートを支払う最大の集団となる。
・中東における著名なウラマーであり著作家であるユースフ・カラダーウィー（Yūsuf al-Qaraḍāwī）博士は、その著『ザカートのフィクフ（Fiqh az-Zakah: Ar、ママ）』において、給与や専門職による収入はザカートの［課される］対象となるべきであると述べている。

根拠（Hujah）と典拠（Dalil）

・給与または収入［から］のザカート支払いの義務は、クルアーンと預言者ムハンマド（彼の上に平安あれ）のハディース、ウラマーの見解に根拠を持つ。
1．至高なるアッラーの啓示
「信仰する者たちよ、おまえたちの働いて得たよいものと、我が大地からおまえたちのために創りだしたものを惜しまず施せ。悪いもの、目をつむらずにはおまえたち［自身］さえ取れないようなものを意図して施してはならない。アッラーは満ち足りておられる御方、賛美されるべき御方であることを知れ。」（牝牛章、２：２６７）
　この典拠（ダリール）は商売［による収入から］のザカートの義務について適用されるものであるが、全ての種類の仕事によって得られた財産を意味すると解釈される「おまえたちの働きによるもの（ma kasabtum: Ar、ママ）」という言葉に基づき、給与所得についても類推して（diqiyaskan）使用することができる。

2. 預言者ムハンマド（彼の上に平安あれ）の御言葉

「彼らに伝えよ、至高なるアッラーは彼らの財産の一部を喜捨することを義務づけた。富める者から取り、困窮する者に与えられるのである。」

アル＝ブハーリーとムスリムの両正伝集が共に収録するハディース

『ザカートのフィクフ』におけるユースフ・カラダーウィー博士の見解は以下のとおりである。

1. ユースフ・カラダーウィー博士は「取得された財産（al-mal al-mustafad: Ar、ママ）」という概念を用いている。取得された財産とは合法的な（halal）方法によって得られたあらゆる新しい収入である。取得された財産の中には給与、専門職による収入、売買されなかった資本から得られた収入等が含まれる。

［売買されなかった資本から得られた収入とは、不動産を賃貸することによって得られた収入等を意味する。］

2. 「取得された財産」が商売、生業としての家畜の飼育等から得られた財産であり、すでにザカートが支払われている場合は、年次（hawl）［のザカート額］と［ザカート支払いが義務となる］最低量（nisab）の計算において、元からあったもの［従来から所有している資産］と後から加わったもの［その年次に取得された財産］を合わせて計算されなければならない。これは、あらゆる資本と収入は同様に喜捨されるべきであるということを意味している。これが、通常理解されるところのザカートのあり方である。

［例えば、牛を100頭所有している場合、まず、資産としての牛100頭分のザカートを1年分支払わねばならない。これに加えて、牛のミルクを売ることによって収入（取得された財産）を得ていた場合、この収

入にもザカートが課せられる。］

これに対して、その財産からすでにザカートが支払われており、年次の終わりに達していない場合、例えばすでにザカートを支払った農産物の販売やすでにザカートを支払った家畜の販売による収入の場合は、ザカートを二重に課されることを防ぐために［販売からの収入は］ザカートが課される対象とはならない。

［ある年度内に、すでに牛100頭という資産分のザカートを支払っている場合は、その牛を同年度内に売却した際に得られた収入にザカートが課されることはない。］

3．取得された財産が、所有している財産への投資による収入ではなく、行った仕事に対する支払い、売買されなかった資本から得られた収入、贈り物、贈与されたもの等のかたちをとる場合は、ザカートの対象となる。このような収入から徴収されたザカートは、年次ごとの条件（syarat hawl）［年間を通してある資産を所有した場合に課されるザカート額の条件］には従わない。

［家畜や農地への投資から得られる収入（ミルクや農作物）のみならず、給与、不動産の賃貸収入、贈与等にもザカートが課される。］

・シェイフ・ムハンマド・アブー・ザフラ（Sheikh Muhammad Abu Zuhrah、ママ）の見解では、給与もしくは専門職による収入は、年次（hawl）と最低量（nisab）に達した場合ザカートの対象となる。彼は「取得された財産」の概念をザカート支払いの義務の根拠として使用するのではなく、ウマル・ビン・ハッタープ（彼の上にアッラーの祝福あれ）によって行われたように「マスラハ（maslahah、公共の福利）」の方法を使用している。

・ユースフ・カラダーウィー博士は、［彼の著書の］最初の部分では「取得された財産」の概念についての［クルアーンやハディースの］明文（nas）に基づく論拠を示しているが、最後の部分ではシェイフ・ムハンマド・アブー・ザフラと同様に「マスラハ（maslahah）」の概念に拠っている。彼はザカートの支払いにおいて収入の多い公務員や専門職と収入の少ない農民の間で守られるべき公正について多くを語っている。

・マフムード・ズフディ准教授（Prof. Madya Dr. Mahmood Zuhdi）の見解では、「取得された財産」の概念に基づいて、給与や専門職収入にザカートを義務づけたファトワーを根拠づける［クルアーンやハディースの］明文（nas）は多くはないものの、マスラハあるいはその時代の社会の利益という概念はこのようなファトワーを強く根拠づける（menyokong）と述べている。マスラハあるいはその時代の社会の利益という概念は、イスラームにおける規則（hukum）の制定の方法にふさわしく、矛盾せず、イスラームにおいて広く受け入れられている。マスラハはイスラーム法の補助的な法源であるが、このような状況、すなわち［クルアーンやハディースの］明文（nas）や明文に基づく類推（qiyas）による明確な指針が得られない時には従うことができる。

ファトワーの結論（Keputusan Fatwa）

・マラッカ州ファトワー委員会会議（mesyuarat）は以下の［国家ファトワー委員会による］ファトワーの結論について議論し、［マラッカ州における］適用に合意した。

1．1992年12月9日の国家ファトワー委員会の第31回会合（muzakarah）は以下の結論に達した：

a）イスラームに従う人々（umat Islam）は給与所得からザカートを支出することが許されており、国税庁（Jabatan Hasil Dalam Negeri）は支払われたザカートの金額分に応じて徴税額を減らすことが求められる。

b）専門職収入は、商売によるザカートに含まれるためザカート支払いが義務となる。

2．1997年6月22日の国家ファトワー委員会（臨時）会合では、以下の結論に達した。

「会合ではザカートを支払う能力のある人々が給与所得に応じたザカート支払いを義務とすることに合意した。」[Jabatan Mufti Negeri Melaka 2005 : 67-72]

このファトワーは、「背景、根拠と典拠、結論」という構成になっている。多くのファトワー集では、まず質問者からの質問が記されている場合が多いが、このファトワーでは質問は掲載されていない。これは、このファトワーが官報に掲載されて拘束力を持つようになっており、そのため単なる教義上の回答ではなく、ムスリムの州民に宗教的義務を公告する行政文書と呼ぶべきものであることも関係していると思われる。また、多くのファトワー集では、ファトワーの最後に、ファトワーを出したウラマーの署名があることが多いが、このファトワーは、マラッカ州ファトワー委員会の複数のウラマーたちによって出されたものである。ただし、官報にはファトワー委員会の委員長でもあるマラッカ州ムフティーの名前が記載されている。

伝統的なフィクフの学説では、年次ごとのザカートは、基本的には年間を通して保有された財産に課されることが想定されてきた。例えば、羊であれば、課税対象となる最低所有量は30頭、課税率は100頭ごとに1頭、というような課され方である。すなわち、年次ごとのザカートは所得ではなく資産に課されるのであり、所得税ではなく資産税である。ところが、労働の対価として貨幣による報酬を得る給与所得者の場合、その資産の大部分は貨幣となり、年間を通して保有され続けることはない。そのため、家畜や農産物、金銀、あるいは商品といった資産を所有し続けることの少ない現代の給与取得者の場合、ザカートの支払いは義務であるのかどうかがこのファトワーでは問われている。また、もし給与所得者のザカート支払いが義務であるとしたら、どのような規則によって支払額が決定されるのか、例えば、税率はどのように定められるのか、税率は資産の総額から算出されるのか、あるいは年収の総額から算出されるのか、といった問題も出てくる。

このファトワーでは、ユースフ・カラダーウィー（1926-）の著書『ザカートのフィクフ』を主な根拠として用いており、給与所得者のザカート支払いは義務であるという結論を導き出している。ユースフ・カラダーウィーは、エジプト出身で、カタールを中心にアラブ諸国やヨーロッパ等で活躍するウラマーである。アラブ諸国のイスラーム運動であるムスリム同胞団と緊密な関係にあるが、政治活動よりも教育活動、著述活動、テレビやインターネットを多用したメディアでの活動によって、その言説は現代ムスリム世界で広く参照されている。現代の諸問題に関するファトワーを多数出しており、そのファトワー集は、マレーシアでも翻訳、出版されている［Yusuf Qaradawi 1995; 2003］。アズハル大学から1977年にザカートに関する論文で博士号を得ている。[11]

このファトワーで典拠・根拠とされているのは、クルアーンとハディースに次いで、アズハル大学で教育を受けた、もしくはアズハルで教えたウラマーたちであり、しかも20世紀半ば以降に活躍したウラマーたちである。20世紀以前から伝統的に典拠とされてきたイブン・ハジャル等のようなシャーフィイー派のウラマーによる古典ではなく、あるいは、パターニー（現在のタイ南部東海岸側）やスマトラといった東南アジア出身のウラマーたちによる宗教書ではない。このことは、20世紀後半にマレーシアからエジプトへ常時数千人が留学しているようになり、アズハル大学とエジプト最大のイスラーム運動であるムスリム同胞団の影響が、マレーシアで非常に大きくなったことの表れである。

ムハンマド・アブー・ザフラ（1898-1974）は、エジプトのダールル・ウルーム大学で教育を受け、アズハル大学とカイロ大学でイスラーム法を教えたフィクフの碩学である。マフムード・ズフディ（1947-）は、マレーシア人で、アズハル大学で修士号を取得して、マレーシアのマラヤ大学と国際イスラーム大学でイスラーム法を教えているフィクフの専門家である。この二人は、ザカートの支払いが給与所得者の義務となることの根拠として、公共の福利（マスラハ）を挙げている。ファトワーの主な根拠としてマスラハが挙げられることが多いのも20世紀後半以降、特に近年のファトワーによく見られる特徴である。このことは、新しい科学技術の登場等により、古典的なフィクフの学説が適用し難い事案が増えたことの表れともいえるが、むしろ具体的な基準が曖昧な「公共の福利（マスラハ）」という概念を濫用して、政府の施策方針を追認しているとも考えられる。

このように、ファトワーの典拠（ダリール）を分析することにより、ファトワーを出したウラマーたちの間で、どのような法学書の影響力が大きかったのか、どのような類推の方法論が用いられていたのかを知ることができる。さらに、ウラマーたちがそのようなスタイルをとるようになった背景としての師弟関係、学統、あるいはどのような場で学んできたのか、等も考察できる。このようなウラマーたちの背景の考察は、ウラマーたちの伝記をはじめ、新聞や雑誌を含むウラマーたちに関する様々な資料、二次資料としてはウラマーたちに関する先行研究を併せて活用することで、充実させることができる。このようにして、ある時代、ある地域のウラマーたちの背景、有力であった学説、用いられていた方法論を明らかにすることは、イスラーム法学史研究に寄与しうる。しかしながら、ファトワーを分析する際に必要なのは、単に法学上の背景を理解することではなく、ファトワーを出したウラマーの置かれていた政治的、社会的背景やファトワーが出される際に作用したと考えられる権力関係を踏まえて分析することである。

マレーシアのザカートに関するファトワーに関しては、藤本の研究［藤本 1966a; 1966b］があるが、藤本の二つの論文で考察されているのは、1960年代のファトワーであり、当時の主な質問は、米の収穫に課されるザカートに関してであった。そのような質問に対しては、ナツメヤシ等の農産物へのザカート課税に関する古典的なフィクフの学説を典拠として回答されている。典拠として引用されているのは、概ね、イブン・ハジャルらによるシャーフィイー派の古典的な法学書であった。

これに対して、2000年にマラッカ州から発出されたこのファトワーでは、問題となっているのは給与所得に課されるザカートである。ファトワーの結論部分に、「国税庁はザカート支払い額分、課税を減免するべきである」との指示があるが、ザカート徴収と一般の税制との兼ね合い、連邦政府と州政府の歳入にも関わってくる問題である。このファトワーが出された背景には、20世紀後半以前は農業・漁業従事者が大多数であったムスリム（主にマレー人）の間で、製造業、サービス業等に従事する給与所得者が急増したという事象がある。そして、マレー人ムスリムの給与所得者が急増した主な原因として、1970年代以降の最も主要な国策である新経済政策（New Economic Policy: NEP: En）があった。新経済政策は先住民族（Bumiputra）の社会経済的地位向上を図った政策であり、マレー人ムスリムの極めて大規模な製造業、サービス業等への進出をもたらした。その結果、マレー人ムスリムの生活様式は、職業形態も収入のあり方も大きく変化したが、このファトワーは、そのように変化した生活様式でも従前通りにムスリムの宗教的な義務（ザカート）を果たせることを主張したものであり、そのことが「公共の福利」にかなうとも主張して、広い意味で、政府の施政方針を肯定している。

ファトワーは、ウラマーたちの法学的な背景を分析するのに最適な資料であるとともに、ウラマーたちが同時代の統治者やムスリム社会、諸課題にどのように対応したのかを明らかにする上でも最適な資料である。マレー語によるファトワーは、マレーシアの公的機関から出されて今も保存されているものに限っても数千件にのぼる。フーカーは、1960年から1985年にかけてマレーシアの各州で出されたファトワーの総計は、1539件であると見積もっている［Hooker 1993: 96］。アフマド・ヒダヤット・ブアン（Ahmad Hidayat Buang）は、彼が収集したマレーシアの各州で発出されたファトワー382件のうち、最も多かったのは礼拝に関するファトワー（615件、16・1％）であり、次いでザカート（357件、9・3％）、モスク（259件、6・8％）、ワクフ（153件、4％）、離婚（122件、3・2％）、墓地（93件、2・4％）、遺産相続（89件、2・3％）、利子（59件、1・5％）、商取引（51件、1・3％）、投資（27件、0・7％）の順に多かったと指摘している［Ahmad Hidayat Buang 2004: 170-171］。イスラーム発展庁が発行した1980年から2008年にかけての国家ファトワー委員会によるファトワー案の選集では、（1）アキーダ（ほとんどが異端判断に関するもの）、（2）イバーダ（信仰行為）、（3）社会／シャリーア、（4）ムアーマラート／経済、（5）医療、（6）食物と飲料、（7）動物／屠殺、（8）家族、といった項目に分けられて掲載されている［Jabatan Kemajuan Islam Malaysia 2009］。公的機関から発出されたファトワーに加えて、新聞、雑誌を含めた出版物に記載されているマレー語によるファトワーを合わせると、1万件を上回ると考えられる。これらの全てを分析することは、本書の及ぶところではないが、20世紀マレーシアの各時期に影響力の大きかったファトワー、あるいはイスラーム学の観点から特色のあるファトワーで、なおかつ植民地統治とその後の独立、宗教間関係、民族間関係や開発政策といった20世紀マレーシアの政治、行政における主要課題について論じたファトワーを取り上げて分析していく。

第2章

中東と東南アジアをつないだウラマーのネットワーク

伝統武術シラットを観る生徒たち。クダー州のイスラーム学校にて。[著者撮影]

図２　マッカのシャーフィイー派ムフティー、アフマド・ザイニー・ダフラーン (Aḥmad ibn Zainī Daḥlān, 1817-1886)［Utusan Malaysia, 4 September 2012］

図３　イエメンのハドラマウト出身でジョホールのムフティーとなったサイイド・アラウィー・ターヒル・アル＝ハッダード (Sayyid Alawi bin Tahir al-Haddad, 1884-1962)［Abd Latif Juffri @ Al-Jufri and Masnorindah Mohd Masry 2010：176］

キー・ワード

法学派（マズハブ）

フィクフ（イスラーム法学）において、宗教行為のあり方がどうあるべきか、人間の行為をどのように分類するかについては、ウラマーの間で学説が分かれることがある。先達の大学者とされるウラマーによる学説を受け入れ、共有する集団のことを法学派という。ムスリムの大多数を占めるのは、預言者ムハンマドの教友から伝承されたムハンマドの言行（スンナ）で真正とされるものは全て肯定し、フィクフの判断基準として用いるスンナ派である。スンナ派の中での主な法学派は、それぞれ祖となった大学者の名のついたハナフィー派、マーリク派、シャーフィイー派、ハンバル派の四大法学派である。東南アジアでは、シャーフィイー派に従うウラマーが圧倒的に多数であった。近現代のイスラーム世界では、四大法学派のような既存の法学派を否定するサラフィー主義が勢力を拡大してきた。

サラフィー主義

クルアーンとハディースに直接基づいたイスラーム解釈を行い実践しようとする思想。そのための方法論として、預言者ムハンマドの時代には存在しなかったビダア（革新、逸脱）を排除し、直接クルアーンとハディースから解釈を導き出そうとする。法学的にはムハンマドの死後に成立した法学派の学説に従うこと（タクリード）を否定する。この思想はイブン・タイミーヤ（1258-1328）によって唱えられた。18世紀にムハンマド・イブン・アブドゥル・ワッハーブが興し、サウディ・アラビア王国で支配的となったいわゆるワッハーブ派はサラフィー主義の一派である。特にイブン・タイミーヤの神学面での思想を強調しており、シーア派やスーフィー教団を否定する。一方、19世紀末にエジプトでもサラフィー主義の潮流が盛んになり、イスラーム世界に広く伝播していった。

序

本章では、19世紀後半から現在までのマレーシアのウラマーの歴史、背景に言及しながら、彼らの出してきたファトワーについて論じる。ファトワーの分析を通して、ウラマーたちが当時の社会の情勢と統治者に対してどのような対応をとろうとしてきたのかを明らかにする。

ウラマーは、イスラーム世界において、世代と地域をつないでイスラーム諸学の知識（'ulūm shari'īyah: Ar）を伝える役割を果たしてきた。ウラマーたちの多くは、イスラーム知識を伝達する「鎖の輪」を意味するシルシラ（silsilah: Ar）の継承者と見なされ、クルアーンやハディース、それらの解釈であるイスラーム諸学の古典を継承してきた。ウラマーたる資格は、統治者や国家が認証するものであったことはなく、あるいは宗教組織の認証が必要であったこともない。ウラマーは、ウラマーたちのコミュニティとムスリム社会で認知されることによってウラマーたりうるのであり、特にシルシラの継承者であることが重要であった。シルシラの継承者であることによって、ウラマーたちは預言者ムハンマドにさかのぼることができる知識の継承者であり、ハディースで言及されているように「預言者たちの後継者」たりうることができたのである。このことは、書物で要約された知識を得た近代の「イスラーム主義者（Islamist: En）」や欧米式教育を受けて「イスラーム研究（Islamic studies: En）」に従事する地域研究者らと、古典的なウラマーたちを決定的に分かつ点でもある。

イスラーム世界の歴史を通して、シルシラの継承者となるために、つまりイスラーム諸学の知識を継承するために、世界各地を学び渡るのがイスラーム学徒の常であった。特に東南アジアにおいては、ウラマーは古くから中東等へ長年出かけていって、知識を持ち帰ってくる役割を担ってきた。20世紀以降は、欧米から移入されてくる知識が社会において影響力と重要性を増したが、中東等からイスラーム諸学の知識と思想を持ち帰ってくるというウラマーの役割は変わっていない。

ウラマーたちのイスラーム諸学追求のための遍歴は、地域内・地域外に張りめぐらされたイスラーム学徒の大規模なネットワークを築いた。マレー半島の歴史において、学識の高いウラマーは、ムフティー、カーディー（qādī: Ar、裁判官）、あるいは寄宿生のイスラーム学習共同体であるポンドック[12]（pondok）の長への敬称でもあるトッグル（Tok Guru、「先生様」の意）として、社会に影響力を持った。

ウラマーたちのネットワークは、ポンドック、あるいは20世紀に入ってからはマドラサ（madrasah: Ar, madrasah: M）、行政における学校のカテゴリーの一つである宗教学校（sekolah agama）のようなイスラーム教育に重点を置いた学校を結節点としており、他にもモスク（masjid: Ar, masjid: M）、政府内のイスラーム行政機関等がウラマー・ネットワークの結節点の役割を果たした。

ウラマーのネットワークはムスリム社会の社会共有資本（social capital: En）と見なしうるものであり、教育、冠婚葬祭等の儀礼、さらに地域コミュニティにおける道徳的権威として機能してきた。ウラマーの伝統的な役割は、社会における善の勧めと悪の阻止（amr bi al-ma‘rūf wa nahy ‘an al-munkar: Ar）であり、ムスリム・コミュニティでイスラーム的価値と規範が適用されるように努めることを求められてきた。

伝統的に一部のウラマーは統治者の助言者の役割を務めてきた、ウラマーは統治者によってムフティーやカーディーに任命されることはあるが、シャリーアそのものは国家によって制定されるものではない。ウラマーのネットワークはあくまで政府から自律的であり、教育者として、シャリーアに関する専門家集団として、教育のみならず福祉等を含めた社会活動の多くの部分を主導してきた。近代的行政の成立以前は、社会活動の多くの部分は非政府のイスラーム関係の団体、活動によって担われていた。そのような活動の拠点となったのが、慈善目的のために所有権を停止された財産であるワクフ（waqf: Ar）に基づく施設や資産であり、タリーカ（tarīqah: Ar）と呼ばれる神秘主義教団もまたイスラームに関わる諸活動の基盤となった。シャリーア解釈に基づいてファトワーを出すことは、イスラームに関わる諸活動においても、統治者との関係においても、ウラマーの重要な役割であり、社会に影響を及ぼす主要な手段であった。これらのウラマーやイスラームに関わる諸活動のネットワークは政治活動にも活用されてきた。たとえ近代的な体裁を持つ政党であっても多くはこのようなネットワークを基盤としたものが多い。

ウラマーやイスラームに関わる諸活動のネットワークは本来特定の国家内に限定されたものではなく、地域を超えた性質を持っていた。現代では、全世界のムスリムの共同体を指すウンマ（ummah）は、数十の近代主権国家に分割されている。これらの近代ムスリム国家では、行政の集権化と近代的行政機構の整備が進められてきた。教育や福祉といったそれまでイスラームに関わる活動によって担われてきた社会活動も近代国家による行政の管轄するところとなり、ウラマーとイスラームに関わる諸活動には変化が迫られた。もたらされた結果の一つが多くのウラマーの周縁化であり、彼らの社会における道徳の権威としての影響力も衰退した。もう一つの結果はウラマーの行政機構への取り込みであり、彼らは公務員として教育や様々なイスラームに関わる諸活動に従事し続けた。これらの事態と並行して、マレーシアにおけるPASのように、あるいはインドネシアにおけるナフダトゥル・ウラマー（Nahdatul Ulama: NU）の例に見られるように、ウラマーが政治運動を組織し、シャリーアに則った統治やイスラーム教育の充実といったアジェンダを実現しようとする動きも見られるようになっていった。

ウラマーは現代でも社会共有資本ともいえるネットワークを維持し、ムスリム社会で大きな影響力を保持している。程度の差はあれ「世俗化」したムスリム諸国にあって、シャリーアに基づいた統治を実現するべく、ウラマーたちが積極的な役割を果たそうとしている例は各地で数多く見られる。その最も顕著な例が、シーア派の指導的ウラマーであったルーホッラー・ホメイニー（Rūḥ Allāh Khomeynī, 1902-1989）が中心的な役割を果たした１９７９年のイラン革命であろう。

以下、本章では、そのようなウラマーのネットワークが東南アジアで社会的・政治的な影響力を構築していった過程の一部、19世紀末から20世紀前半までをファトワーを通して見ていく。ウラマーがつないだ東南アジアと中東の間のネットワークで、中東における最も重要な拠点となったのは、アラビア半島のマッカ、イエメンのハドラマウト地方、エジプトのカイロである。これら三つの拠点の重要性や性格は時代によって変遷していったが、いずれも19世紀後半から現代に至るまで、東南アジアのムスリムにとって決定的な重要性を維持し続けてきた。第1節では、19世紀末の時点で、東南アジアのムスリムがイスラームを学ぶ上で圧倒的に最大の重要性を持っていたマッカについて、現在のタイ南部出身で人生のほとんどをマッカで居住したウラマー、アフマド・アル＝ファターニーのファトワーを通して見ていく。第２節では、東南アジアに移民してきたアラブ人ウラマーの大多数の出身地であり、東南アジアで支配的となった伝統的な法学派であるシャーフィイー派の供給源ともいえるイエメンのハドラマウト地方について、同地方出身で東南アジアに移住したウラマー、サイイド・アラウィー・

図４　**アラビア半島**

ターヒル・アル＝ハッダードのファトワーを通して見ていく。第3節では、東南アジアでは20世紀初めに現れて伝統的なシャーフィイー派法学と激しい勢力争いを繰り広げたサラフィー思想[13]がエジプトからもたらされた経緯とその影響について、シンガポールを拠点にして雑誌『アル＝イマーム（*al-Imam*）』を発行してサラフィー思想を普及した人々が出したファトワーを通して見ていく。

第1節　東南アジアのムスリムの学びの中心地にしてファトワーの発信地としてのマッカ

――アフマド・アル＝ファターニーのファトワー集

I．東南アジアにとってのマッカの重要性

本節では、東南アジア出身でマッカに移住したアフマド・アル＝ファターニー（Wan Ahmad bin Muhammad Zain al-Fatani, 1856-1908）のファトワー集およびその他の著作を分析する。アフマド・アル＝ファターニーとして知られるアフマド・ビン・ムハンマド・ザインは、マレー半島北部のパターニー（現在のタイ南部東海岸側に位置する。アラビア語では「ファターニー」）の出身であったが、マッカに移り住んで東南アジア出身のイスラーム学徒を指導するとともに、オスマン朝の支援で出版所を運営し、多くのイスラーム学文献を東南アジアに送った。アフマド・アル＝ファターニーのファトワー集は、東南アジアから送られてきた質問への回答をまとめたものであり、アラビア語の混じったジャウィのマレー語で記されている。このファトワー集では、植民地統治下の諸問題や非ムスリムの移民の流入、新たに進出してきたタリーカの是非等について論じられている。

Ⅱ．アフマド・アル＝ファターニーの経歴と思想

マレー半島においてウラマーのネットワークとイスラーム諸学の飛躍的向上をもたらした大きな契機として、19世紀半ば以降に起きたパターニーの王朝の没落を挙げることができるであろう。パターニーは、マレー人ムスリムによる王朝であり、それまでマレー半島におけるイスラーム学習の最大の中心地であった。１８３１年から１８３２年にかけて、パターニーは中央集権化を進めつつあったバンコクの王朝に対し反乱を起こしたが、敗北した。反乱に際し、パターニーはマレー半島の他の三王朝、クランタン、クダー、トレンガヌと同盟しており［Ibrahim Syukri 1985: 62-64］、反乱の敗北後、反乱に指導的役割を果たした者たちを含め、多くのウラマーたちがこれらの三つの王朝へ、あるいはアラビア半島のマッカへと移住していった。パターニーからのウラマーたちにより、クランタン、クダー、トレンガヌではポンドック（寄宿式のイスラーム学習共同体）が数多く設立され、これらの州でイスラーム学習をはじめとする諸活動が盛んになっていく契機となった。パターニーの王朝は最終的には１９０８年に滅亡し、近代国家としてのタイ王国に組み入れられた。１９５７年にマレー半島の他のマレー人ムスリム諸王朝によってマラヤ連邦（Federation of Malaya）が結成された際、パターニーの王朝がそこに参加することはなかった。

中東に移動していったパターニーのウラマーたちは、その後のマレー半島におけるイスラーム諸学の発展を準備する上で重要な役割を果たした。一つは学習の拠点を準備する役割であり、もう一つは出版という新技術を活用して、イスラーム知識に関する書籍を中東から東南アジアへと移入させるという役割であった。アフマド・アル＝ファターニーのようなウラマーは、マッカに居住して、東南アジアから移動してきた多くのイスラーム学徒を教えた［Warner Kraus 2008: 42-43］。彼らの弟子たちは、トッ・クナリ（Tok

Kenali）として知られるクランタン出身のムハンマド・ユースフ・アフマド（Muhammad Yusuf Ahmad, 1858-1933）のように、20世紀初めの東南アジアのムスリム社会で大きな役割を果たした者たちが多かった［Ismail Che Daud 2001］。

アフマド・アル＝ファターニーは、イスラーム諸学の歴史において最も主要な中心地の一つであったエジプト、カイロにあるアル＝アズハル（al-Azhar、後にアズハル大学）において学生として受け入れられた最初のマレー人であったと見る説もある。アフマド・アル＝ファターニーがアル＝アズハルに受け入れられて後、アル＝アズハルを目指すマレー人学生の数は徐々に増えていった［Md. Sidin Ahmad Ishak and Mohammad Rezuan Othman 2000: 46-47; Wan Mohd. Shaghir Abdullah 1990］。アフマド・アル＝ファターニーが、東南アジアにおけるイスラーム諸学の水準向上のために果たしたもう一つの重要な業績は、出版事業である。オスマン朝の協力により、アフマド・アル＝ファターニーは、マッカに出版所（Maṭbaʻah al-Turkī al-Majdīyah al-ʻUthmanīyah）を設立した。アフマド・アル＝ファターニーはまた、彼個人の出版所（Maktab al-Faṭanīyah）も設立した。アフマド・アル＝ファターニーが編集し、出版したイスラーム諸学の書籍は、マレー語（ジャウィ表記）およびアラビア語の文献であり、古典もあれば同時代に書かれた著作もあり、アフマド・アル＝ファターニー自身の著作もあった。出版物はマレー半島各地に移入され、ポンドックでテキストとして用いられた。20世紀の初期にはシンガポールおよびペナンがマレー半島における出版事業のセンターになっていったが、それまではマッカが印刷されたマレー語イスラーム学文献（kitab Jawi）の主要な供給源であった［Md. Sidin Ahmad Ishak and Mohammad Rezuan Othman 2000: 60-63］。

Ⅲ．東南アジアに送られたファトワーに見られる19世紀後半のマッカの政治的位置

近代国家としてのマレーシアが成立する以前から、東南アジア地域のムスリム社会にあって、ファトワーによって信徒らからの様々な質問に答えるという活動は、ウラマーの社会的役割の中で大きな位置を占めていた。マレー半島のムスリム社会に関わるファトワー集で、出版されたものの内で最古のものは、オスマン朝がマッカに設けた出版所（Matbaʻah al-Turkī al-Majdīyah al-ʻUthmānīyah: Ar）から１８９２年に出された『現代諸問題についての説明である貴重な珠玉（*Muhimmāt al-Nafāʼis fī Bayān Asʼilah al-Hadīth*）』であり、マレー半島を含む東南アジアのムスリム社会からの質問に答えたファトワー集である。これに収録されたファトワーのほとんどは、マッカにおけるシャーフィイー派のムフティーとしてマッカのウラマーを代表する地位にあったアフマド・ザイニー・ダフラーン（Aḥmad ibn Zainī Daḥlān, 1817-1886）によるものである。アフマド・ザイニー・ダフラーンによる回答はアラビア語であったが、同書にはマレー語（ジャウィ表記）への翻訳も掲載されている。ただし、マレー語翻訳においても用いられている単語の多くはアラビア語であり、アラビア語のまま表記されている単語も多い［Kaptein 1997］。

同じくマレー半島のムスリム社会からの質問に答えたファトワー集としてアフマド・アル＝ファターニーのファトワー集、『パターニーのファトワー集』［Syeikh Ahmad Muhammad Zain al-Fatani 1957］と『両生類に関するファトワー集』[14]がある。これらはいずれも１９０８年以前に出されたファトワーを集めたものであるが、出版されたのはアフマド・アル＝ファターニーの死後である。アフマド・アル＝ファターニーは、長くマッカで学習、滞在し、東南アジアから渡来した多数の後進の指導にあたるとともに、著作活動、出版活動において大きな事績を残した。[15]『パターニーのファトワー集』には、アフマド・アル＝ファターニーがマレー半島のスルタンの質問に答えて出したファトワー（クランタン州のスルタンが、当時州内で勢力を拡大していたスーフィーのタリーカであるアフマディーヤ・イドリスィーヤ教団（Tariqa Ahmadiyya-Idrisiyya）[16]の教義内容についての質問に答えたもの）[17]が含まれており、アフマド・アル＝ファターニーの影響力の大きさがうかがい知れる。『パターニーのファトワー集』はいくつかの出版社から出されており、本研究で主に参照したのは1956年にパターニーの出版社 Matba'ah Patani から初版が出された版の第2版［Ahmad Zain al-Fatani 1957］であり、もう一つはアフマド・アル＝ファターニーの孫にあたるワン・ムハンマド・ソヒールが校訂して2002年に出した版［Wan Mohd Saghir Abdullah 2002］である。その他の版として1908年にシンガポールで出されたという版、1935年にクランタン州のコタ・バルにあった出版社 Matba'ah al-Kamaliyah から出された版の存在が確認されている。なお、『パターニーのファトワー集』のもととなったアフマド・アル＝ファターニー自身によるファトワーの手稿の存在は確認されていない［Wan Mohd Saghir Abdullah 2002: 1-8］。

以下、『パターニーのファトワー集』に掲載されたファトワーのうち、当時の東南アジアにおけるムスリム・コミュニティの直面した重要な課題であった非ムスリムの諸民族の大規模な移入が反映されているファトワー二つを検討する。二つのファトワーは、いずれも東南アジアから寄せられた質問とそれに対する当時マッカ在住であったアフマド・アル＝ファターニーの回答が記されている。質問、回答いずれもジャウィ表記のマレー語で記されている。ただし、用いられている単語の多くはアラビア語であり、アラビア語のまま表記されている単語も多い。

質問

あなたはシャム、中国、コーチ（Kuci）［現在のベトナムの一部］、バタック［スマトラ島北部の民族集団］、森（Pangan）［森の中で生活する現代でいうオラン・アスリ（先住民）のような人々］等のカーフィルについてどのような見解を御持ちか、彼らはどのような名で呼ばれるか。また、我々が彼らの娘たちを買うことは許されるか、また彼女たちをその両親から買ったのであれ、その他の人々から買ったのであれ、妾にする（gundik）ことは許されるか。また、彼女らを彼らの国から連れ出すための条件とは何か、またそのような行為の規則（hukum）は何か。あなたのシャリーアに照らした回答を請う。

回答

シャムや中国、カンボジアやコーチのカーフィルたち（kuffār: Ar）［カーフィルの複数形］は、シャムや中国について私の知るところでは、またカンボジアやコーチについて聞いたところでは、偶像崇拝を行うため、偶像崇拝の不信仰者（kuffār wathaniyīn: Ar）と呼ばれる。一方、バタックや森の住人、それに類似する人々についてはニつの種類がある。

第一の種類：イスラームへの呼びかけが届いているにもかかわらずイスラームに入信しない人々、さらに彼らの不信仰（kufr: Ar）は確実である［人々のケース］。彼らが偶像等を崇拝する場合や、知られている（ma'rūfat: Ar）宗教を信仰していない場合には、彼らは「宗教を持たない者たち（man lā dīn lahu: Ar）」である。

第二の種類：イスラームへの呼びかけが届いていない場合で、ユダヤ教やキリスト教等を信仰していない場合、または中間時の民（ahl al-fatra: Ar）［「自分たちにアッラーから遣わされた預言者が現存していない時代に生きた人々」の意］と関係づけられる場合は、彼らは不信仰とは見なされない。

上に述べた不信仰者たちは全て、我々の中の指導者（al-ḥall wa al-'aqd: Ar）を持たず［ムスリム側の有力者が外交官のようなかたちで駐在している、というようなことがない場合］、庇護の契約（'aqd dhimmah: Ar）や和平の契約（'aqd amān: Ar）がない場合は、ダール・アル＝ハルブの属民（ḥarbiyūn: Ar）とされる。そして、我々の国もしくは彼らの国においてアシール（asīr: Ar）すなわち捕虜でないムスリムがおらず［すなわちムスリムが全くいないか捕虜となったムスリムがいない場合で］、そして彼らの一部［彼らの指導者］との間に和平の契約がない場合、彼らの子供を我々が買うことは許されている。彼らの国の外において、もしくは安全を保障されない状態、例えば密入国や密入国ではないが彼らに放置された［保護されていない］状態で彼らの国に我々が入った場合は、子供たちの両親以外からであれば買うことが許されている。安全を保障された状態で彼らの国に入る場合は、彼らの禁止する全てのこと、例えば彼らの財産を盗むことや彼らを殺すこと、あるいは彼らの中の有力者が禁止した後に彼らの子供を買うことを行ってはならない。子供たちの両親から子供を買うことも禁止される。そうした場合［子供の両親から子供を買う場合］、買われた子供は強制的に、所有する意図で（qaṣad tamalluk: Ar）所有されたことになる［したがって、子供の両親から子供を買うことは許されない］。また、彼らの国で得たものを所有することについては、すでに述べたように、彼らの国に安全の保障（ta. amin: Ar）がない状態で入国したという条件において［許される］。買われた娘たちを妾にすること（pergundik）は、彼女たちがイスラームに入信した後であれば許される。なぜなら、ムスリムが啓典の民でない女奴隷（amah）と性的関係を持つ（waṭ: Ar）条件は、その女奴隷がムスリマであること［ムスリマとなること］であるからである。また、許された方法で買ったのでなく得たもの［戦争等で捕虜にしたもの］については、戦利品の五等分（takhmis: Ar）［戦利品の五分の一を歳入として統治者に供出すること］をしていることとである。また、彼らの国から連れ出すことは、妾にする条件とはされていない。アッラーが最もよくご存知である［Ahmad Zain al-Fatani 1957: 92-94; Wan Mohd Saghir Abdullah 2002: 251-253］。

質問では、ムスリムの統治下にない異教徒の地（**Dār al-Ḥarb: Ar**）からもたらされる労働力に関する規定が問われている。植民地統治による産業振興と開発、交通技術の発達は、マレー半島へかつてない規模の外来者の移住をもたらした。シャーフィイー派の定説では、啓典の民として生命と財産を保障され、自由民の身分のままでムスリムの統治下にある地（Dār al-Islām: Ar）に共住することを認められるのは、キリスト教徒、ユダヤ教徒といった啓典の民のみである。しかしながら、マレー半島の周辺地域の住民、および植民地統治下のマレー半島に移入してきた新来者は、むしろ啓典の民ではない多神教徒が圧倒的に多数であった。ただし、アフマド・アル＝ファターニーは、「偶像崇拝の不信仰者」を規定するに際して、イスラームの呼びかけが未だ届いていない「中間時の民」は除外している。新来者の中には性産業従事者を含め、女性もおり、これら植民地統治下の労働力として移入してきた新来者をシャリーアに基づいてどのように規定し、対応するか、ということがこのファトワーで問われている問題である。

ムスリムの統治下にない異教徒の地で、なおかつ和平条約等が締結されていない地域は戦争の領域（ダール・アル＝ハルブ）と規定され、基本的にはムスリムとの交戦状態にあると見なされる。シャリーアにおける奴隷とは、基本的には戦争捕虜が奴隷になることが想定されたものである。アフマド・アル＝ファターニーは、様々な条件を課しつつも、ダール・アル＝ハルブにおいて人身を売買することを合法としている。これは、ダール・アル＝ハルブにおいて購われた多神教徒が戦争捕虜に準じると見なされるためである。このファトワーに基づけば、19世紀末のマレー半島における華人、インド人といった外来者は、ダール・アル＝ハルブで購われた「偶像崇拝の不信仰者」の規定を適用できる存在であったとも考えられる（もっとも、これら外来者のほとんどは、ムスリムによって雇用されたわけではなかったが）。アフマド・アル＝ファターニーは、おそらくマッカもしくはカイロに在って、マレー半島からの質問に対して法学上の古典的な学説に沿った回答を送っているが、マレー半島では、そのような規定を適用することは、現実において困難になっていった。華人、インド人たちは、ムスリムと対等な参政権を獲得しようとし、経済力においてはマレー人をはるかに凌駕するようになっていった。
次のファトワーも、非ムスリムの外来者への対応に関する質問にアフマド・アル＝ファターニーが答えたものである。

質問

ある人［ムスリム］が家を建て、それを店として使いたいというカーフィル［異教徒］に貸した。彼［そのカーフィル］は、イスラーム法で許容される物、例えば布等を売ったが、許容されない物、例えば酒等も売っていた。そして彼は家の中に偶像等を置き、華人の慣習のようなやり方でそれを拝んでいた。この時、このような行為［ムスリムがこのようなカーフィルに家を貸すこと］に対する法的規定は何か？それ［家］を貸すことは許容されるか否か？　そしてもし許容されないならば、彼［カーフィル］にそれ［家］を貸すことを許容されるようにする手段とは何か？

回答

その家の所有者であるムスリムが、賃借人が酒の販売や偶像崇拝等罪に当たる行いをしていることを知った、あるいは危惧した場合、彼［所有者］はその人［貸借人］がムスリムであるかカーフィル、あるいは戦争の領域の異教徒（kāfir ḥarbī: Ar）であるかにかかわらず、その人にそれ［家］を貸すことは許容されない。なぜなら、その人にそれ［家］を貸すことは、［その行為をあえて行わなくては命が危ういといったような］緊急不可欠性（darurat）がないにもかかわらずその人の罪に加担することになるからである。イブン・ハジャルは、道に迷ったカーフィルに偶像崇拝の場［寺院等］を教えることについて禁止（haram）とした彼のファトワーで［以下のように］説明している。なぜなら、彼（カーフィル）

に道を教えることは、非常に大きな罪を犯すことを助けることになるからである。さらに、それ［家］を貸すのが許容されない理由に、貸されたものが良い結果を生まないことは罪である、という貸借に関する条件の一つがある。このため、法学者たちは酒をある場所から別の場所へ移動するために人を雇うことや、性的関係（di-waṭ）を持つために女性の奴隷を借りること、それに類するあらゆる罪について許容されないことを説明している。そのような［質問にあったカーフィルに］店を貸すことを防ぐための方法は、店の所有者と貸借者の間で、数人の証人を伴って契約を行うことである。より良いのは、裁判官（hakim）の前で、その店で酒や豚等を置いたり売ったりしないといった、あるいは偶像を置いたりそれを拝まないといった諸条件を伴う契約を行うことである。その上で貸借人がその契約に同意し、彼が契約に違反しないであろうと思われた場合は、彼に店を貸すことは許容される。アッラーのみが最もご存知である［Ahmad Zain al-Fatani 1957: 100-101; Wan Mohd Saghir Abdullah 2002: 241-242］。

このファトワーで典拠とされているイブン・ハジャルとは、マレーシアで20世紀に至るまで最もよく参照されてきたファトワー集、『イマーム・シャーフィイーのマズハブにおけるフィクフの大ファトワー集』で知られ、マッカ等で活躍したイブン・ハジャル・アル＝ハイタミー（Ibn Ḥajar al-Haythamī）である。このファトワーでは、不動産が酒や豚の販売に使われるのであれば賃貸することを禁じているが、20世紀のマレーシアでは、特に華人人口が集中して発展の著しかった都市部では、そのような規定は顧みられないようになっていった。

東南アジアのムスリムの学びの中心地としてのマッカが衰退していった背景には、シャーフィイー派のウラマーが法学派の学説に基づいて自律的に法的判断をした出版物やファトワーが、東南アジアの社会経済的実状にそぐわなかったということがあったと考えられる。しかし、より直接的な原因として、サウディ・アラビア王国の台頭と1924年に起きたマッカ占領があった。それまで学びの中心地であったマッカがワッハーブ派によって占領されたことに加えて、その直前にターイフで起きたシャーフィイー派ムフティー、アブドゥッラー・アル＝ザワーウィー（'Abd Allāh al-Zawāwī, 1850-1924）の殺害は東南アジアのムスリムに大きな衝撃をもたらした。アブドゥッラー・アル＝ザワーウィーはマッカのムフティーとして権威を持っていたばかりではなく、1896年から1908年にかけてカリマンタン島ポンティアナク（現在はインドネシアに含まれる）のムフティーを務めていた経験があり、東南アジアのウラマーの間では広く知られていた。殺害事件とマッカの占領に続いて、当時アラビア半島にいた東南アジア出身のムスリムの多くはマッカを逃れ、特にシンガポールには約150人がたどり着いた［Redzuan Othman 2004］。

東南アジアのムスリムにとってのイスラーム学習の中心地は、19世紀後半以降、徐々にマッカからアズハルへ移行していった。アフマド・アル＝ファターニーは東南アジア出身者としては最初期にアズハルで学んでおり、カイロでも執筆と出版事業に従事した。学習の中心地が移行した結果、東南アジアにおける法学上の方法論も、アフマド・アル＝ファターニーのファトワーに見られる伝統的なシャーフィイー派の学説へのタクリードから、『アル＝イマーム』に見られたようなクルアーンとハディースを直接典拠とするサラフィー的な方法へと流行が移っていった。また、ファトワーにおいてタリーカの活動が非難されることも多くなった。このような法学上の方法論の変化は、20世紀のマレー半島におけるイスラーム運動や、イスラーム行政の在り方と法制度に大きな影響を及ぼした。

19世紀末から20世紀初めまでのマレー半島におけるファトワーを見ると、明らかな変化があったことがわかる。それは、フィクフにおける方法論の変化であり、当初はイブン・ハジャルをはじめとするシャーフィイー派の古典的な法学書、あるいはアフマド・アル＝ファターニー、ダウド・アル＝ファターニーといった東南アジア出身者が著した法学書が主な典拠として用いられていたのが、徐々に用いられなくなっていったことである。20世紀前半まで、マッカのシャーフィイー派ムフティーや東南アジア出身者を含むマッカ在住のウラマーは、東南アジアにおける法学上の典拠であり続けてきた。

歴史的に、東南アジアでは、ウラマーたちの地域を超えた学習によってフィクフを含めたイスラーム諸学の知識がもたらされ続け、法的判断の基礎を培ってきた。20世紀初めまでのマレー半島では、政治的な権力関係にとらわれることなく、マッカとの間で地域を超えた質問とファトワーの往来が見られた。19世紀末から20世紀初めにかけてのアフマド・アル＝ファターニーの時代には、東南アジアとマッカの間で、学習のための人の移動も、ファトワーを求めるための移動も最盛期に達した。また、マッカで印刷された出版物の流入は、マッカの重要性をさらに高めた。一方で、20世紀初めは『アル＝イマーム』に見られたような、エジプトからもたらされた新たな法学上の方法論の移入とその応用の試みが東南アジアでは見られた。伝統的なシャーフィイー派の方法論と新しいサラフィー的方法論は、20世紀前半のマレー半島において競合する関係にあった。この競合において、サラフィー的方法論が優位になっていった決定的な契機は、１９２４年のマッカ占領とサウディ・アラビア王国の再建であった。20世紀の後半になると、マレーシアの公的なファトワーの中でシャーフィイー派の古典的な学説が引用されることも減っていき、クルアーンとハディースを直接典拠とするサラフィー的な方法論が主流となっていった。

第2節　イエメンのハドラマウトに起源を持つアラウィーヤのネットワークの展開
――ジョホールのムフティー、サイイド・アラウィー・アル＝ハッダードのファトワー集

I．マレーシアにおけるシャーフィイー派の公式法学派としての制定とカウム・ムダ、カウム・トゥア論争

１９３０年代は、マレー半島におけるイスラームのあり方が定まっていく上で、重要な時期であった。特に、行政におけるイスラームの位置づけをめぐって、様々な動きがあった。マラヤ連邦が独立した１９５７年に制定された憲法では、第3条でイスラームが「連邦の宗教」と位置づけられている。また、同じく第3条で、各州のマレー人統治者が「イスラームの首長」と規定されている。各州には、統治者の下でイスラーム行政を統括する機関として、イスラーム宗教評議会（Majlis Agama Islam）がある。[18]イスラーム宗教評議会は、独立前の１９１５年、イギリスの保護下にあったクランタン州においてイスラーム宗教・マレー慣習評議会（Majlis Agama Islam dan Isti'adat Melayu）として設立されたのが最初である。[19]また、各州のイスラーム行政および司法の基本法として、１９５０年代から60年代にかけて、ムスリム法行政法（Administration of Muslim Law Enactment）等の法律が制定されている。[20]この法律では、イスラーム宗教評議会から出されるファトワー（教義回答）は、シャーフィイー派の定説に基づかねばならないことが規定されている。[21]

イギリスの保護下でイスラーム宗教評議会が設立された１９１０年代から、連邦憲法およびムスリム法行政法が制定されていった１９５０年代にかけては、イスラームの解釈をめぐって、カウム・ムダ

（Kaum Muda、新集団）、カウム・トゥア（Kaum Tua、旧集団）と呼ばれる集団間の論争が激しく展開された期間でもある。伝統的なシャーフィイー派の学説を擁護するウラマーと直接クルアーンとハディースを典拠としてイジュティハードを行うサラフィー[22]的方法の導入を主張するウラマーの間で対立が激化していった。伝統的な法学派の側はカウム・トゥア、サラフィー的方法論の支持者はカウム・ムダと呼称されるようになり、フィクフの基礎とその諸問題への適用に関する論争を繰り広げた。

カウム・ムダとカウム・トゥアの論争の争点は、礼拝を始める時にその意図を声に出して言うか否か、タフリールと呼ばれる死者を弔う儀礼の是非、スーフィー教団（タリーカ）の様々な活動の是非等がある。カウム・ムダが一貫して主張していたのは、クルアーンとハディースに典拠がない慣習をビダア（bid'a、逸脱）として非難し、廃止を求めることであった［Peters 1997］。

カウム・ムダの主張は、中東、特にエジプトのムハンマド・アブドゥ（Muhammad 'Abduh, 1849-1905）、ラシード・リダー（Rashīd Riḍā, 1865-1935）らのサラフィー思想の影響下にあった。サラフィーの潮流は、東南アジアでは、サラフィーよりもカウム・ムダ、あるいは革新運動（Gerakan Pembaharuan）等と自称されることが多い。東南アジアにおいてサラフィー思想を広める先駆的役割を果たしたのが、雑誌『アル＝イマーム（*al-Imam*）』であった。『アル＝イマーム』は、1906年から1908年までシンガポールで発行され、東南アジア各地で広く読まれた。その内容の多くは、ラシード・リダーがカイロで出版し、イスラーム世界にサラフィー思想を広めるのに大きな役割を果たした雑誌、『アル＝マナール（*al-Manār*）』と重複していた［Mohammad Rezuan Othman 2005b］。

19世紀までは、イエメンおよびマッカから移入されたシャーフィイー派法学がマレー半島におけるイスラーム法学の主流であった。しかし、『アル＝イマーム』の発行以降、サラフィー思想は東南アジアのウラマーの間で広まっていき、特にマレー半島のウラマーの間では優勢になっていった。一方で、マレー半島でもクランタンのイスラーム宗教評議会のように、サラフィー思想を受け入れずに、シャーフィイー派の伝統を擁護する動きが見られた。このような動きの結果、イスラーム宗教評議会やイスラーム宗教行政法といった公的な制度においては、シャーフィイー派が公式の法学派として維持されることになった［塩崎 2011］。伝統的なシャーフィイー派とサラフィー思想の間の論争が、カウム・ムダ、カウム・トゥア論争として展開していた時期に、シャーフィイー派を擁護しようとした勢力として、クランタンのイスラーム宗教評議会の他に、アラウィーヤ（**Alawiyyah** または **Ba'alawi**）[23]の一族に属するウラマーがいた。その中の代表的なウラマーが、サイイド・アラウィー・ターヒル・アル＝ハッダード（**Sayyid Alawi bin Tahir al-Haddad**, 1884-1962、以下、サイイド・アラウィー）であった。

サイイド・アラウィーは、イエメン、ハドラマウトのカイドゥーン出身で、ハドラマウトに起源を持つハドラミーと呼ばれるアラブ人の一人である。1920年代にジャワに移住した後、1934年にはマレー半島南部ジョホールのスルタンに招かれ、1934年〜1941年と1947年〜1961年の計23年間、2度にわたってジョホールのムフティーを務めた。[24]サイイド・アラウィーは、ムフティー[25]に在職中、最も重視したのは、イスラーム法学（フィクフ）における伝統を守ることであり、そのために、正統なイスラーム教義からの逸脱と見なした解釈を激しく攻撃した。

以下、サイイド・アラウィーの論争の中でもサラフィー思想を非難したものに焦点を当て、なぜサイイド・アラウィーがサラフィー思想を激しく非難したのかを考察する。考察においては、背景としての1930年代のイスラーム世界の国際情勢、特に東南アジアと中東の関係がサイイド・アラウィーの論争にどのような影響を及ぼしたのかも検討する。

以下で扱う論争は、東南アジアのイスラームを理解する上で、いくつかの点で大きな意義を持つものである。一つは、サラフィーと伝統的法学派およびスーフィーの対立という、19世紀以降イスラーム世界全体に広がり、教義上の最も深刻な争いを引き起こした問題が、東南アジアではどのような展開を遂げたのかを考察するための重要な事例であるということである。中東や南アジア同様、サラフィーと伝統的法学派およびスーフィーの対立は、東南アジアでも20世紀における最大の教義上の争いである。もう一つは、ハドラミーが東南アジアにおけるイスラームの教義解釈形成に大きな役割を果たしたことを示す事例であるということである。ハドラミーは、アラブ人内部の論争だけではなく、マレー半島やインドネシアの先住のムスリムとの論争でも大きな足跡を残している。そして、マレーシアにおけるイスラームを理解する上で重要な点として、マレー人ムスリム統治者の下での教義解釈の統制があるが、サイイド・アラウィーの事例は、アラブ人ウラマーが公式なイスラーム解釈の形成に非常に大きな役割を果たしていたことを示すものであり、マレーシアの公的イスラーム解釈が形成されていった経緯を解明する上で、重要な事例でもある。

Ⅱ．20世紀初めのジョホールのアラブ人とイスラーム世界の国際情勢

ハドラミーが東南アジアに渡来した歴史は、イスラームが東南アジアに受容されていった歴史とほぼ軌を一にしていると考えられる。東南アジアでは、ハドラミーのコミュニティは、すでに12世紀には存在が確認されていた [Madjid Hasan Bahafdullah 2010: 167-171]。19世紀には、イエメンの部族間の抗争やワッハーブ派の侵攻が、ハドラミーの海外への移住を加速させた [Mahayuddin Haji Yahaya 1980: 73]。同時期に、イギリスの東南アジア植民地の統治が進み、蒸気船のような交通手段が整備され、１８６９年にはスエズ運河が開通したこともハドラミーの移住を促進した [Roff 2009: 210-228]。１８１９年にシンガポールが東南アジアにおける統治の中心地となり、多くのハドラミーがシンガポールに居住した。イエメンのアデ

ン港は、シンガポールと中東、ヨーロッパをつなぐ貿易航路の重要な中継地点となった。

ジョホールはシンガポールの対岸に位置しており、マレー半島の中でも、多くのハドラミーが居住していた。ハドラミーは、特に交易を通してジョホールの経済に枢要な位置を占め、その富で教育の発展にも貢献した。とりわけ、１９１４年にハサン・アル＝アッタース（Hassan al-Attas）によって設立されたマドラサ・アル＝アッタースは、20世紀前半のジョホールにおけるアラビア語教育および近代教育において大きな存在となった。ハサン・アル＝アッタースのアル＝アッタース家は、ジョホールのハドラミーの中でも、最も大きな足跡を残しており、アラウィーヤに属している。特に、ジョホールの宗教界と外交では主導的な役割を果たした。ジョホールのムフティーの職位は、１８７３年から１９３４年までアル＝アッタース家出身のウラマーが占めており、１９３４年にやはりアラウィーヤであるアル＝ハッダード家に属するサイド・アラウィーが任命された［Mohammad Redzuan Othman 2006］。

ジョホールの外交において、ハドラミーは、中東への仲介の役割を果たした。19世紀末から20世紀初めにかけて、マレー半島のハドラミーの多くは、しばしば親オスマン・トルコの行動をとった。ジョホールのスルタン、アブー・バカルは１８７９年と、１８９３年の2度にわたってイスタンブールを訪問してオスマン朝のカリフと会談した［Mohammad Redzuan Othman 2005a: 91］。その結果として、オスマン・トルコの民法典であるメジェッレ（Majallah al-Ahkām al-ʻAdlīyah: Ar、１８８５年に制定、ハナフィー派の学説に基づいていた）が、シャーフィイー派に合わせた修正の作業の末に、１９１３年、ジョホールの民法典マジャラ・アフカーム・ジョホール（Majalah Ahkam Johor）として導入された［Abd. Jalil Borham 2002］。

第一次世界大戦後、オスマン・トルコの崩壊に伴い、中東とのネットワークを活用したハドラミーによるジョホールと中東の仲介活動は、様相を新たにした。オスマン・トルコの崩壊が東南アジアにもたらした衝撃として、１９２４年のカリフ制廃止以上に大きかったのが、同年のワッハーブ派[26]によるマッカ占領とサウディ・アラビア建国であった。オスマン・トルコの統治下にあったマッカは、東南アジアのムスリムにとって、シャーフィイー派法学を含むイスラームの学びの最大の中心地であり続けてきた。マッカでは、伝統的な学びの場であったマスジド・アル＝ハラーム［Gibb 1960］に加えて、１９１０年代、20年代には近代的要素を取り入れた学校が数多く設立され、多くの東南アジア出身のムスリムが学んだ［Bosworth 2007: 373］。マッカは学びの中心であったばかりでなく、キターブ・ジャウィ（ジャウィで記された宗教書）出版の中心地であるとともに、多くのウラマーが東南アジアからの質問に答えてファトワーを送り返す拠点でもあった［塩崎 2011］。１９２４年に起きたワッハーブ派によるマッカ占領は、東南アジアのムスリムにとってのマッカの位置づけを大きく変えることになった。

１９２４年のオスマン朝のカリフ廃止後、後継のカリフの問題は、マレー半島のマレー人の間では大きな関心は惹かなかったものの、シンガポールやジョホールのアラブ人の間では、一定の関心を集めた。ハサン・アル＝アッタースは、出版啓蒙活動を通して、カリフ問題の解決を、アラブ人のみならず、マレー人統治者や指導的なマレー人ムスリムに訴えた。ハサン・アル＝アッタースは、１９２６年に後継のカリフを選出するべくカイロで開催された会議に、ジョホールのスルタンの代理として出席した。この会議では、新たなカリフを選出することができなかったが、誰がアラビア半島の統治者となるべきかという問題をめぐっても、従来からのシャリフであったフサインとワッハーブ派を率いるサウード家のいずれを支持するかで、東南アジアのアラブ人は分裂することになった［Mohammad Redzuan Othman 2002: 47-48］。

ワッハーブ派の侵攻はイエメンにもおよんでおり、ハドラマウトではスーフィーの聖者廟が破壊された。イブン・タイミーヤのサラフィー思想に基づくワッハーブ派にとって、スーフィーによる聖者廟に来世の救済のとりなしを願う行為は、偶像崇拝にも等しい逸脱行為であった。聖者廟の破壊は、スーフィー教団（タリーカ）としての性格を持つアラウィーヤにとっては、深刻な危機であり、東南アジアを含む各地のアラウィーヤの危機意識を高めた［Mahayuddin Yahaya 1980: 73］。

世界恐慌と第二次世界大戦、さらにイギリスの中東以東からの撤退の後は、交易によるハドラミーの繁栄は失われていった［Mohammad Redzuan Othman 2006］。1930年代は、ハドラミーがその社会的影響力を誇っていた最後の時期であった。

Ⅲ．サイイド・アラウィー・ターヒル・アル＝ハッダードの論争──カウム・ムダ、カウム・トゥア論争とアラウィー・イルシャーディー論争──

サイイド・アラウィーは、20世紀初めにアラウィーヤと非アラウィーヤのアラブ人の間で繰り広げられたいわゆるアラウィー・イルシャーディー論争の一方の当事者と見なされうる。論争は、20世紀初め以来、1930年代まで続いた。論争の争点は、アラブ人の間の平等性に関わるものが多く、アラウィーヤと非アラウィーヤのアラブ人の間の平等が争点だったともいえる。具体的な争点としては、預言者の子孫である女性とそうではない男性ムスリムの結婚の是非［山口 2006］、ハビーブの手に口づけをする習慣［Kaptein 2002: 197］、カリフに非クライシュ族が就任できるかどうか［山口 2011］、等があった。

1914年に、スーダン人のアフマド・アル＝スールカティー（Ahmad al-Surkati）らによってアラウィーヤと対立する非アラウィーヤのアラブ人の組織イルシャード協会（Jam'iyat al-Islah wa al-Irshad al-'Arabiya）が設立された。一方で、アラウィーヤの拠点となった組織としては、1905年にハドラミーを中心にバタヴィアで結成されたジャーミヤ・アル＝ハイル（Jam'iyat al-Khayr）があり、その後アラウィーヤのみの組織として1927年に結成された、アラウィーヤ連盟（al-Rabita al-'Alawiya）があった［山口 2006］［Mohammad Redzuan Othman 2002: 40-43］。サイイド・アラウィーは、協会がバタヴィアで運営していた学校マドラサ・ジャーミヤ・アル＝ハイルで教師を務めていたこともあり、アラウィー・イルシャーディー論争ではアラウィーヤ側に立って関与していた。また、アラウィーヤ連盟には設立当初から中心的役割を担ってきた。

アラウィー・イルシャーディー論争は、アラウィーヤと非アラウィーヤによるアラブ人の内部の対立ととらえうると同時に、シャーフィイー派とスーフィーの伝統を保持するアラウィーヤに対して、サラフィー思想の影響を受けたイルシャード協会が反発したという構図でとらえることもできる。アラウィーヤ側は、アフマド・アル＝スールカティーをアブドゥル・ワッハーブの模倣者として非難した［Ahmed Ibrahim Abu Shouk 2002: 207］。また、論争は、中東の諸勢力を巻き込んだものとなっており、中東に対して論争の仲裁と争点となった問題への正しい回答が度々求められたが、仲裁者の中でイルシャード協会の理念に近い思想を持っていた人物として、サラフィー思想の代表的唱導者ラシード・リダーがいた［山口 2011］。

論争は、アラビア半島の支配をめぐって争っていた勢力も巻き込んでいた。1919年、アラウィーヤの働きかけを受けたハドラマウトのスルタンたちは東南アジアのハドラミーたちに回状を送り、「アッラーとその使徒に対する反乱者である」イルシャード協会との関係を断つように求めた［Ahmed Ibrahim Abu Shouk 2002: 213］。

1920年、アラウィーヤは、マッカのシャリフであったフサインに対して使者を送り、イルシャード協会を「ハワーリジュ派（Khawārij: Ar）」[27]と呼び、ムスリムではないので、マッカへの巡礼を許可しないように求めた。フサインは、当時ワッハーブ派の支持を受けて勢力を拡大し、1924年にはマッカの支配を奪うに至ったサウード家と対立していた。ただし、アラウィーヤのフサインに対するこの請願は、受け入れられることはなかった。一方で、イルシャード協会は、1926年にワッハーブ派の守護者であるサウード家がマッカで開催した国際会議に招待される等、サウード家の側と関係を深めていった［Ahmed

Ibrahim Abu Shouk 2002: 213-214]。

このように、イルシャード協会は、中東においてはサラフィー思想を持つウラマーとサウード家に支持を求め、他方で、アラウィーヤはワッハーブ派と敵対する勢力の支持を求めた。なお、当時の東南アジアでは、中東と同様にサラフィー思想の支持者とワッハーブ派は同一視されていた［Federspiel 2009: 62］。アラウィー・イルシャーディー論争は、当時のイスラーム世界の国際情勢の中に位置づけると、伝統的法学派とサラフィーの対立としてとらえることができる。

インドネシアにおいて、アラブ人としての出自は持たないにもかかわらず、アラウィー・イルシャーディー論争に介入したのが、プルシス（PERSIS）として知られるイスラーム協会（Persatuan Islam）であり、特にその指導者、アフマド・ハサン（Ahmad Hassan, 1887-1958）であった。アフマド・ハサンは、1887年にシンガポールで生まれ、ジャーナリストとして活動した後に、1921年にスラバヤに移住し、1925年にはバンドゥンに移住してプルシスを結成した［Feener 2007: 30-45］。アフマド・ハサンは、プルシスにおいて、特に思想的・理論的指導者であり、その著作にはイブン・タイミーヤの直接的な影響がうかがえる。1931年に出版されたアフマド・ハサンのファトワー集、『質問と回答（*Soal-Jawab*）』には伝統的な法学派の否定とクルアーンとハディースを直接的な典拠とする法学上の方法論、スーフィーへの激しい攻撃といったサラフィー思想の基本的な特徴が見られる［Ahmad Hassan 1968］。さらに、アッラーの定めた法（＝シャリーア）以外の法（＝人定法）によって統治を行おうとすることはアッラーへの反逆であり、そのような統治者は不信仰者になるという、イブン・タイミーヤが唱えたサラフィー思想の政治理論の核となる主張もアフマド・ハサンのファトワー集の中に見られる［Ahmad Hassan 1968: 342-343］。

アフマド・ハサンがアラウィー・イルシャーディー論争に介入したのは、サラフィー思想の立場のゆえであったと考えられる。アフマド・ハサンは、質問に答えたファトワーの中で、アフマド・アル＝スールカティーと同様、預言者の子孫にあたる女性とそうでない男性の婚姻は、シャリーアに照らして合法であると答えている。そして、アラウィーヤのことを「アッラーが合法としたものを禁じようとする」者たちとして激しく非難した［Ahmad Hassan 1968: 581］。アフマド・ハサンの介入や、中東のウラマー、アラビア半島の統治者たちの関与に見られるように、アラウィー・イルシャーディー論争は、東南アジアにおけるアラウィーヤと非アラウィーヤというアラブ人内部の対立だけではなく、国際的な伝統的法学派とサラフィーの間の論争でもあったといえる。19世紀からイスラーム世界全体で伝統的法学派とサラフィーの間の対立があり、その一局面として20世紀前半の東南アジアにおけるカウム・ムダとカウム・トゥアの論争があった。アラウィー・イルシャーディー論争はその一部であったといえる。

1934年にマレー半島のジョホールでムフティーに就任したサイイド・アラウィーがアフマド・ハサンを激しく批判したのも、アラウィー・イルシャーディー論争の延長上であったという面があった。しかしながら、この場合は、アラブ人内部の問題では全くなくなっており、あくまで伝統的法学派とサラフィーの間の法学上の対立であった。サイイド・アラウィーは著作数が極めて多く、イスラームの教義に関する著作の他に、東南アジアや中東、アラウィーヤの歴史に関する著作が数多くある。その中で、サイイド・アラウィーは、東南アジアにイスラームを伝える上で中心的な役割を果たしたのは、ハドラミー、その中でもアラウィーヤであり、当初よりシャーフィイー派法学が伝えられて定着してきたことを繰り返し主張している［Sayyid Alawi Tahir al-Haddad 2001］。

1931年にバンドゥンで出版されたアフマド・ハサンのファトワー集『質問と回答』は、マレー半島のペナンでも出版された。サイイド・アラウィーはファトワーを出して、この本をジョホールにおいて禁書にするとともに、アフマド・ハサンが唱えた説を激しく批判した。「カウム・ムダに関する認識とイスラームの敵たち」と題されたファトワーの中で、「どのようにしてカウム・ムダの特徴を理解する、あるいは知ることができるか?」という質問への回答で、以下のように述べている。

彼らの特徴とは、四つの法学派のイマームたちとフィクフのウラマーを否定し、クルアーンと預言者のハディースのみを認めることである。彼らはイジュマー(ijma'、ウンマの合意)に反対し、イスラームの敵たちのためにイスラームのウンマの各地に混乱を増やそうとして誤った問題を広めた[Sayyid Alawi Tahir al-Haddad 1981: 398]。

このように、サイイド・アラウィーは、カウム・ムダが用いたサラフィー思想の法学的方法論を挙げ、伝統的法学派に敵対する者として非難している。また、「カウム・ムダはイスラームの集団の中に含まれるのか?」という質問に対しては、カウム・ムダをハワーリジュ派の同類と呼び、さらに「シャリーアを勝手につくることによって、イスラームから出ていった人々である」と述べ、背教者とさえ見なしている[Sayyid Alawi Tahir al-Haddad 1981: 399]。

そして彼らの特徴の一つは、タルキン(talqin)やタフリール(tahlil)といったごく細かいことについて非常によく観察し、難しく考えることであり、婚姻外性交渉や利子、アッラーを疑うこと、それにムスリムの子供たちにイスラームではない宗教について教える、といった現在増えている大きな罪のような重要な事柄については気にかけないことである。これらすべての事柄は、語られておらず、気づかわれていない。彼らの特徴の一部は、自分たちがフィクフの諸問題について誤っていることはないと考えていることであり、礼拝やスジュド・サフウィー[sujud sahwi、礼拝を全うしたかどうか自信がないときに、拝跪を2回追加すること]、タヤンムム[tayammum、水が入手できない時に砂で身体を浄めること]、あるいはスンナのタルキンといったフィクフの諸問題について、誰であれ彼らに反対する者に対しては、当然彼らは敵対し、拒絶し続ける。これらすべてはハワーリジュ派の慣行であり、預言者の弟子たちや孫弟子たちに敵対してイスラームから逸脱していった人々（ahlul bid'ah）の慣行でもある。彼らは後に四大法学派のイマームたちと法学派の全てのウラマーから［逸脱した］［Sayyid Alawi Tahir al-Haddad 1981: 398］。

タルキンやタフリールは、死者の冥福をアッラーに祈ることであるが、その是非はカウム・ムダとカウム・トゥアの間で最大の争点となった。カウム・ムダは、これらをクルアーンにもハディースにも典拠のない逸脱と見なして、廃止することを訴えたが、カウム・トゥアは預言者ムハンマドの慣行（スンナ）であるとして擁護した。他の主な争点は礼拝に関するものであったが、とりわけ大きな争点となったのは、礼拝を始める際にその意図（ニーヤ）を声に出すかどうかであった。

このサイイド・アラウィーのファトワーの中では、アフマド・ハサンは名指しされていない。しかしながら、時期的にも内容から見ても、非難されているのはカウム・ムダの中でもとりわけアフマド・ハサンのファトワー集である。以下は、特に『質問と回答』の中で取り上げられ、物議を醸した諸問題であった。

彼らは非常によく、イスラームと他の宗教を組み合わせようとする。キリスト教やゾロアスター教でいわれているに過ぎないことを、彼らは美々しく素晴らしいことのように見せて、イスラームの法規の一部であるかのように彼らは言う。豚は清浄な動物であるとか、その他彼らの都合の良いことである。女性の同意がないのであれば再婚することは許されない等といったことを言っている。キリスト教徒やユダヤ人たちの言うようにアッラーの預言者であるイーサー（彼の上に平安あれ）には父親がいるとか

［Sayyid Alawi Tahir al-Haddad 1981: 398］。

「豚は清浄な動物である」というのは、アフマド・ハサンのファトワーの中でも物議を醸した主張であるが、これは「豚肉を食べてもいい」ということではなく、豚肉を食べることはシャリーアで禁止されている、しかし、豚の皮膚、あるいは肉が穢れ（najis）なのではなく、豚の皮膚や肉に触れても浄め（taharah）は必要にならない。なぜなら、クルアーンにもハディースにもそのような規定はないからである、という主張であった［Ahmad Hassan 1968: 32-39］。

「女性の合意がないのであれば再婚することは許されない」と主張しているというのは、これだけでは意味をとりかねるが、「（一度離婚した夫婦が改めて再婚しようとした時、あるいは離婚したことを後悔して撤回しようとした時に）女性の同意があれば（それだけで）再婚することができる」ということをアフマド・ハサンが主張したという意味である。これは、アフマド・ハサンのファトワーで論じられた以下の問題への言及であると思われる。伝統的法学派では、夫が妻に対して離婚の宣告（タラーク、talaq）を3回することによって離婚が成立するが、その後その夫婦が再婚しようとする場合は、一度別の相手と結婚する必要がある。一度離婚した夫婦が再婚するために、一時的に結婚する相手のことをムハッリル（muhallil）と呼ぶ。再婚は、ムハッリルとの一時的な結婚と離婚を経て、可能となる。これに対して、アフマド・ハサンは、イブン・タイミーヤが唱えたのと同じ説を主張しており、「（離婚を撤回するためには）タラークが3回なされていたとしても、それが一度になされていたならば、タラークは1回しかなされていないと見なしうる」と述べている。そうすることによって、離婚は成立していないということになり、ムハッリルとの一時的な結婚と離婚を経る必要はない、と主張した［Ahmad Hassan 1968: 268-289］。

「キリスト教徒やユダヤ人たちの言うようにアッラーの預言者であるイーサー（彼の上に平安あれ）には

父親がいる」とアフマド・ハサンが主張したというのは、サイイド・アラウィーの誤解であると考えられる。アフマド・ハサンはファトワー集の中で、この問題について答えているが、定説通りに、イーサーは生物学的な父親を持つことなくマリアムから生まれたと答えている［Ahmad Hassan 1968: 375-377］。

このように、サイイド・アラウィーは、アフマド・ハサンのサラフィー的方法論に基づくシャリーア解釈を、アラウィーヤが継承してきたシャーフィイー派法学の伝統に対する脅威と見なし、激しく排撃した。しかしながら、学説の違いだけで、アフマド・ハサンをはじめとするカウム・ムダをハワーリジュ派と同類視し、さらにはイスラームから逸脱した背教者とまで呼ぶのは、今日から見れば、理解しがたいまでに矯激な反応ともいえる［Saadan Man 2008: 497-522］。サイイド・アラウィーは、当時インドを中心に拡大していたカーディアーニ（Qadiani、またはアフマディーヤ Ahmadiya）やバハーイー（Baha'i）といった集団も異端（ajaran sesat）として激しく攻撃し、ジョホールのイスラーム行政機構に指示して取り締まったが［Sayyid Alawi Tahir al-Haddad 1981］、カウム・ムダに対する攻撃は、これらの広く異端と見なされていた集団に対する攻撃とは異なっていた。サラフィー思想は、すでに東南アジアのムスリムの間でも広く受け入れられていたからである。

サラフィー思想の急速な拡大は、１９３０年代のマレー半島において、もはや伝統的なシャーフィイー派を圧倒するかのごとき勢いを見せていた。特に半島北部では、サラフィー思想の影響が著しく、プルリス州ではとりわけアフマド・ハサンの影響が大きかった［Abdul Rahman Abdullah 1989］。サイイド・アラウィーは、アラウィーヤのウラマーとして、マレー半島におけるサラフィー思想の拡大を防ごうとした。そのための方途が、ムフティーとして、スルタンの権威の下にあるイスラーム行政機構によって、シャーフィイー派を公式な法学派とし、公的なファトワーに強制力を持たせることであった。

マレー半島で、スルタンの権威によって公的なファトワーが強制力を持たされたのは、１９１７年、クランタンのスルタンが定めた法令までさかのぼることができる。この法令では、イスラーム宗教評議会から出されるファトワーがクランタンにおける最終的な教義解釈であり、そのファトワーはシャーフィイー派の定説に従わなければならないことが定められた。[28] 同様の法令は、他州でも制定されていき、ムフティーが出す公的なファトワーは単なる一ウラマーの見解ではなく、スルタンの権威と結びついた強制力を持つものとなっていった。そして、シャーフィイー派は、法令の上では公式な法学派としての地位を今日まで保っている。なお、１９６３年に制定されたプルリス州のイスラーム宗教行政法のみは、公的なファトワーが従わねばならないのはシャーフィイー派であるとは定められなかった。単に「クルアーンとアッラーの預言者のスンナ」に従うと定められているだけである。これはアフマド・ハサンらのサラフィー思想がプルリス州で大きな影響を及ぼした結果であると考えられる［Abdul Rahman Abdullah 1989: 37］。

Ⅳ．まとめ

１９２０年代、30年代は、ハドラミー、とりわけアラウィーヤにとって危機の時代であった。アラウィーヤが持った危機感の原因は、以下の国際的情勢にあった。

・アラビア半島におけるワッハーブ派の勢力拡大とサウディ・アラビア王国の再建
・１９２４年にシャーフィイー派法学の最大の中心地であったマッカがワッハーブ派に占領され、シャーフィイー派ムフティーが殺害されたこと
・ワッハーブ派がハドラマウトにも侵攻し、聖者廟を破壊したこと
・19世紀末以降、ワッハーブ派と同じくイブン・タイミーヤの思想に基づくサラフィー思想がエジプトを中心に流布され、東南アジアにも急速に拡大したこと

これらの国際情勢から引き起こされた危機意識は、東南アジアに居住するアラウィーヤにも波及した。その中の一人、サイイド・アラウィーは、アラウィーヤが東南アジアに伝え、継承してきたシャーフィイー派法学とスーフィーの伝統を護持することに強い使命感を持った。サイイド・アラウィーはジョホールのスルタンに任命されたムフティーとして、アラウィーヤの伝統に対する脅威となる集団や学説を激しく排撃した。

１９５７年に独立したマラヤ連邦の連邦憲法では、第３条でイスラームが「連邦の宗教」と定められるとともに第74条では、イスラームが各州の専権事項とあることが定められた。つまり、「連邦の宗教」でもあるイスラームの教義解釈もまた各州のマレー人統治者の権威の下にあるイスラーム宗教評議会が決定することとなった。マラヤ連邦独立以前から、サイイド・アラウィーをはじめとするアラウィーヤのウラマーは、ムフティーやカーディーに就任することで、シャーフィイー派を公式な法学派としたことを含め、イスラーム宗教評議会による教義解釈決定に大きな役割を果たしてきた。マレー半島の各州とマラヤ連邦およびその後のマレーシアという国家におけるイスラームのあり方は、元来アラブ人であるアラウィーヤによってつくられた部分が大きいといえる。連邦憲法第１６０条では、マレー人であることの要件として、「ムスリムであること」「マレー語を話すこと」、「マレー人の慣習に従っていること」の三つが定められているが、これらの要件は20世紀になってインドやジャワのようなマレー半島の外部から移住してきたムスリムにも満たしうるものであった。アラウィーヤもまたこれらの要件を満たし、マレー人のイスラーム解釈を形成する上で重要な役割を果たした。

１９３０年代におけるサイイド・アラウィーとアフマド・ハサンの論争は、中東で始まった伝統的法学派とサラフィー思想の間の論争、シンガポールやジャワで起きたアラウィー・イルシャーディー論争のような国際的な論争がマレー半島にも波及した例としてとらえることができる。結果的には、この論争は、後にマラヤ連邦、マレーシアという国家において公的なイスラーム教義解釈が形成されていく際の一つの大きな契機となった。

第3節　エジプトからもたらされたサラフィー主義――『アル＝イマーム』と『プンガソ』

マッカからもたらされるファトワーは、マレー半島でも広く参照されてきたが、20世紀に入る時期を境に、それまでマレー人ムスリムにとって最大のイスラーム学習の中心地であり、出版の中心地でもあったマッカに代わり、エジプトのカイロが新たな中心地としての重要性を増していった。とりわけ、教育施設としてのアル＝アズハルは東南アジアから多くの学生を集めた［Mona Abaza 1994］。一方で、マッカは、1924年のサウディ・アラビア王国による占領を経ても、20世紀の半ばまではなおその重要性を維持し続けた。しかしながら、1961年にはサウディ・アラビアにおけるイスラーム教育の新たな最大の拠点として、マディーナのイスラーム大学が設立され、東南アジアから中東に向かう学生のうちの一定数は、そこで学ぶようになった。

1870年代以降、アル＝アズハルで学ぶマレー人学生の数は徐々に増えていった。ドッジは、1902年にアル＝アズハルで学んでいた学生は総数645人であり、そのうち東南アジア出身（Jawi）の学生は7人であったと記している［Dodge 1961: 164-165］。ロフによれば、1919年には「カイロには50人から60人のインドネシア（ほとんどは西スマトラ）出身の学生がおり、それに加えておそらくは20人のマレー半島およびタイ南部出身の学生がいた」。また、ロフは、1925年までには少なくとも200人の東南アジア出身の学生が滞在するようになっていたと記している。東南アジア出身の学生が増加した主な原因を、ロフは1920年代前半のゴム市場における価格高騰と父兄の現金所得増加であったと推測している［Roff 2009: 133］。

20世紀初期には、東南アジアにおいて雑誌というメディアが現れた。当時のマレー語雑誌の多くはイスラームに関わる諸活動の一環として発行しており、その中でも代表的なものが、以下で取り上げる『アル＝イマーム（*al-Imam*、「指導者」の意）』と『プンガソ（*Pengasuh*、「守護者」の意）』であった。これらの雑誌では、読者から寄せられた教義上の質問に対して雑誌の編集部が回答する欄が設けられており、これによって、ファトワーを広く社会に示すための新たなメディアが現れた。

第二次世界大戦以前に出されたマレー語の雑誌としては最も多くの部数（1カ月で約5000部）を誇った月刊誌『アル＝イマーム』においても読者からの質問とそれに答える記事が多く見られる。『アル＝イマーム』は1906年から1908年まで発行されて東南アジア各地で広く読まれた。発行者のうちサイイド・シェイフ・アル＝ハディ（Syed Sheikh al-Hadi, 1867-1934）やムハンマド・ターヒル・ジャラルッディーン（Muhammad Tahir Jalaluddin, 1869-1956）らはエジプト滞在経験があり、『アル＝イマーム』の記事の一部はエジプトでラシード・リダー（Rashīd Riḍā, 1865-1935）がカイロで出していた雑誌『アル＝マナール（al-Manār）』からの転載であり、その他の記事もムハンマド・アブドゥらの強い影響を受けたものであった［Mohammad Rezuan Othman 2005: 1-18］。『アル＝マナール』を特徴づけた思想は、ヨーロッパに対する劣勢を意識した上でイスラーム世界がヨーロッパの諸制度を取り入れることでイスラーム世界の再興を果たそうとする近代主義的改革主義とサラフィー主義であった。『アル＝イマーム』はその思想を東南アジアに移入するに際し大きな役割を果たした。『アル＝イマーム』とその発行者たちは、カウム・ムダの代表者と見なされていた。

クランタン等では20世紀前半でもなおシャーフィイー派法学の伝統を擁護しようとする勢力が強固であった。しかしながら、徐々にエジプトからもたらされたサラフィー的方法論の影響はマレー半島全体で拡大していった。その契機となったのは、アル＝アズハルで学ぶマレー人の増加であった。20世紀の半ばまでには、カイロは近代主義的改革主義とサラフィー主義の世界的な中心地と見なされるようになっていた。マラヤのスルタンたちは、エジプトからもたらされる「政府の観点からは望ましくない物の見方」への懸念を表明していたが、より多くのマレー人学生がエジプトで学ぶようになっていった［Roff 2009: 143］。

カウム・ムダは、エジプトのムハンマド・アブドゥらの影響でサラフィー的方法論を支持するようになった。しかしながら、カウム・トゥア側のカウム・ムダに対する激しい敵意は、カウム・ムダのことをワッハーブ派と類比してとらえているためではないかと考えられる。マッカの占領やアブドゥッラー・アル＝ザワーウィーの殺害といった事件によって、当時の東南アジアでは一部のウラマーがワッハーブ派に対する敵愾心を持つようになっていた。

以下、『アル＝イマーム』に掲載されたファトワーのうち、『アル＝マナール』に見られたような近代主義的改革主義とサラフィー主義の影響がうかがわれるファトワーを検討する。このファトワーは、読者から寄せられた質問に対して、当時シンガポールにあった『アル＝イマーム』の編集部が答えたものである。質問、回答いずれもジャウィ表記のマレー語で記されている。

質問：アッバス・ハッジ・アブドゥル・ラフマーン、ペナン州ラワより

1. スルク（seloka）［修行のために一定期間籠もること］を行っていたある人が病気の母に会うため師に許可を求めたところ、母親が死ぬまで許可されなかった。
2. スルクの間に病気になった女性が夫に会いたいと師に許可を求めたが、夫が死ぬまで許可されなか

った。［病気になったのが夫であったか、女性が死んだかの間違いと思われる］

3．スルクの状態にある子に両親が面会を求めたが、子が両親に会いに行くことを師は許さなかった。

4．礼拝の仕方やその成立、不成立の条件を知らない人がスルクをすることはイスラームにおいて推奨されているのか。

四つの質問に対する答え

スルクの状態にあるからという理由で両親や夫、妻やその他家族等に会うことを控える人々がいるが、それはイスラームのシャリーアでは全く推奨されていない。イスラームの聖なるシャリーアにそのようなおかしなことがあるとすれば［あるかのように見えるとすれば］、スルクに入る人々が怠惰で知識を持たない場合のみである。したがって、彼らには生活の糧を得るのに怠惰ではいけないことを教え、現世と来世の幸福に導く宗教が真のスルクでありタリーカであると示さなくてはならない。上に述べられたようなスルクは「引っ張って結びつけるもの（tarik ikat）」［「師のもとに束縛するためのもの」の意］であって、タリーカではない。

礼拝の規則や浄化の仕方等マレー語の小さな宗教書（kitab）にも書かれているようなことについては、各地域の理解している人々に聞かれるのがよい。より難解な問題や説明の見当たらないものに関してのみ、『アル＝イマーム』に聞いていただきたい。[29]

「現世と来世の幸福に導く宗教が真のスルクでありタリーカである」という主張は、近代主義的改革主義の特徴である現世重視の表れである。「生活の糧を得るのに怠惰ではいけない」という主張や知識を得ることを勧めるのも、現世で勤勉に努力し社会経済的発展を目指すことがイスラームの復興につながると考える近代主義的改革主義に通じる。また、自発的に考えることなく師匠に盲従することに批判的であり、既存の法学派に従うこと（taqlid: Ar）を否定し、クルアーンやハディースという法源を直接に典拠としてイジュティハードを行うことを主張するサラフィー主義の姿勢に影響されたものであると見られる。また、『アル＝イマーム』の持っていたサラフィー主義的傾向の特徴として、スーフィーおよびタリーカへの批判があり、19世紀から盛んになっていったサラフィー主義によって、スーフィーの思想と実践の多くはビダアとして非難された。サラフィー主義の立場からは、聖者廟崇拝やマウリド（maulid、預言者の生誕を祝って挙行される祭りおよびその際に歌われる預言者讃歌）の挙行もサラフ（イスラームにおいて模範とされる預言者ムハンマドらの初期世代）の時代には行われておらず、後世に加えられた逸脱（ビダア）であると見なされ、排除されるべきであると主張された。『アル＝イマーム』の記事の中には、マウリドの慣行を批判したファトワーもある。

マウリドについて：トゥアン・ハジ・アブドゥッラー・ビン・ハジ・アフマド（パダン・パンジャンのアル＝イマーム代表）より

集会においてマウリドを読む時間に、預言者ムハンマド（彼の上に平安あれ）の発言を読む段になると起立するのはシャリーアによって起立する、あるいはしないことが定められているのか、アル＝イマームの意見を聞きたい。

アル＝イマームの回答

真正な（sahih）ハディースには、マウリドを実践する根拠となるものはない。教友（sahabat）の時代から宗教の状況の良さで知られる（ヒジュラ暦）三世紀に至るまで、そのような実践、すなわち起立するか否かにかかわらずマウリドの実践自体があったという情報はない。実にマウリドとその中で起立することは非アラブ人（Ajam、「非アラブ人」の意）の王たちの一部によって行われた新しい習慣であり、それは後の時代に一部のウラマーによって記されている。さらに、預言者の言葉には彼のために起立することの禁止と理解しうるものがある。

「アッラーのために起立するように私のために起立してはならない」：

また、以下の預言者の言葉もある。

「あなた方はアージャム（Ajam）の人々が互いを高くするために起立するように起立してはならない。」（『カンジー・アル＝アマル（Kanzi al = Amal、ハディース集）』より）[30]

『アル＝イマーム』の発行は3年で終了したが、ファトワーで示された編集部の姿勢に見られるように、困難な問題に直面した読者らの質問に答え、この地域において近代主義的改革主義とサラフィー主義に基づくファトワーを出すことにより、イスラーム法学に関する議論を主導しようとする意欲がうかがえる。『アル＝イマーム』の発行終了から10年後、マレー半島において広く影響を及ぼした雑誌『プンガソ』の発行が始まった。『プンガソ』は、１９１８年にクランタン州のイスラーム宗教評議会によって発行が始まった。『プンガソ』は、各州のイスラーム宗教評議会によって発行された雑誌としては、最初のものである。『プンガソ』の発行は現在に至るまで続いており、マレーシアにおいて最も長く発行され続けている雑誌といえる。クランタン州以外にも広く読者を得て、20世紀前半のマレー半島におけるイスラームに関わる諸活動に広範な影響力を持った。『プンガソ』の発足当初には、アフマド・アル＝ファタ―ニーの弟子にあたるムハンマド・ユースフ・アフマド（トッ・クナリの通称で知られる）が最初期（1918-1919）の編集長を務めた。『プンガソ』では、『アル・イマーム』のような近代主義的改革主義やサラフィー主義の傾向は顕著ではなく、むしろ伝統的なシャーフィイー派の法学派に従った説が多く見られる。

以下、『プンガソ』に掲載されたファトワーのうち、『プンガソ』の発行者であるイスラーム宗教評議会のウラマーたちの用いた方法がよくわかるファトワー三つを検討する。三つのファトワーは、いずれもマレー半島各地の『プンガソ』の読者から寄せられた質問とそれに対するイスラーム宗教評議会による回答が記されている。質問、回答いずれもジャウィ表記のマレー語で記されている。

最初のファトワーで問われているのは、男性が金を含有する合金でできた装飾品等を身につけることの是非である。シャーフィイー派の多数説では、ムスリムの男性が金製の装飾品を身につけることは禁じられている。

金と銀を混ぜることについて

（クランタン、プナンバン［州都コタ・バルにある地名］のハッジ・ウマル・ビン・シャリフ氏の質問）

1タヒル（tahil）［マレーシアで使われていた単位、37・8g］の金を所有している人がそれを1ブンカル（bungkal）［マレーシアで使われていた単位、金のみに用いられた、53・913g］の金にしたいと考えた。そこで、5リアル（rial）［中東で使われている単位］（2分の1タヒル）の銀を溶かして金に混ぜた。

このように金を銀に混ぜたことでハラームとなるか否か。


（イスラーム宗教評議会の回答）

金と銀を混ぜることについてはハラームとする明確な文章はない。しかし、宗教書（kitab）『ザワージル（忌避）』[31]には、詐欺のために混ぜることを禁止する文章がある。

赤銅（tusa）［金と銅の合金、tusaはクランタンの方言。標準マレー語ではsuasa］を着用、製造することについて

（同じ質問者からの質問）

赤銅についての規則は何か？　男性がそれを着用することはハラールか、またそれを製造する人の規則は何か。

（回答）

合金：シェイフ・ダウドの宗教書『ファトフル＝マナーン（寛大なる御方の勝利）』[32]によると、［合金を］火にくべて金を取り出した場合、それを男性が着用するのはハラームであるが、金を取り出さなかった場合はハラールである。しかし他の宗教書、例えば『サビール・アル＝ムフタディーン（正しく導かれる者の道）』[33]とシェイフ・アフマド・ハティーブの『アル＝リヤード・アル＝ワルディーヤ（薔薇の庭園）』[34]によると（金と赤銅を）分けること（tafṣīl: Ar）なく着用することはハラームとされている。合金の製造についての規則は、銀と金を混ぜる場合の規則と同様である。[35]

ここで典拠されているのは、東南アジア出身で、マッカ等で活躍していたウラマーたちによる法学書である。この時期のクランタン州イスラーム宗教評議会の回答は、一つの答えを断定的に示すのではなく、複数の説を示してそこから先の選択は質問者に委ねたものが多い。

二番目の質問は、『タルシーフ（投錨）』というスーフィー的傾向が強い法学書をフィクフの判断の参照とすることの是非を問うている。質問者には、スーフィー的解釈を排しようとするサラフィー主義的な傾向がうかがえる。

質問

スランゴール州カジャン、14・5バトゥ（batu）［1バトゥは1マイル、クアラ・ルンプールからの距離による住所記載方法］のダウド・ビン・ハッジ・ムハンマド・ノル氏より

1．『タルシーフ』[36]という本は、スーフィーのウラマーの言葉か、それともフィクフのウラマーやハディースのウラマーか？　もしイスラーム法の規則に適さないようなスーフィーのウラマーであれば、彼の言葉に従って実践してよいか否か？

2．アブドゥル・サマド・ビン・ムハンマド・サレ・アル＝クランターニーの著『ミンハト・アル＝カリーブ・アル＝ムジーブ（近くにおられ、応答される方からの贈り物）』[37]という本の182ページには、『トゥフファフ（贈り物）』[38]におけるイブン・ハジャルの記述および『ムグニ・ハティーブ・シャルビーニー（ハティーブ・シャルビーニーによる「満たすもの」）』[39]の第3章238ページ等に引用されている預言者のハディース、『シャラフ・ムスリム』[40]におけるナワウィーの説明によると、動物の形のある家には天使が［アッラーの］恵みを入れない、と書かれていることが述べられている。

回答

1．『タルシーフ』はフィクフの著作であり、それに従うことができる。なぜなら、その内容は著者のイジュティハードによるものだけではなく、ウラマーの言と有名な著作からとったものだからである。さらに、『タルシーフ』は同時代のウラマーによって認められていた。

2．そして、その内容についてはフィクフのウラマーの言葉であると特徴づけることができる。また、タサウウフ（スーフィーの教学）に関する議論を含むところは、スーフィーのウラマーの言葉であ

ると特徴づけることができる。

3. その著者は、フィクフ、タサウウフ等に詳しく、信仰が深く、マスジド・アル＝ハラームでタサウウフを教え、同時代のウラマーが彼の講義に参加していた。このことから、著者の優越性と正しさがわかる。

4. そして、スーフィーのウラマーの言葉でイスラーム法の規則において適切でないものについては、それを実践してはならない。しかし、その［スーフィーの］仲間［その思考をよく理解している人］でイスラーム法の方法について知っている人々以外に、適切ではないと判断できる人はいない。我々のような人々は、適切ではない、という判断を下すことは許されず、有名なウラマーによって認められた言葉に従うのみである。

5. 『ミンハト・アル＝カリーブ』の184ページには、動物の形象をしたものを持つことをウラマーが認めていることが述べられている。「……また、ウラマーの中には、ハラームでない動物の形象とは、食器等についている場合等……」以下省略。また、イブン・ハジャルは『トゥフファフ』において、「ハラームではない形象については、持ち上げる［ことができる］場合……」以下省略、と述べている。注意して読まれるよう。ただし、『ミンハト・アル＝カリーブ』の記述は、『タルシーフ』にあるような四つの異なる見解▼41について述べておらず、［『タルシーフ』では］その著者はこの問題に関してアル＝カスタラーニーの言を紹介している。したがって、［『タルシーフ』一冊に言及するほうが］他の様々な本に言及するよりも充実しているといえる［カスタラーニーのような権威あるウラマーの見解を含む多様な見解について解説しているため］。

6. これ［『ミンハト・アル＝カリーブ』］に従いたいと思う人は従ってよいが、敬虔な人々はより注意深い方法、つまりウラマーの見解の多様性を守るべきである［多様な見解を知った上で、一番安全な見解をとるべきである〕。

7．また、彼〔『ミンハト』の著者〕は「動物の形のある家には天使が〔アッラーの〕恵みを入れない」という言葉についても、〔多様な〕解釈が認められるものであり、ある人々は動物の形象の中でハラームなもの〔すなわち前述の持ち運べるようなもの以外の動物の継承〕がある家には天使が恵みをもたらさないと解釈するが、他の人々は一切妥協の余地のない最終的な規則とする〔一切の動物の形象は認められないと考えている〕ことを述べている。『ミンハト・アル＝カリーブ』の184ページとその他『トゥフファフ』[42]やブジャイリミー[43]を見よ。

二番目のファトワーは前半部（回答の1．から4．まで）と後半部（回答の5．から7．まで）に分かれている。前半部では、質問者が『タルシーフ』にスーフィー的傾向があるのならば、フィクフの法的判断の典拠とするのには不適切ではないかと問うているのに対して、イスラーム宗教評議会の回答者は、『タルシーフ』の著者であるアラウィー・アッサッカーフは、フィクフとタサウウフに通じた優れたウラマーであり、『タルシーフ』の著者よりも学識の少ない者が、『タルシーフ』をフィクフの典拠として不適切かどうか判断するべきではないと答えている。

後半部は、「動物の形のある家には天使が（アッラーの）恵みを入れない」というハディースの解釈をめぐるものであるが、後半部もまた、『タルシーフ』のようなスーフィー的なフィクフ解釈の是非を問うたものである。質問者は、ナワウィーやイブン・ハジャル、シャルビーニーといった、シャーフィイー派でも最も権威のあるウラマーたちの古典的法学書、あるいはクランタン出身のトゥアン・タバルの著作を挙げて、『タルシーフ』のようなスーフィー的解釈が誤っていることを主張しようとしている。これに対して、イスラーム宗教評議会の回答者は、質問者が挙げたウラマーたちはこのハディースについて多様な解釈がありうることを認めていることを示した上で、『タルシーフ』は四つの解釈を紹介しているがゆえに優れた注釈書であると述べている。このようにして、回答者は、質問者に対し、短絡的に唯一の結論を求めず、複数の解釈を参照して検討することを勧めている。

三番目のファトワーは、礼拝の前に礼拝を行う意図（ニーヤ）を持つ際、その意図を口に出して発声することがスンナ（sunnah: Ar, sunna: M、預言者ムハンマドの慣行であり、推奨される行為）であるか、あるいはビダア（ここでは忌避されるべき逸脱行為のこと）であるのかを問うた質問者に答えたものである。礼拝の前に意図を持つことは礼拝が成立するための要件であるが、その意図を発声するべきかどうかをめぐって、20世紀初頭のマレー半島では活発な論争が行われた。

質問

スランゴール州ラワンのムハンマド・サイイド・ビン・イスマーイル氏より

1. 礼拝の意図を「ウサッリー・ファルダッ・アッズフル（私はズフルの義務の礼拝を行う）」等と発声することに関する多数派の説について、多数のウラマーはスンナとしているのか。預言者または預言者の教友や4人のイマームたち［四大法学派の祖］による明文があるのか。以前あなたが示した宗教書の中には見つけることができなかった［これ以前の号ですでに同じ質問に答えたことがあったようである］。

2. 実際、この事柄は預言者の伝承から導かれたのではなく、彼ら［発声をスンナとするウラマー］は類推（キヤース）を根拠としている。彼らはどこから類推しているのか、また彼らの類推の条件とは何か。

3．イブン・カイイムおよび彼と同様の意見を持つ者は「ウサッリー」と発声することをビダアとする立場は弱い（ダイーフ）ものであると言う。ダイーフであるとするウラマーの発言にはどのようなものがあるか。

4．イマーム・シャアラーニーの『ミーザーン』[44]によると、3人のイマーム、すなわちシャーフィイー、ハナフィー、ハンバリーの合意するところでは「ウサッリー」の発声はスンナであるという。私はこれらのイマームがタクビール［礼拝の前の「アッラー・アクバル」という発声］の前に「ウサッリー」と発声することがスンナであるという明確な発言を宗教書の中に見つけることができない。

回答

1．と4．について、礼拝のニーヤの発声をスンナとする文章は、多数のウラマーに見られる。例えば『トゥフファ』には「タクビールの直前にニーヤを発音することは、舌が心を助けるため、また、義務であるとする者との対立を避けるために、異説に傾こうとも認められる」とあり、またシャアラーニーの『ミーザーン』には「イマームたち［マーリキー以外のイマームたちと思われる］の見解によると、ニーヤを発音することは信仰行為（イバーダ）を補完する。マーリキー派等マクルーフとする人々もいるとしても」、また『ムニヤトゥル・ムサッリー』[45]には「タクビールの前に舌でニーヤを発声するのはスンナである」と書かれている。これらの三つの文章を引用したのは何百もの大小のアラビア語、マレー語の宗教書に何十もある文章を全て引用することはできないためである。ハディースの中に明文を見出すこともできるが、『プンガソ』に「この件についての伝承はない」と書かれたことがあるので同様の質問に答えることはせず同じ答えのままとする。

2．この問題は、ハッジのニーヤに関する明文から類推（キヤース）される。『トゥフファ』によると、「ハッジについて後に述べることに基づく類推であり、伝承がない［から認められない］という誤った見解を否定するものである。」と述べられており、また、「心の中でニーヤをすることは義務であるといわれ、実に実践とはニーヤを伴うものである。」という伝承がある［ことから、舌でニーヤをすることはスンナであるとされる］。実に様々なかたちで伝承に従う多くの異なる見解があり、ハッジの問題についても多様な見解があるが、『トゥフファフ』等の文章に従うため、考慮しないこととする。

キヤースの条件に関する質問については、今はそれを説明する機会ではなく、またタクリードする者にはこのような質問と回答をすることは許されていないため、［タクリードする者は］キヤースにより導いた法的規定の要約について彼のイマームまたは彼のマズハブに従うイマームの言に従えば十分であり、キヤースの諸条件には彼の仲間［ウラマー］にしか知られていないものもある。

3. この問題についての3人のイマーム（シャーフィイー、ハナフィー、ハンバリー）の同意の状態［を示す文章］は、ビダアとする見解の弱さを示す文章といえる。また、多数の宗教書はこの行為［ウサッリーと発声すること］をビダアとは述べておらず、スンナ、ムスタハッブ、ハサンまたはマンドゥーブと述べているのみである。『トゥフファフ』他を参照せよ。また、その多数が何も述べていないことから、義務（ワージブ）とする発言がない、もしくは［義務とするには根拠が］弱いということでもある。ブジャイリミー曰く、「また、［ウサッリーと発声することを］義務とする人々の見解とは異なり、ラーム・ミーム［人名の省略、Ibn Hajar al-Haithamiのことか］のような解説者はそれについては様々な見解があるため言及していない」。［ニーヤの発声がビダアや義務であるという見解が］ダイーフ［根拠が弱い］でないなら［十分な根拠があるなら］、多くの宗教書に言及があるはずである。[46]

ファトワー中で問題となっているのは、クルアーン、ハディースや法学派の祖の著作に典拠を見つけられない場合、どのように行為規範を導き出すのか、という方法論である。回答者は、巡礼を行う前にその意図を持つ際の行為規範の典拠から類推することができると述べている。このように、クランタン等では20世紀前半でもなおシャーフィイー派法学の伝統を擁護しようとする勢力が強固であった。しかしながら、徐々にエジプトからもたらされたサラフィー的方法論の影響はマレー半島全体で拡大していった。その契機となったのは、アル＝アズハルで学ぶマレー人の増加であった。20世紀の半ばまでには、カイロは近代主義的改革主義とサラフィー主義の世界的な中心地と見なされるようになっていた。

１９５０年代には、アル＝アズハルは、就職の際にも有用な資格としての学位を授与する近代的な大学へと改編されていた。１９７０年代以降にマレーシアの連邦政府を中心に「イスラーム化」政策が推進され、マレーシア・イスラーム青年運動（Angkatan Belia Islam Malaysia: ABIM）のようなイスラームＮＧＯ群がダァワ（宣教）運動を展開してからは、アズハル大学で学ぶマレーシア人学生は飛躍的に増加した。１９７０年代には３０００人を超えるマレーシア人学生がアズハル大学で学んでいた。それまで、インドネシア、マレーシア、タイ南部、ブルネイ、シンガポールといった東南アジア出身（Jawi）の学生たち向けには一つの寮（riwāq: Ar）しかなかったが［Dodge 1961: 202］、マレーシアの各州政府が自州出身の学生たちの寮を建てていった。

「イスラーム化」政策はイスラームに関わる活動や教育の国営化（あるいは州営化）を推進した。イスラーム行政・司法の急拡大は、アズハル大学出身者の雇用先を確保した。逆に言えば、雇用先が確保されていたからこそ、アズハル大学で学ぶことを希望する学生が増加したともいえる。近代的教育の一部としての「イスラーム教育」が整備されていき、その中で、学位の授与やそのための試験、統一されたカリキュラム、学年制も確立されていった。そして「イスラーム教育」において、学位の授与とその先の就職に重きが置かれるようになり、「イスラーム教育」の高等教育における学位を得ることにより、公的機関や教育機関への就職につながるコースが整えられていった。これは、言い換えればアズハルとの連携によってマレーシア政府がウラマーの官僚化を推進したということでもある［久志本 2010］。

マレーシアの連邦政府および各州政府によるイスラームに関わる活動に対する統制の中には、ウラマーがファトワーを出すこと自体を各州政府で厳しく制限したことも含まれる。そして、公的機関（ファトワー委員会）から出されたファトワーを批判、もしくはファトワーに反する言動をとったムスリムに対する処罰も立法化された。20世紀初めから各州でファトワーを管理するための制度が整備されていき、近代国家としてのマレーシアが独立する頃には、教義に関する質問と回答はほとんど国内で完結するようになっていた。これは中東への留学等を通してマレーシアにおけるイスラーム諸学の水準が上がったことも関係しているが、むしろ政府によるイスラーム行政の整備――そこには公的なファトワー管理制度［塩崎 2011］とウラマーの官僚化も含まれた――の結果でもあった。

第3章

東南アジアにおける近代国家の成立とイスラーム法

クランタン州の仏教寺院にある仏像。［著者撮影］

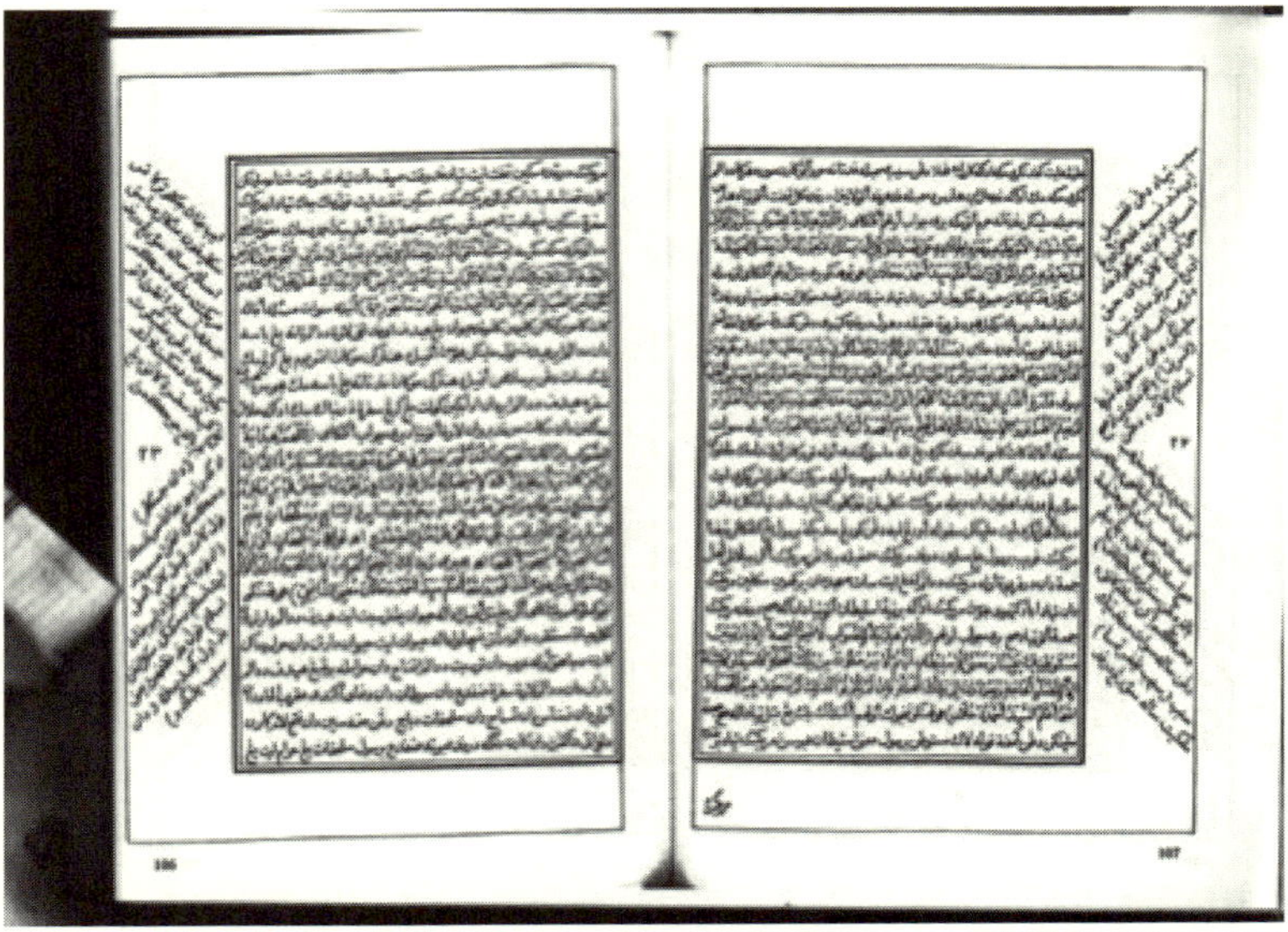

図５　1892年にマッカで出版されたファトワー集、『現代諸問題についての説明である貴重な珠玉（*Muhimmāt al-Nafā'is fī Bayān As'ilah al-Hadīth*）』。マッカから東南アジアに向けて出されたファトワーが集められており、アラビア語とマレー語（ジャウィ）で表記されている［Kaptein 1997: 141］

キー・ワード

マレーシア

1957年にマレー半島でイギリス保護下にあった諸州がマラヤ連邦として独立国家となったのが現在のマレーシアの始まりである。それ以前は、マレー半島を統一した国家は実質的には存在しておらず、マレー人君主たちの領国が並存してきた。マレー半島は、現在のインドネシアやタイ南部にあたる領域とともに、マレー語を共通語とする文化圏を東南アジア島嶼部の海域に形成していた。これらの領国は、18世紀末以降、イギリスに直接統治地として領土を割譲する、もしくは保護下に入るというかたちでイギリスの統治下に入っていった。1963年、マラヤ連邦にシンガポールとボルネオ島のサバ、サラワクが加入し、国名がマレーシアに改称された（シンガポールは1965年に離脱）。多民族多宗教国家として、民族間関係が最大の課題であり続けてきた。当初はゴムやスズといった産品が経済の大きな比重を占めたが、1980年代以降は、石油と天然ガスの産出が増大するとともに、製造業が発展していった。

カーフィル（不信仰者）

イスラームの信仰を持たない人間の総称。キリスト教徒、ユダヤ教徒といったイスラームでは「啓典の民」と位置づけられる人々であれ、それ以外の偶像崇拝者の異教徒であれ、イスラームの信仰を持っていなければ全てカーフィルと呼称されうる。カーフィルのうち、ムスリム側から共存を認められた人々はズィンミー（保護民）と規定される。なお、現在のマレーシアでは、カーフィルやズィンミーといった呼称は非ムスリムからの反発を招きやすいため、単に「非ムスリム」と呼称されることが多い。また、ムスリムであっても、他のムスリムから信仰を失ったと見なされ、カーフィルであると断定されることがある。ムスリムをカーフィルと断定することをタクフィール（背教宣告）という。ムスリムが自ら信仰を失ったと表明することは非常に稀であるが、現代のイスラーム世界では、特にサラフィー主義者が一方的に他者をカーフィルと宣告することが増えている。その際には、イブン・タイミーヤの神学の学説に基づいて、シャリーアを否定しているがゆえに（本人はムスリムであると主張していても）背教者となった、という論理が用いられる。他のムスリムやムスリムの統治者を攻撃する際の正当化のために頻繁に用いられる論理である。

序

本章は、マレーシアが特に宗教という側面においてどのような国家であり（ファトワーの課題となりうる）マレーシア特有の宗教上の問題として何があるのかを論じた。そのために、マレーシアにおけるイスラームをはじめとする諸宗教の歴史と宗教間関係も概観した。

マレー半島には20世紀に至るまで、統治者（Raja）を戴く複数の君主国が並存していた。19世紀後半に本格化したイギリスによる植民地統治、日本軍による短期間の占領（1941-1945）と、再びのイギリスによる統治を経て、１９５７年にマラヤ連邦が独立し、連邦国家のかたちでマレー半島に統一国家が成立した。

独立以前から、マレー半島に流入してくる華人、インド人らとマレー人の関係は統治における主要な課題であり、近代国家としてのマレーシアが成立してからも、現在に至るまで民族間関係は最も重要な課題であり続けている。宗教間関係は民族間関係と同じものではないが、密接に関連し、時に同一視されて、やはり近代国家マレーシアの重要課題であり続けてきた。

ファトワーの分析を通して、イスラームの知的伝統と現実の社会の関係、より具体的に言えば、ウラマーと国家の関係を明らかにしていくことが本書の研究課題であるが、ファトワーが求められる時、すなわちシャリーアに基づく行為規範に関する指針が求められる時とは、ムスリム社会と国家に問題が起きた時である。20世紀のマレー半島で求められたファトワーは、宗教間関係に関するものが多数あり、時にそのようなファトワーは物議を醸した。また、宗教間関係を論じたファトワーは、ウラマーたちが宗教間・民族間関係という課題を抱えた政府とどのような関係を築いたのかを明らかにする上で、重要な資料である。

第1節　東南アジアの植民地化とイスラーム
――『現代諸問題についての説明である貴重な珠玉』に見られるインドネシアとマレーシアの状況の違い

近代国家としてのマレーシアが成立する以前から、現在のマレーシアを含む東南アジア地域のムスリム社会にあって、ファトワーによって信徒からの様々な質問に答えるという活動は、ウラマーの社会的役割の中で大きな位置を占めていた。マレー半島のムスリム社会に関わるファトワー集で、出版されたものの内で最古のものは、オスマン朝がマッカに設けた出版所（Matba'ah al-Turkī al-Majdīyah al-'Uthmānīyah: Ar）から1892年に出された『現代諸問題についての説明である貴重な珠玉（*Muhimmāt al-Nafā 'is fī Bayān As'ilah al-Hadīth*）』であり、マレー半島を含む東南アジアのムスリム社会からの質問に答えたファトワー集である。これに収録されたファトワーのほとんどは、マッカにおけるシャーフィイー派のムフティーにしてオスマン朝に任命されたシェイフル・ウラマーとしてマッカのウラマーを代表する地位にあったアフマド・ザイニー・ダフラーン（Aḥmad ibn Zainī Daḥlān, 1817-1886）によるものである。アフマド・ザイニー・ダフラーンによる回答はアラビア語であったが、同書にはマレー語（ジャウィ表記）への翻訳も掲載されている。ただし、マレー語翻訳においても用いられている単語の多くはアラビア語であり、アラビア語のまま表記されている単語も多い［Kaptein 1997］。

以下、『現代諸問題についての説明である貴重な珠玉』に掲載されたファトワーのうち、当時の東南アジアにおけるムスリム・コミュニティの直面した課題が顕著に反映されているファトワー二つを検討する。二つのファトワーは、いずれも東南アジアから寄せられた質問とそれに対するマッカ在住のウラマーの回答が記されている。

以下の問題があります。ある国にカーフィル（kafir）［「不信仰者」の意］のオランダ人が入ってきて、その国にいた人々は追い出された。カーフィルがその国の一人に命令し、その国の人々は村の外へ追い出され、10人前後のその国出身の人々だけが村の中に残された。その残された人々は外来者だった［その国の人々ではあったが別の地域から連れてこられた］。その中のムスリムたちは、金曜礼拝に必要な人数を満たしていたので、彼らは村の中にモスクを造り、金曜礼拝を行い、また結婚もしたが、その際に定住の意図があった（berniat）のかどうかは不明である。この場合、彼らの金曜礼拝は有効か否か。御回答を請う。

神よ、我々に真実を示したまえ。金曜礼拝は、40人以上の定住者の男性がいなくては無効である。定住の意味とは、彼らが用を足すためそこに戻ることを意図した［上で移動した］場合を除いて、ある場所から夏も冬も引っ越さないということであり、したがって彼らの金曜礼拝は無効である。アッラーが最もよく御存知である。サイイド・アフマド・ダフラーン、マッカのシャーフィイー派ムフティー［Kaptein 1997: 141］

このファトワーは、マレー半島からではなくオランダ統治下にあった現在のインドネシアにあたる地域から寄せられた質問への回答と見られる。何らかの植民地行政上の都合により、ある村の村人が全員強制移住させられ、代わりによそから連れてこられた10人前後のインドネシア人が村に住まわされた、という状況があったと見られる。アフマド・ダフラーンの回答にあるように、シャーフィイー派で金曜日の集団礼拝が成立するのに最低限必要とされている人数は定住者40人であり、質問者はそのことを理解していなかったように見受けられる。新たに村に住まわされるようになった10人前後のムスリムたちが定住者の要件を満たしているかどうかは質問者の記述からだけでは判断できないが、必要最低限の人数がいない以上、金曜礼拝は無効であるとの判断が回答されている。

次のファトワーもオランダの統治下にあった現在のインドネシアにあたる地域から寄せられた質問に答えたものと見られる。

以下の問題があります。ある国にいくつかの地区（karyah）があり、それぞれの地区に長、すなわちその地域を統治する長がおり、その人はムスリムだが彼を長に任命したのはカーフィルの統治者である。長たちの中には高位の長があり、低位の長たちは全ての法的決定（hukum）を行うにあたって高位の長たちの合意を得ており、その高位の長たちはやはりカーフィルの統治者の指名と地区の人々の合意によって任命されている。また、各地区にはウラマーがいるが、統治者によってそこでのカーディーとしては任命されていない。そこで婚姻契約（nikah）を後見するのはそこにいるウラマーたちか、あるいは高位の長たちか、あるいはそれぞれの地区の後見人となるのは低位の長たちか、あるいはカーフィルの統治者か。さらに、長たちの一部は不義者（fasiq）である。御回答を請う。

神よ、我々に真実を示したまえ。そのウラマーたちには婚姻契約の後見人となる資格はない、なぜなら彼らの後見人（wilayah）となれるのは一人だけだからである［スルタンもしくは各地区に一人いるスルタンの権威を代行する者だけだからである］。さらに、カーフィルの統治者によって任命された者が後見人となることについては、法学書『アル＝ムグニー（*al-Mughnī*）』のイマーム（統治者）についての項目に述べられているように、カーフィルがある国を統治しておりムスリムのカーディーを任命した場合、［そのカーディーの下す］法的決定（hukum）は有効とはならない。しかし『ファトフル＝ムイーン（Fath al-Mu'īn、援助者の勝利）』に述べられているように、それぞれの国で［カーフィルの］統治者を拒否し、［ムスリムの］スルタンがその国を統治していた場合、そのスルタンが一度でもカーフィルになっていた場合や、不義者（fasiq）であった場合でも法的決定は有効である。つまり、『ファトフル＝ムイーン』に述べられている問題とは、我々がカーフィルによって支配されているイスラームの国においてファトワーを出すことを、誘惑（fitnah）［婚姻契約を経ていない同棲］を避け、人々の福利（maslahat）を守るために認めるものであり、その国のムスリムの有力者たち（orang yang besar-besar）が合意してカーフィルの任命した人物を長とし、また彼らの間の物事を［カーフィルに対して］秘密にするならば、その人々［長たち］が後見人となることに矛盾はない。こうすることは、誘惑を避けるために最もよいと言える。以上の回答は、シェイフ・ムハンマド・ハサブッラー・イブン・スライマーン師（Shaykh Muḥammad Ḥasab Allāh ibn Sulaymān）によるものである。

第二の回答。神よ、我々に真実を示したまえ。カーフィルもしくはムスリムの支配者によって任命されたカーディーがいる地区においては、そのカーディーが特定の後見人のいない女性の婚姻契約を後見するものであり、その国にいるウラマーは婚姻契約を後見することはできない。以上の回答は、サイイド・アフマド・ダフラーンによるものである。

第三の回答。神よ、我々に真実を示したまえ。成人（baligh）に達していて正しい道に従う女性が特定の後見人のいない状態、すなわち後見人がいない、または一般的な、または特定の後見人がいるものの彼女のいる国から2マルハラ［1マルハラは1日の道程］以上遠いところにいる等の状態で結婚を望んだ時、婚姻契約において後見人となるのはムスリムのスルタンである。なぜならカーフィルはムスリムの女性の婚姻契約を後見することは不可能だからである。また、スルタンの合意と承認により、その国にいるカーディーが、臨時のカーディーや田舎のカーディーであっても彼らが後見人となりうる場所にいる人々を結婚させることができる。［カーディーではないウラマーが後見人となる場合］婚姻契約を後見するのはその国にいるウラマーである必要はないが、男性も女性もムジュタヒドの水準に達したウラマーに従う（berhukum kepada ulama）必要があり、そのイジュティハードが行われた時、または統治者（hakim）が不在でそのウラマーが公正であった（adil）場合には、そのウラマーがその国の女性の婚姻契約を後見することができる。以上が法学者のウラマーによって判断された問題である。アッラーが最もよく御存知である。以上の回答は、サイイド・アフマド・ダフラーンによるものである［Kaptein 1997: 157-158］。

ムスリムの婚姻契約（nikah）に際して新婦の側には後見人が必要とされる。通常は新婦の父親がその任を務めるが、父親が不在の場合に代理の後見人を立てる必要がある。後見人となるのは統治者（スルタン）の務めであるが、統治者の権威を代行するカーディーが後見人を務めることも可能である。ここでは、統治者、すなわちオランダ人が非ムスリムであり、カーディーらもその非ムスリムの統治者によって任命されている場合の後見人の資格が問われている。この質問に対して、２人のマッカ在住のウラマーが回答しているが、2人とも、非ムスリムの統治者に任命されたカーディーであっても後見人を務めうるという結論で一致している。ただし、アフマド・ダフラーンは、カーディーではないウラマーであっても、ムジュタヒドの資格があり、そのウラマーが後見人を務める必要があるとイジュティハードを行って判断を下した場合は、カーディーではないウラマーも後見人を務めうると述べている。非ムスリムの統治者が任命したカーディーが後見人であっても婚姻契約が行われうる理由として、「フィトナ（fitnah）を避けるため」ということが挙げられている。「フィトナ」には、誘惑、試練、（ムスリム同士の）内紛、といった意味があるが、ここでは、「たとえ非ムスリムの統治者によって任命されたカーディーが後見人であっても、男女が婚姻契約なく同棲するというような誘惑を避けるためには、婚姻契約を行うことが望ましい」という趣旨であると解釈した。

第一の回答者であるムハンマド・ハサブッラー・スライマーン（Muḥammad Ḥasab Allāh, 1817-1917）は、アフマド・ダフラーンと並んで重きをなしたマッカ在住のシャーフィイー派ウラマーであった。第一の回答に典拠（ダリール）として引用されている法学書『アル・ムグニー（*al-Mughnī*）』とは、『必要を満たすもの』（al-Mughnī al-Muḥtāj）の略で、ハティーブ・シャルビーニー（Muḥammad ibn Aḥmad al-Khaṭīb Sharbīnī, d.977H）によるシャーフィイー派フィクフの著作である。この書は、ナワウィー（Yaḥyā ibn Sharaf al-Nawawī, d.1277）による『学徒の道（*Minhāj al-Ṭālibīn*）』への注釈書である。また、『ファトフル＝ムイーン（*Fath al-Muʿīn*、援助者の勝利）』とは、シャーフィイー派のフィクフ学者、ザイヌッディーン・アル＝マリバリー（Zayn al-Dīn al-Malibarī）によるフィクフの書である。

ここで取り上げた『現代諸問題についての説明である貴重な珠玉』に掲載された二つのファトワーからうかがえるのは、オランダによる植民地統治によってもたらされた新しい状況におけるフィクフ上の困難である。すなわち、植民地行政のもたらした変化はムスリム社会の従来のあり方を大きく改変し、金曜礼拝のようなムスリムの義務や、婚姻契約のようなムスリム社会において不可欠な行為も従前通りに行っていくことが困難になったという状況である。特に、非ムスリムの統治者によって任命されたカーディーの婚姻契約における後見人としての資格を問うた後者のファトワーは、統治者が非ムスリムになったことによって、カーディーの職務の正当性に懐疑が持たれたことを示すものであり、このことはインドネシアのムスリム社会に深刻な機能不全が起きることにつながりかねない事態であったといえる。このような状況が、ウラマーたちを中心に起こされた反オランダ運動、そして時には反乱の背景にあったと考えられる。新しい状況にあって判断に窮したインドネシアのムスリムたちは、マッカに回答を求めたと見られる。

一方、イギリスの植民地統治下にあったマレー半島は、オランダの植民地統治下にあったインドネシアとは、統治の制度上のあり方において様相をかなり異にしていた。すなわち、マレー半島では、パンコール条約に見られるように、実権はともあれ、マレー人統治者たちの統治者としての地位は保全されており、特にイスラーム行政・司法に関しては、イギリス人駐在官の介入なく、マレー人ムスリムの統治者たちが決定できるとされていた。そのため、マレー半島では、ムスリムの間でイスラーム行政の正当性が問題にされることは、基本的にはなかった。しかしながら、このことは、実質的には統治は世俗主義的原則を持ったイギリスの管理下に置かれた下での状態であり、イスラーム行政もまたその原則の下で行われるようになっていったと見ることもできる。統治の構造全体は世俗化しており、イスラーム行政もその構造の一部として行われるというあり方は、イギリスによる植民地統治が終わった後も、近代国家マレーシアにおいて温存されたと考えられる。

第2節　近代国家マレーシアにおける宗教の共存とイスラーム

マレーシアでは、大多数の個々人のアイデンティティの核となっているのは「民族」と「宗教」である。イスラームとは、アラビア語の原義は「(アッラーへの絶対的な) 帰依」であり、第一義的には信仰のあり方のことであり、「タウヒード (tauhīd: Ar, tauhid: M、唯一にすること、唯一性)」に集約される。副次的には、イスラームとは規範、あるいは知識の体系、または生き方 (way of life: En) として理解することも可能であり、これらはアッラーとその啓示への信仰から演繹されるものである。一方、アイデンティティとは自己と他者を区分するための手段であって、信仰から導きだされるものである必要はなく、フィクフのような知識の体系も基本的には必要としない。アイデンティティを確立するのに必要なのは、自己と他者を区分するシンボルのみである。言語・文化集団、社会経済的な利益集団、あるいは政治集団としての民族とイスラームが同一視されること、あるいはイスラームが民族性の一部と規定されてしまうことは、イスラームへの理解を大きく混乱させてしまうことにつながりやすく、イスラームの名においてイスラームとは関係ない行為――イスラームにおける啓示から演繹されたわけではない行為――が正当化されてしまうことにもなりやすい [中田 2001a: 14]。このような問題は近代以降のムスリム諸国で広く見られるが、特にマレーシアにおいては民族が政治における主要な集団単位であり、最大多数派のマレー人は自民族の利益を守る名分として、頻繁にイスラームを掲げてきている。そのため、(特に政府与党内のマレー人によって) イスラームと民族的な利益が同一視されがちである。また、そのことは、非ムスリムの他民族が、イスラームは非ムスリムの利益を侵害するとして問題視する一因にもなっている。

マレーシアにおいて、イスラームの伝来は、墓石や石碑等の遺物から推察して、14世紀までさかのぼることができると推察されるが、15世紀にマラッカ王朝がイスラームを受容し、漸進的にこの地域の住民の間で広まってきた［M. Kamal Hassan and Ghazali bin Basri（ed.）2005: 12-13］。マレー人という民族は、基本的に全てムスリムであり、現代マレーシアの憲法においてもムスリムであることがマレー人であることの要件として規定されている（第160条）。1511年にはポルトガルが、1641年にはオランダが、マラッカを占領し、1786年にイギリスがペナンを統治下におさめて以降は、段階的にマレーシア全土がイギリスに植民地化された。イギリスの植民地統治下においては、錫鉱山や農業プランテーション開発の必要上、華人やインド人、それに現在はインドネシアの一部であるスマトラ島やジャワ島出身者の移住が進み、現代マレーシアの民族構成の基礎が構成された。

1957年にはシンガポールを除くマレー半島部が「マラヤ連邦（Federation of Malaya: En）」としてイギリスの統治から独立、1963年にはマラヤ連邦にシンガポールとボルネオ島のサバ、サラワクが参加し、「マレーシア」となった（シンガポールは、華人とマレー人の民族間対立等が原因となって、1965年に分離独立した）。

マレーシアの民族構成は、2000年の時点でマレー人およびその他ブミプトラ（Bumiputra、先住民族）65・1%、華人26・0%、インド人7・7%である。また、宗教別の人口構成は、最大多数派のイスラームが60・4%、仏教19・2%、キリスト教9・1%、ヒンドゥー教6・3%、儒教・道教およびその他の中国伝統宗教が2・6%となっている［Jabatan Perangkaan Malaysia 2005］。マレー人はムスリム、華人は仏教徒、インド人はヒンドゥー教徒と、概ね民族別に大別できる。ただし、華人にはキリスト教徒および道教の信徒、インド人にはムスリム、シーク教徒、キリスト教徒も少なくない。また、オラン・アスリ

（Orang Asli、先住民）の中には、依然土着のアニミズム信仰を持つ者も多い。マレー人はモスクを、華人、インド人は各地に仏教寺院、廟、ヒンドゥー教寺院、あるいは教会を建立しており、これらの宗教施設はそれぞれのコミュニティにおける結束の象徴にもなっている。

いずれの宗教においても、総じて言えることは、宗教が各民族の日常生活の様式から思考まで強い影響を与えていることである。特に、マレー人社会では、１９７０年代に入りダァワ（da'wah、「宣教」の意）運動と呼ばれるイスラーム運動が高まり、80年代以降、一般民衆の間でも、礼拝、断食等の実践が極めて当然のこととなった他、トゥドゥン（Tudung）と呼ばれる女性用スカーフをはじめとするイスラーム的服装の着用、ハッジ（**haji: Ar, haji: M**、大巡礼）およびウムラ（**'umrah: Ar, umrah: M**、小巡礼）と呼ばれるマッカへの巡礼が増加する等、イスラームの社会における重要性、存在感が高まっている。この傾向は、現在も進行中と見られる。以下、イスラーム、仏教、キリスト教、ヒンドゥー教といったマレーシアにおける主要な諸宗教の概観を記述する。

表２　マレーシアの宗教別人口

宗　教	人　口
イスラーム	14,049,379 人
キリスト教	2,126,190 人
ヒンドゥー教	1,457,907 人
仏教	4,467,497 人
その他の中国宗教・儒教	615,076 人
部族宗教	195,828 人
その他	88,429 人
無宗教	194,369 人
不明	80,015 人
合計	23,274,690 人

出所：マレーシア政府統計局
Population and Housing Census of Malaysia (2000)

マレーシアの社会生活、特にマレー人の間では、イスラームは大きな位置を占めている。ムスリムの五つの基本的な義務は、１）信仰告白、２）礼拝、３）ラマダーン月の斎戒、４）ザカート、５）ハッジである。マレーシア人ムスリムのほとんどはスンナ派（**Ahl al-Sunnah wa al-Jamā'ah: Ar**）に属しており、フィクフ上の規範としてはスンナ派の四大法学派の一つであるシャーフィイー派（**al-Madhhab al-Shāfi'ī: Ar**）が圧倒的に適用されており、公的にも優先されている。

礼拝は一日5回行うことが義務とされており、日の出、真昼、午後、日没、夜中のそれぞれ一定時間内に礼拝を行う必要がある。そのため、マレーシアの公共施設、職場、ショッピングセンター等ではスラウ（surau）と呼ばれる礼拝所が設置されていることが多く、大きなモスクも街中に散見される。また、毎週金曜日の昼には、男性はモスクに行って集団礼拝に参加することが義務とされている。

毎年1カ月間は、ラマダーンと呼ばれる月があり、夜明け前から日没までは、飲食をせず斎戒することが義務である。日没後は、モスクでタラウィー（tarawih）と呼ばれる長時間の礼拝が行われ、各所に市場が立つ。ラマダーンの期間は、イスラームの暦（ヒジュラ［Hijrah］暦）に従って決められるため、毎年少しずつ変動していく。ラマダーン明けの祭日ハリ・ラヤ・プアサ（Hari Raya Puasa）と年に一度の大巡礼の祭日ハリ・ラヤ・ハッジ（Hari Raya Haji）が、イスラームの二大祭日であり、これらの祭日の前後は、多くのムスリムは故郷に帰省する。ハッジと呼ばれるマッカへの大巡礼に参加すると、それまでの罪が全て許されるとされているため、ハッジのために貯蓄に励む者も多い。

五つの基本的な義務の他にも、トゥドゥンと呼ばれるスカーフをつける等、ムスリムにふさわしい服装をする、イスラーム法上合法であることを意味するハラール（halāl: Ar, halal: M）な食品を摂る、歌謡等エンターテイメントにおいてもイスラーム上適切なものを観賞する、金融においても利子をとらないという点でイスラーム法上適切な商品を購入する、といった規範が重視されてきていることに見られるように、今日では生活の多様な面において、イスラームが重要な要素となっている。

仏教は、インド（およびスリランカ）、中国、タイ等からマレーシアに伝わってきた。マレーシアの総人口の約20％が仏教徒であるが、その大多数は華人である。また、マレーシアの総人口の約3％は儒教および道教等の信者であるが、実態は、キリスト教徒を除く華人の大多数は、仏教、儒教、道教を同時に信仰していることもある。これら中国伝統宗教は、華人社会における非常に重要な慣習である先祖崇拝と混然となって、氏族、ギルド、同郷会等での結びつきを強めるのに欠かせない。

仏教は、マレー半島北部のクダーを中心にすでに5世紀にはマレー半島に伝来しており、8世紀程度までは栄えていた。当時、マレー半島はスマトラ島を中心としたスリ・ウィジャヤ（Sri Wijaya）王朝の一部であり、仏教はインドとの交易を通して伝えられたと見られる。一方で、マレー半島北部のクダー、プルリス、ペラ、ペナン、クランタンには伝統的にタイ人仏教徒が居住しており、寺院や仏像も見られる。現在マレーシア国民のうち50万人がタイ仏教徒である。北部を除くマレー半島部では、11世紀頃には仏教の勢力が見られなくなった。19世紀には、スズ鉱山等で働く華人移民により中国から伝わった大乗仏教が華人の間で信仰された。また、鉄道建設等で働くシンハラ人移民の仏教徒がマレー半島に渡来したのも19世紀であった。

現代のマレーシアでは、伝統的な仏教とともに、台湾等から伝わった新たな教派や日本から渡来した創価学会も隆盛している。マレーシアの仏教は多様であるが、釈迦の生誕・開悟・入滅を祝うウェサック・デー（Hari Wesak）は、マレーシアの全仏教徒共通の祝祭日であり、マレーシアの国全体の休日でもある［M. Kamal Hassan and Ghazali bin Basri (ed.) 2005: 60-69］。

キリスト教の信徒は、マレーシアの総人口の約9％であるが、その民族構成は、マレーシアの諸宗教の中で最も多彩である。マレーシアでキリスト教は、カダザンドゥスンやイバンをはじめとするサバ、サラワクの諸民族、半島部の華人、インド人等、多岐に渡る民族の間で信仰されている。マレーシアのキリスト教徒のうち、約半分がカトリックであり、あとはほとんどがプロテスタントである。キリスト教徒の人口は、マレー半島部では2～3％だが、東マレーシアでは20～30％にも達する。

1511年にポルトガルがマラッカを占領したのが、カトリックが広まりだした端緒であり、1641

年にはオランダがマラッカを占領したのが、プロテスタントが広まりだした端緒であったと見ることもできる。しかし、マレー半島とボルネオに本格的にキリスト教が広まったのは、19世紀になってからである。

マレーシアにおいては、カトリックはカトリック司教会議（Catholic Bishop's Conference: En）によって政治的・社会的に代表されており、多くのプロテスタント教会を代表する組織として、マレーシア教会評議会（Council of Churches of Malaysia: En）がある。また、ペンテコステ派やカリスマ派等は、全国福音協会連合（National Evangelical Christian Fellowship: En）によって代表されている。これらの三組織が参加しており、マレーシアの全キリスト教徒を代表するのが、マレーシア全キリスト教徒連合（All-Christian Federation of Malaysia: En）である［M. Kamal Hassan and Ghazali bin Basri（ed.）2005: 100-103］。

ヒンドゥー教は、すでに2世紀にはクダーをはじめとするマレー半島部各所で隆盛していた。その後、19世紀に至るまでは、ヒンドゥー教の勢力はマレー半島ではほとんど見られなくなったが、マレー人に愛好される影絵芝居であるワヤン・クリの物語等には、ヒンドゥー文化の名残が見られる。また、マレー語の語彙にはサンスクリット語に由来するものが多い。19世紀に主にプランテーション労働者として、インドからヒンドゥー教徒の移民が移入してきてから、マレー半島では再びヒンドゥー教徒が増加した。マレーシアのヒンドゥー教徒は、タイ・ポンガル（Thai-ponggal）、タイプーサム（Thaipusam）、デエパヴァリ（Deepavali）等の祭日を祝うが、とりわけデエパヴァリは、マレーシアの国全体の休日であり、タイプーサムもいくつかの州では休日になっている。

インド本国において、近年ヒンドゥー復興を掲げる勢力が盛んになり、インド人民党（Bharatiya Janata Party: En）のような政党に見られるように政治的にも大きな影響力を示しているが、マレーシアにおいてもヒンドゥー・サンガム（Malaysia Hindu Sangam）をはじめとするグループが「ヒンドゥー・ルネサンス」を掲げて活動している。マレーシアのインド人の間では、ヒンドゥー教にアイデンティティを求める傾向が強まっている。ヒンドゥー教諸団体の連合であるヒンドゥー権利行動隊（Hindu Rights Action Force: Hindraf: En）は、２００７年11月にインド人の社会経済的地位改善を求める数万人規模のデモをクアラ・ルンプールで行い、その存在感を示した［M. Kamal Hassan and Ghazali bin Basri (ed.) 2005: 85-99］。

イスラーム、仏教、キリスト教、ヒンドゥー教の他に、インド人の一部で信仰されているシーク教や、マレー半島部のオラン・アスリ、サバ、サラワクの諸民族に信仰されているアニミズム的な伝統的宗教もマレーシアの諸宗教の一部である。

これら、マレーシアで信仰されている諸宗教に共通していえることは、近代国家としてのマレーシアにおいて、今なお日常生活や祝祭日における人々の暮らしを規定するものであり、各民族のアイデンティティを形成するのに用いられていること、マレーシアにいながら同じ宗教を信じる世界各地の同胞と結びつける作用を持っていることである。マレー半島では、19世紀までは人口がさほど多くなく、産業を興し、近代国家を形づくっていくために、世界各地から人々が移入してきたが、彼らはマレー半島に住むことになっても、宗教を通して世界各地の同胞と結びついており、教育、社会活動、経済活動等にも活用される世界的なネットワークを形成している。また、20世紀、特に後半に中東等でイスラーム復興が進むのと軌を一にして、マレーシアでも個人・社会・政治の規範としてのイスラームが影響力を増した。仏教、ヒンドゥー教、キリスト教等も、世界各地でのそれぞれの宗教の復興に影響されて、各コミュニティ内で宗教の重要性が増しつつある。そして、イスラームがマレー人という民族のアイデンティティとして決定的に重要なものとなったように、イスラーム以外の諸宗教も、各民族のアイデンティティと分かちがたくなりつつある。

マレーシアでは、制度上イスラームに特別な地位が認められた上で、複数の宗教が共存し、実践されている。マレーシアの連邦憲法第11条では、次のように定められている。

第1項　全ての個人は自身の宗教を告白し、実践し、第4項の条件の下で宣教する権利を有する。
第2項　いかなる個人も、全額または一部分が本人自身の宗教以外の宗教に支出される目的での納税を強制されることはない。
第3項　全ての宗教集団は以下の権利を有する。
（a）自集団の宗教に係る事柄の運営
（b）宗教、または慈善目的の施設の設立と維持
（c）法の範囲内での自集団の財産の取得、保有と維持、運用
第4項　州法、クアラ・ルンプール、ラブアン、プトラジャヤの連邦直轄区の法律、連邦法は、イスラームの宗教を信仰する個人に対する何らかの宗教教義または信条の宣教を管理または制限する。
第5項　本条は公的な秩序、公共の福利、道徳に反する何らかの行為を合法化するものではない。

各宗教の活動は相互に不干渉であり、各宗教の活動は時に民族という単位と一致し、また時には複数の民族にまたがっている。

多民族国家であるマレーシアにおいては、社会・経済・政治の諸活動は、複数の民族が共同して行われる場合と、各民族のコミュニティ内で行われる場合とがある。例えば、政党は、統一マレー人国民組織（United Malays National Organization: UMNO: En）がほとんどマレー人のみによって構成されているように、民族ごとに構成されていることが多い（一部、多民族政党を標榜する政党もある）。しかし、与党連合・国民戦線（Barisan Nasional: BN）や内閣は多民族で構成される。各民族のコミュニティ内での活動は、英語を

用いる場合を除けば、各々の言語を用いていることが多い。マレー人はマレー語、華人は中国語（いくつかの方言に分かれる）、インド人はタミル語、といった具合に、各民族コミュニティ内での活動は各々の言語を用いて行われる。マス・メディアも例外ではなく、新聞、雑誌、ラジオ、テレビ等もマレー語紙・マレー語放送、華語紙・華語放送、タミル語紙・タミル語放送、および複数民族が享受する英字紙・英語放送がある。

教育も、公立、私立ともに各々の言語を用いて行われる学校がある。連邦憲法第12条では、（憲法で定められた事項を除いての法の前での国民の平等を定めた）「第8条に反しない限りにおいて」公的な教育機関における入学や授業料、学生に対する公的な補助に関して「宗教、民族、家系、出生地に基づく差別はなされてはならない」と定められており（第1項）、「全ての宗教集団は自宗教の児童のための教育施設を設立し、維持する権利を有する」と定められているが、同時に「連邦または州がイスラームの施設を設立または維持すること、設立または維持に対する援助を行うことは合法である」とも定められている（第2項）。第12条ではまた、「いかなる個人も自宗教以外の宗教の儀礼または礼拝行為に参加することを求められてはならない」（第3項）、「第3項の要件を満たすため、18歳以下の個人の宗教は親または保護者によって決定されねばならない」（第4項）とも定められている。

マレーシアにおいて、各民族や各宗教の信徒は基本的には相互不干渉であり、過度の干渉がない限りは、マレーシア社会の治安と平穏は保たれてきた。各宗教の影響力が増大しつつある状況においても、相互の不干渉さえ維持されれば、衝突に至ることはないと考えられる。宗教がきっかけとなって（あるいは宗教が名目とされて）民族間・宗教間の緊張が高まるケースは、二通りが考えられる。

1）他宗教に干渉する意図はなくとも、同じ社会で生活している以上、他宗教の何らかの権益を侵害してしまう、もしくは脅威を与えてしまう場合

2）欧米的な「世俗主義」を掲げる勢力、あるいはイスラーム以外の宗教勢力が、政府の非宗教化と全宗教の平等を求め、主にムスリムと衝突する場合

1）のケースとしては、非ムスリムが、行政の「イスラーム化」によって、飲酒や服装のような生活習慣が制限されるのではないかと危惧する、といった例がある。2）のケースのような世俗主義的要求は、イスラームが連邦の公式な宗教である以上、大方のムスリムにとっては受け入れることができるものではない。

2008年10月、BNの主要な構成党の一つであるマレーシア華人協会（MCA）のオン・カティン（Ong Ka Ting）総裁は、総裁を退任するにあたっての演説で、次のように述べている。

我々の政府の指導者たちは、我々が我々の宗教を実践することは自由である、と繰り返し保証する。しかし、改宗、異なる宗教の信者の間での結婚、宗教施設建設の土地利用許可といった問題に関しては、政府は我々にまったく何の権利も無いかのように振舞う。[47]

オン総裁の発言は、UMNOを中心とした政府が、マレー人・ムスリムの権益を優先し、非マレー人・非ムスリムの権益が顧みられないことに関する華人の不満を代弁したものである。各宗教コミュニティが、相互不干渉を維持している限りは、基本的には対立は起こらない。しかし、近年では異宗教信徒間の結婚に際しての改宗（例えば、ムスリムのマレー人と仏教徒の華人が結婚する場合、仏教徒の華人はイスラームに改宗することが、マレーシアの制度上実質的には求められる）、異なる宗教コミュニティの宗教施設が隣接する場合（例えば、マレー人居住区にヒンドゥー寺院が隣接しており、マレー人がヒンドゥー教徒の偶像や儀礼を不愉快に感じるといったケース）のように異なる宗教の信徒が接点を持たざる得なくなった時に、宗教間の対

立が頻発している。非ムスリムが結婚に際してイスラームに改宗した場合、離婚すると、元の宗教に戻りたいと訴えることがあるが、その場合、イスラームを棄教することになり、このようなケースにおける棄教の是非も裁判を通して問題になっている。総じて、ムスリムは非ムスリムがイスラームに関わる問題に関して議論することを好まず、介入を許さない。

非ムスリムの間では、政治の実権を握るマレー人ムスリムが、ムスリムに有利なようにマレーシアの諸制度を改変していくのではないかという懸念が高まっている。華人、インド人、非ムスリムのブミプトラ等からは、イスラームが非ムスリムの権利を侵害するという主張が出ており、例えばMCAのチュア・ソイレク（Chua Soi Lek）総裁は2010年に以下のような根拠を挙げて、UMNOとPASがイスラームを政治に反映させてきていることへの懸念を表明した。1）ムスリム諸国は絶対君主制をとっているか、議会と選挙があっても空文化しており、権威主義的体制である。2）ムスリム諸国政府は開発政策よりも宗教を優先するため発展が遅れている。ムスリム諸国の人口は全世界の22％を占めるが、GDPは全世界の5％のみである。3）ムスリム諸国では教育が軽視されており、57カ国に14億の人口を有するが、大学は600校あるのみである。また、女性を中心に非識字人口が多く、8億人に及ぶ。マレーシア・イスラーム党（PAS）等のムスリムを中心とした政党は、ムスリム諸国の腐敗と発展の遅れは、むしろイスラームが政治に正しく反映されていないことの結果であると反論しているが、チュア総裁は非ムスリムの華人の立場から、イスラームが政治に反映され続ければ、マレーシアもまた多くのムスリム諸国同様の停滞と混乱に落ち込むことになるのではないかとの疑義を表明している。▼48 一方で、マレー人はマレー人の特権的な地位を保証した憲法並びにイスラームを根拠に自民族の権利を主張し、宗教間の対立が民族間の摩擦につながっている。

1957年の独立以来、マレーシアの政権は、マレー人政党UMNOを中心とした複数民族の与党連合

1946	UMNO（統一マレー人国民組織）結成
1956	第一回総選挙、ALLIANCE（連合党）圧勝
1957	マラヤ連邦独立
1963	マラヤ連邦、シンガポール、サバ、サラワクから成るマレーシアが成立
1965	シンガポールがマレーシアから分離独立
1969	クアラ・ルンプールで5月13日事件、国会停止
1972	Barisan Nasional（国民戦線）結成
1981	マハティール首相就任
1990	クランタン州でPAS政権成立
1998	アンワル・イブラーヒーム副首相解任

表３　**マレーシア現代史年表**

（１９５６年‐１９７２年は連合党［ALLIANCE］、１９７２年以降は国民戦線）によって担われてきた。野党としては、マレー人中心のＰＡＳ、華人中心の民主行動党（Democratic Action Party: DAP）等がある。マレー人を中心とした複数民族の与党連合を通して、民族間の利害を調整し、衝突を避けて共存する、というのがマレーシア政治の基本的な枠組みである。しかし、民族間の利害調整は万全ではありえず、１９６９年にはそれまで続いていた民族間経済格差等を原因とする衝突が激化し、クアラ・ルンプールで民族間暴動が起こった。以後、新経済政策（New Economic Policy: NEP: En）と呼ばれるマレー人およびその他の先住民族を優遇する政策が導入されてきている。

第３節　近代国家マレーシアにおけるイスラームの位置づけ
——近代国家と宗教、世俗主義の問題

１９４０年代半ばから１９５０年代半ばまでの独立運動期において、独立後の新国家における市民権の付与対象が問題となった際、マレー人主導の独立運動の中で１）マレー人に他民族に比して特権的な地位を与えること、２）マレー人およびイスラームという宗教の擁護者としての各州統治者（スルタン等の称号を持つ）の地位保全を求める要求

が出たため、マレーシアの連邦憲法第３条では各州に「イスラームの首長（Head of the Religion of Islam: En）」としての統治者がいることが定められている。また、同じく第３条には、イスラームが連邦の宗教であることが以下のように定められている。

イスラームは連邦の宗教（Religion of the Federation: En）である：ただし、他の諸宗教も連邦のいかなる場所においても平和と調和のうちに実践されうる。

このことが、近代国家としてのマレーシアのあり方や正当性について、イスラーム的観点から論争される際に影響している。ブルネイを除けば、憲法にこのような規定を持つ国家は東南アジアには他にない。近代以前から、イスラームはマレー人の誕生、割礼、結婚、葬儀といった人生の節目ごとになくてはならないものであり、マレー人の生活と不可分のものではあった。しかしながら、イギリスによる植民地統治以降、特に20世紀に入ってから、民族が政治における主要な集団単位となり、イスラームは民族アイデンティティとも結びつけられて、常に政治の争点とされてきた。このことが後述するような民族間・宗教間の対立や民族間あるいはマレー人内部の利害関係を含む諸問題にもつながっている。行政においてもスルタン等の統治者の下で全てのイスラームに関わる活動を管轄するイスラーム宗教評議会（Majlis Agama Islam）という機関が各州に置かれ、モスクの管理、ザカートの徴収と分配、宗教学校の運営、ワクフ（waqf: Ar, wakaf: M、慈善目的のために所有権を停止した財産）の管理、さらにはファトワーの独占的な発出等々を管轄してきた。マハティール政権では、連邦政府首相府の下で全国レベルのイスラーム行政の標準化を促進するイスラーム発展庁（Jabatan Kemajuan Islam Malaysia: JAKIM）が設置された。

１９７０年代になると、マレー人の間で、「ダァワ運動」と総称される、イスラームへの回帰、イスラームを生活、社会の規範として取り入れようとする様々な運動が起こった。その代表格の一つが、高等教育を受けたマレー人青年層によって組織されたマレーシア・イスラーム青年運動（Angkatan Belia Islam Malaysia: ABIM）である。１９８１年にマハティール（Mahatir Mohamad）政権が成立するにおよび、１９８２年にはＡＢＩＭ総裁であった後のアンワル・イブラーヒーム（Anwar Ibrahim）副首相兼財務相（１９９８年の金融危機に際して失脚）らがＵＭＮＯに合流し、政府は「イスラーム化」政策（Islamization policy: En）と呼ばれる、行政にイスラーム的規範を反映させる政策を推進していった。行政において、特に教育、金融、流通、さらには司法等にも「イスラーム化」政策が導入され、外交やモスク建設予算増額等にも「イスラーム化」政策の影響が見られるようになった。マハティール政権による「イスラーム化」政策は、ＮＥＰと呼ばれる従来からのマレー人優遇政策を補完する部分もあり、連邦中央政府の立場からマレー人社会における国民統合を促進する効果もあった。[49] ＮＥＰと「イスラーム化」政策は、マレー人の間で、マレーシアという国家への帰属意識を強める効果はあったが、華人やインド人といった非ムスリム・非マレー人の間では、マレーシアという国家にあって疎外感を感じさせることになった。すなわち、１９７０年代以降のＮＥＰと「イスラーム化」によって、マレー人はマレー人アイデンティティ、「ムスリム・アイデンティティ」とともにマレーシア国民アイデンティティを強められたが、非マレー人がマレーシア国民アイデンティティを強められることはなかった。

「イスラーム化」政策はマハティール政権後も維持され続けている。アブドゥッラー（Abdullah Ahmad Badawi）政権（2003-2008）で行政の指針とされた「イスラーム・ハドハリ」（Islam Hadhari、文明的イスラーム）は、ＰＡＳとイスラーム的な正当性をめぐって有権者の支持を競う必要から現政権のイスラーム的性格を強調している、という側面があった。今後も様々な意味における「イスラーム化」は、マレー人ムスリム社会の政治的争点となり、政府も多かれ少なかれ「イスラーム化」に沿った政策を取り入れていかざるをえないと見られる。イスラーム・ハドハリの十大原則とされる1）神に対する信仰と崇敬、2）公正で信頼のできる政府、3）自由で独立心の高い国民、4）知識の習得、5）均衡がとれた包括的な経済発展、6）質の高い生活、7）少数派と女性の権利の保護、8）文化と道徳の融和、9）自然環境の保護、10）強固な自主国防、といった価値観は、ＵＭＮＯが「イスラーム化」政策を推進しつつも、ＰＡＳとは異なった価値観を有しているということをムスリムおよび非ムスリムに対してアピールしたものであった。[50]

マレーシアは、２００３年から２００８年までイスラーム諸国会議機構（Organization of Islamic Conference: OIC: En）議長国であったが、国際社会においても、アブドゥッラー首相は、イスラーム・ハドハリこそが、ムスリム世界が欧米諸国と共存し、ムスリム世界各地の問題を解決しうる路線であるとしきりに提唱しており、マレーシアがその先導的な役割を果たしうると主張した。[51]

マレーシアにおいても、これまで、時に急進的なイスラーム運動が影響を持った例がないわけではないが、それでも内戦や大規模テロのような事態に陥ることはなく、漸進的な「イスラーム化」が、議会と選挙制度の枠組みを維持しつつ、進められてきた。これは、在野勢力のみならず政府与党内部にもイスラーム運動勢力が参画し、イスラーム運動の掲げる主張が部分的にせよ、政府の政策に反映されたためと思われる。マレーシアは、一定の「イスラーム化」を推進しつつ、大規模な紛争に陥ることもなく多民族が共存し、なおかつ持続的な経済成長を実現している、という点においてはムスリム諸国でも最も成功したケースの一つである。

東南アジアでは、中東のムスリム諸国とは対照的に、シャリーアに基づく統治を掲げる政党が合法的に議会活動を行うことが許容されており、イスラーム的社会秩序をめぐる言説、政府批判についても比較的取り締まられることが少ない。また、マレーシアでは政府も「イスラーム化」政策と呼ばれる、イスラーム的規範を行政に反映させる政策をとっており、イスラーム運動と政権のあいだでは対立がありつつも、漸進的にイスラーム的社会秩序を実現していこうとする点において一致が見られる。イスラーム運動のつくりだす公共圏は、このような漸進的な「イスラーム化」のための言説が流通する空間でもある。イスラーム運動のつくりだす公共圏が、イスラーム運動のアジェンダを、言論を通して実現していくことを可能にしている［塩崎 2006a: 101-127］。マレーシアにおけるイスラーム運動は、いずれも武力の行使を前提としていない。選挙・議会制度とそこへのＰＡＳの参画を通して、イスラーム運動参加者の不満がかなりそらされている。イスラーム運動急進派の主張は基本的にはイスラーム国家即時樹立であるが、急進派もほとんどＰＡＳとその選挙活動に結集している。つまり、群小のグループに分かれて過激化するということがない。このことの、治安維持における利益は極めて大きい。

マレーシアにおけるイスラーム運動のあり方は、この点において、インドネシア、タイと大きく異なる。インドネシアにおいては、イスラーム運動勢力は第二次大戦中インドネシア・ムスリム評議会（Majlis Syuro Muslimin Indonesia: Masyumi, Masyumi）のもとに結集されたが、やがてインドネシアにおけるイスラーム国家の樹立を目指すダルル・イスラーム運動（Darul Islam: Indonesian）が発生し、他の多くのイスラーム運動勢力もインドネシア・ムスリム評議会から離脱し、イスラーム運動勢力の大同団結が見られなくなった。ゆえに、政府がイスラーム運動勢力の活動を監視、もしくは取り込むことは極めて困難となり、特に、ダルル・イスラーム運動の流れを汲む勢力の活動は、政府にはまったく掌握できなくなっていった。ジャマア・イスラーミーヤ（Jemaah Islamiyah: JI）と称され、東南アジアでの汎イスラーム国家樹立を目標として爆破事件等を起こした組織は、ダルル・イスラーム運動の流れを汲んでいる。タイの場合、イスラーム運動勢力は、南部パターニー地域等に居住する少数派のマレー人ムスリム国民の内に存在している。タイにおいては、反政府イスラーム運動勢力の目標は、タイ王国から分離独立し、パターニー地域にイスラー

れ、そのネットワークは政府に十分に把握されることなく、交渉の回路も安定せず、タイ政府とイスラーム主義勢力の関係は武力衝突に発展していった。

マレーシアにおける武力行使、テロ活動の少なさは、

1）イスラーム運動とその政策の一部をUMNOが取り込んでいること

2）議会政党であるPASにイスラーム運動諸勢力が急進派も含めて結集していること

によると思われる。

国内治安法（Internal Security Act: ISA: En）適用による過激派の取締りも行われてきたが（野党勢力は政治目的で無実の人間が弾圧されていることが多い、と主張している）、これも、イスラーム運動出身者を政府に取り込むことによって、急進派の動きが掌握されていることにより成功している。例えば、首相府の下にあるマレーシア・イスラーム発展庁（JAKIM）ではマレーシア中のイスラーム運動を極小のグループを含めて常時監視、精査している。これは、イスラーム発展庁にイスラーム運動出身の人材が多くいることによって可能となっている。

近代国家マレーシアにおいて、特に1970年代以降に宗教が社会的影響力を増した理由として、まず、世界的規模でのイスラーム復興をはじめとする諸宗教の復興現象がある。従来からマレーシアの諸民族は、宗教を通して世界各地の同胞と結びついていたが、宗教復興の動きはマレーシアにも伝播し、各宗教のコミュニティはより広い世界との結びつきを再確認した。

1969年5月13日の民族間暴動以降に起きた各宗教の復興は、大衆に依拠しており、同時に、新たに形成されつつあった都市部の中産階級の生活スタイル、価値観を肯定した。ABIMが推進したイスラーム金融やマハティール政権で盛んに推奨されたイスラームと経済成長、発展、勤勉さ等の価値観の両立と

いうような主張は、その表れである。

政府もイスラーム運動の活発化を利用した。マハティール政権は、２０２０年にマレーシアが先進国入りすることを目指すヴィジョン２０２０（Wawasan 2020）を掲げるとともに、マレーシアがイスラームの価値に根ざした先進国となることを唱えた。マハティール政権以来進められている「イスラーム化」政策は、しかし、非ムスリムの反発を招かないわけにはいかなかった。

以上のように、１９５７年に成立した近代国家マレーシアにおいて、宗教は、その社会的影響力を増大させてきた。特にマレー人にとってのイスラームは、憲法にも規定されることによって民族アイデンティティと結びつけられている。イスラームが、言語・文化集団であり、社会・経済的な利益集団でもあり、政治的な共同体でもあるマレー人という民族に結びつけられた。このことは、政府の作為による部分が大きい。それは、マレーシア政府のイスラーム関連政策が、伝統的なイスラーム法学には基づかず、近代化や開発といった近代国家の論理に基づいて形成されていることからも明らかである。

マレーシアではスンナ派四大法学派のうちシャーフィイー派が公認されているが、シャーフィイー派の定説では、ムスリムの統治下にある領域において定住する非ムスリムのうち、啓典の民（ユダヤ教、キリスト教およびそれに準じる宗教の信徒）は、人頭税（jizyah: Ar）を納めることと引き換えに庇護民（dhimmīh: Ar）としての扱いを受けて生命と財産を保障され、一定の自治を許容されうるとされている。啓典の民以外の非ムスリムはこの措置の対象とはならないとされている［Abū al-Ḥasan ʻAlī b. Muḥammad al-Māwardī 1994: 284］。イスラームにおいては、アッラーからの啓示を伝えるべく、数多くの預言者が諸民族に遣わされたとされるが、それらの預言者のうち、シャリーアをもたらした者が使徒（rasūl: Ar）と呼ばれる。書物のかたちでの啓示、すなわち啓典を下された民族は「啓典の民」と呼ばれるが、主にユダヤ教徒、キリスト教徒を指し、ゾロアスター教徒、サービア教徒等も啓典の民に準じるとする説もある。

近代国家マレーシアにおいては、連邦憲法でイスラームが公式の宗教と定められる（第3条）、マレー人およびその他の先住民族（非ムスリムを含む）の優先的な使用のために一部の土地が保留されている（第89条）、マレー語が公用語と定められている（第152条）、マレー人およびその他の先住民族が公務員への登用、教育、商業・事業のための許認可において優先される（第153条）等の措置がとられており、マレー人ムスリムに特権的な地位が与えられているが、啓典の民からのジズヤ徴収は行われていない。連邦憲法第8条では、「全ての個人は法の前で平等であり、等しく法の保護を受ける」（第1項）と定められているとともに、「本憲法によって定められた事項を除いて、法（の適用）および公共機関への任用または登用、財産の保持および処分、商業、事業、専門職種の開業と運営、就職および雇用に際して国民が宗教、民族、家系、出身地、性別に基づく差別を受けてはならない」（第2項）と定められている。また、第11条第2項では、「いかなる個人も、全額または一部分が本人自身の宗教以外の宗教に支出される目的での納税を強制されることはない」と定められている。

なお、スンナ派ではムスリムの女性と非ムスリムの男性の結婚は認められていない。シャーフィイー派以外のスンナ派の三法学派では、ムスリム男性と啓典の民の女性が結婚することは認められている（啓典の民以外の女性との結婚は認められない）が、シャーフィイー派のみは、女性が啓典の民であってもムスリム男性が結婚することは認められない。これは、モーセおよびイエスの死後、ユダヤ教およびキリスト教は歪曲されており、歪曲後のユダヤ教徒とキリスト教徒は真正な啓典の民ではないと見なすためである［Abū al-Ḥasan ʻAlī b. Muḥammad al-Māwardī 1994: 288-290］。近代国家マレーシアでは、男女を問わずムスリムと非ムスリムの結婚は事実上認められないが、これは各州のイスラーム家族法（*Undang-Undang Keluarga Islam*）に定められているためである。ムスリムのみに適用される民法およびイスラーム刑法（*Enakmen Jenayah Syariah*）に係る案件を扱うシャリーア裁判所（Mahkamah Syariah）も各州に設置されている。

近代国家マレーシアでは、行政、司法の制度の一部にシャリーアが反映されているとの見方もありえるが、むしろマレー人という民族のアイデンティティや社会・経済的利益の擁護、その他の諸政策とも密接に結びつけられており、単純にシャリーアの反映と見ることはできない。近代国家マレーシアが、たとえ政府の政策にイスラームの名を冠していても、そこにイスラームの論理が反映されていると単純にとらえるべきではない。むしろ、国家の論理がイスラームの論理を改変しようとしているととらえたほうが妥当である場合が多い。次章では、近代ムスリム国家マレーシアが、国家の論理を言論のかたちで普及させるためにどのようにメディアを用いてきたか、それにたいしてイスラームの論理を保持しようとするウラマーがいかに対抗してきたのかを論じる。

第4章 ムスリム社会における公共圏の形成とファトワー

政府与党 UMNO の党大会。[著者撮影]

図６　PAS の最高指導者、ニック・アブドゥル・アジズ・ニック・マットのチェラマに参加する PAS 支持者たち。2008 年総選挙の際、クランタン州コタ・バルにて（著者撮影）

キー・ワード

公共圏

公共的な事柄が討議され、世論が形成されていく開かれた空間。私的な空間ではなく、政府の管理する空間とも異なる中間的な空間。公共圏の概念を提起したハーバーマスは、18 世紀以降の西ヨーロッパにおいて教養のある市民が参加する空間を想定しており、当初はコーヒー・ハウスやクラブ、雑誌といったかたちで登場してきたと考えた。公共圏の成立は、ヨーロッパで市民社会形成の鍵となったと考えられる。イスラーム世界における公共圏について考える際、ヨーロッパとは異なる背景を踏まえる必要がある。まず、何が「公共的な事柄」であるのかを判断する基準には、イスラームの教義が大きく関わると考えられる。また、具体的な開かれた討議の空間としては、ヨーロッパとは異なる様々な場（例えばモスク）が考えられ、やはりイスラームが関わる。ヨーロッパにおいても公共的な事柄を討議できるのは教養のある市民に限られたが、そこに参加できない民衆が独自に形成する世論形成の空間として、対抗公共圏の概念がある。イスラーム世界では、ヨーロッパ的教養を持つのは留学経験等がある特権的な層に限られた。一方で、イスラーム的な教養を持つウラマーがおり、それはムスリム民衆にとってはより親しみやすく、正当性をも感じる知識体系であった。そのためイスラーム的な対抗公共圏が形成されていく土壌があったと考えられる。

イスラーム運動

イスラームを指針としている運動は多様であり、スーフィー教団、学習活動、福祉や教育を主な活動とする NGO のような政治には関与しない運動も多い。また、このような NGO 的な活動を通して社会変革を達成し、さらにイスラーム的な政治体制の確立を目指すムスリム同胞団のような運動もある。選挙や政治のような特定の活動のみを目的とする運動というのはむしろ少なく、礼拝のような宗教行為から社会活動、場合によっては政治活動まで、多かれ少なかれ包括的に関与する運動が多い。イスラームでは、預言者ムハンマドがそうしたように、信仰の実践のためには共同体が必要であると考えられ、イスラーム運動はそのための共同体としてとらえられることが多い。イスラームのための共同体の一つのあり方として、イスラームに基づく国家、が想定されることもある。

ムスリム社会には、元来イスラームの論理に基づいて討議が行われる、ワクフの空間、ウラマー、タリーカが主導する「公共圏」に類する空間があった。そこにはハーバーマス的な単一の市民的公共圏ではなく、複数の公共圏的空間が存在した、といえる。このよう伝統的な公共圏的空間を意識すると、現代ムスリム社会におけるイスラーム運動には、過去にあったイスラーム的公共圏を回復していこうとする試みとしての側面を見出すことができる。

現代マレーシアのマレー人ムスリム社会において、イスラーム主義運動等がつくりだす討議の空間がある（説教、集会、インターネット、カセット・テープ、動画）。それらは、ナンシー・フレイザーのいう対抗公共圏（counter publics: En）に類似している。イスラームの対抗公共圏では、イスラームの論理が蓄積してきた言説の資源（discursive resources: En）が流通している。このような現象は、イスラーム主義運動の近代化大衆化の中にも見出すことができる。イスラーム主義運動とは、ここでは、主に近代ムスリム社会において、イスラーム（シャリーア）を個人ないしは社会の規範として定着させようとする運動のことをいう［大塚 2004］。

マレーシアにおいて政府の統制下にある「主流」の公共圏と代替・対抗公共圏の関係は、単純な対立でも「無関係」でもない。両者はイスラームの論理による共通項を持ち、両者をつなぐいくつかのチャンネルがあり、主流の公共圏もイスラームの論理に基づく対抗公共圏からのアジェンダ・セッティングを無視できない仕組みがある。マレーシアで言われるところの「イスラーム化」はこの主流の公共圏と代替・対抗公共圏の相互作用のプロセスを通して進行していると考えられる。また、このプロセスは、ムスリム社会におけるウラマーの機能、統治者との関係などイスラーム的社会秩序実現のためのメカニズムを漸進的に回復していこうとする試みでもある。

第1節　マレーシアの公共圏とイスラーム運動

本節では、現代マレーシアのマレー人・ムスリム社会において、世論形成のための開かれた討議の空間である公共圏を、イスラーム主義運動がつくりだしている側面が存在することを論証する。また、そのような空間が、植民地化によって近代化・世俗化されたムスリム社会をイスラーム的社会秩序へと再構成していこうとする試みの中で重要な役割を果たしていることについて論じる。

多くのムスリム諸国において、植民地化の後に成立した主権国家では、欧米からもたらされた世俗主義、あるいは近代主義が国是となっている場合が通例であり、シャリーアに基づく統治を含むイスラーム的社会秩序を目指す勢力は徹底的な弾圧を受けることが多い。その結果としてイスラーム主義運動が地下活動化し、ひいては政権に対する武力闘争に至ることも稀ではない。世俗主義政権による弾圧がいわゆる「テロリズム」を触発する、という事態が存在しているのである［中田 2002c］。

東南アジアでは、ムスリム諸国の中では例外的に、シャリーアに基づく立法を掲げる政党が合法的に議会活動を行うことが許容されており、イスラーム的社会秩序をめぐる言説についても比較的取り締まられることが少ない。また、マレーシアでは政府も「イスラーム化」政策と呼ばれる、イスラーム的規範を行政に反映させる政策をとっており、イスラーム主義運動と政権の間では対立がありつつも、漸進的にイスラーム的社会秩序を実現していこうとする点において一致が見られる。イスラーム主義運動のつくりだす公共圏は、このような漸進的な「イスラーム化」のための言説が流通する空間でもある。イスラーム主義運動のつくりだす公共圏が、言論を通したイスラーム主義的アジェンダの実現を可能にしている。

「公共圏」とは、元来、ハーバーマスが、18世紀以降の西ヨーロッパにおいて市民社会形成の鍵となった合意形成を目的とした、教養のある市民による開かれた討議の空間を分析するために用いた概念である。

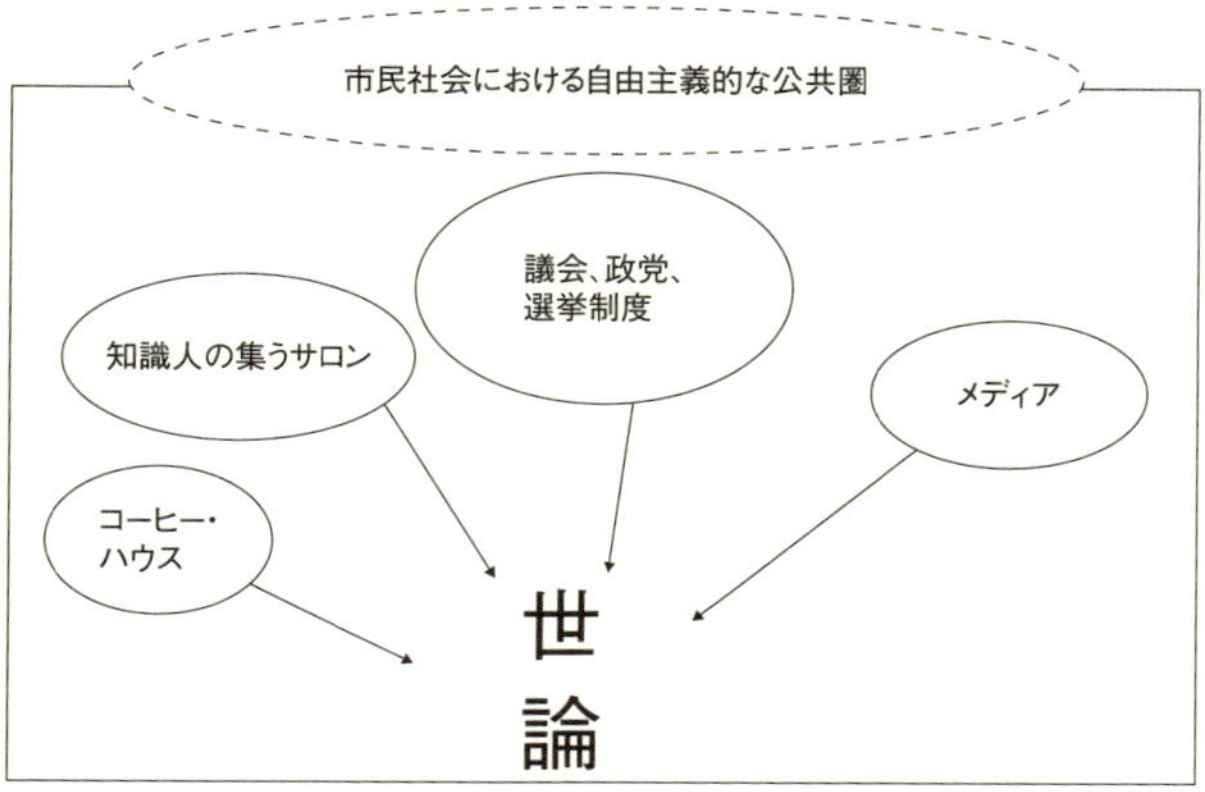

図７　**ハーバーマス的な自由主義的公共圏**

> 「公共圏」とは、何よりもまず世論が形成されうるわれわれの社会生活における領域を意味する……市民は、限定されない様式――集会と結社の自由および意見の表現と出版の自由に対する保障をともなう――で、一般的な関心事に関わる事柄について話し合う時には、公共的な存在として振舞う[Habermas 1989]。

近年、ムスリム社会における民主化、市民社会といったテーマが、アメリカ等の外交政策とも関連して盛んに研究されるようになっている。現代インドネシアにおけるイスラーム主義運動の市民社会形成についての研究である *Civil Islam* において、ヘフナーは次のように述べている。

多くの点で、ムスリム世界で起こっていることは、ドイツの社会学者ユルゲン・ハーバーマスが数年前に西洋における「公共圏」の登場として描いたことと類似している。ハーバーマスの18世紀ヨーロッパ社会に関する研究はコーヒー・ハウス、文学クラブ、雑誌、「モラル・ウィークリーズ」、といった公共空間が開かれた平等な参加の文化の形成に寄与したことを強調した［Heffner 2000］。

しかし、現代ムスリム社会において、誰もがアクセス可能な開かれた討議の空間が構成されているとしても、その様態も担い手も異なる背景を持つ18世紀の西ヨーロッパと同じではありえない。ヘフナーは、1998年のスハルト体制終焉、民主化の時期も含めたインドネシアの公共圏形成の担い手として、ナフダトゥル・ウラマーなどイスラーム諸集団を描いている。同じく、現代ムスリム社会において、イスラームを規範とする社会集団が公共圏形成の担い手となっているケースの研究として、タラル・アサドによるサウディ・アラビアの法学者たち（ウラマー）の政府批判に関する研究がある。言論が極めて規制されているサウディ・アラビアにおいては、ウラマーのモスクでの説教やカセット・テープなどのメディアを通して流通する言説が、有力な政府批判となることがある［Talal Asad 1993］。

ムスリム社会には、開かれた討議の空間の独自な歴史的背景がある。現代ムスリム社会における公共圏のあり方について考察する上で、このような歴史的背景を踏まえることが不可欠である。ムスリム社会における歴史的な公共圏については、ホクスター、アイゼンシュタットらによる研究がある［Hoexter, Miriam & Eisenstadt, Shmuel & Levtizion, Nehemia（eds.）2002]。ホクスターらは、ムスリム社会に伝統的に存在する組織や集団、制度――ウラマー（イスラーム学者）、マズハブ（イスラーム法学派）、タリーカ（イスラーム神秘主義教団）など――の開かれた討議を保証する空間としての側面を次のように強調した。

ウンマ――信徒たちの共同体――はイスラーム政治思想において中心的な重要性を占めていた。単にウンマの権益の保護と発展ということだけでなく、統治者の正当性ならびに社会的文化的諸規範の促進に関する諸事項についてのウンマの合意（イジュマー）は誤ることがないと見なされていた。信徒たちの共同体は、したがって、統治者をも上回るもっとも重要な位置を与えられていた。

シャリーア（ムスリムの生活を統治する神聖な法、または規則および規定）はクルアーンとハディースから導き出され、フカハー（イスラーム法学者たち）によって発展させられ、基本的には統治者の影響からは独立した自律的な法体系であった。法体系を超えて、それ以上に、シャリーアは信徒たちの共同体に適した社会秩序の価値と規範を体現し、共同体の最も主要な文化的シンボルとなった。シャリーアの聖的な性質はムスリム社会の公的な感情に深く埋め込まれている。シャリーアの牽制力はムスリム世論の形成に貢献し、シャリーアに基づく組織や社会諸集団、すなわちカーディー（イスラーム法裁判官）、ムフティー（イスラーム教義回答者）、法学派（マズハブ）、に統治者に対する高度な自律性をもたらした。それはまたシャリーアの権威的な解釈者ならびにウンマの社会秩序の理想にとって前提となる道徳的価値の擁護者としての地位を行使するウラマー（シャリーアの専門家たち）に道徳的な権威を与えた[Hoexter, Miriam. & Eisenstadt, Shmuel & Levtizion, Nehemia (eds.) 2002: 10]。

マレーシアのムスリム社会においても、これらイスラームの論理に基づく言説が流通する伝統的な討議

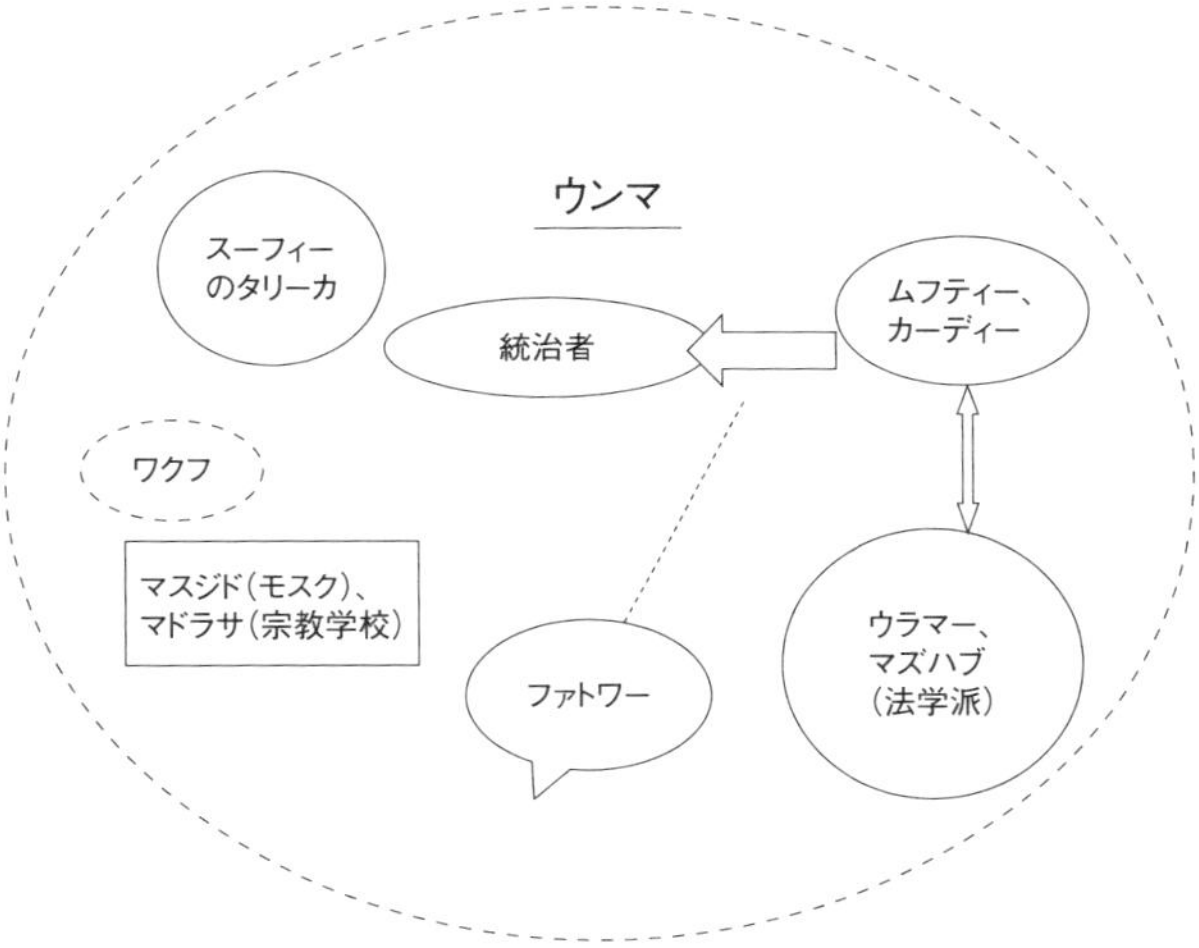

図８　**ムスリム社会の伝統的公共圏**

の空間は存在してきた。植民地化と近代化を経て、その形態を変えつつも、このような伝統は現代のムスリム社会における世論形成の空間の原型の一つとなっている。

現代ムスリム社会における世論形成の空間は、植民地化と近代化を経てテレビ、新聞などのマス・メディア――これらは、国営、大資本の経営、いずれのかたちをとっていても、政府与党の直接管理下にある――が存在するとともに、政府の管理下にはないイスラームの討議の空間が存在している。マス・メディアは政権と深く密着してそのプロパガンダ機関となっているのが常であり、一部の例外を除いて政府に批判的な声、マイノリティの声、あるいはイスラーム主義的な言説が発話の機会を与えられる、聞かれる、流通することはほとんどない。マス・メディアは表面上社会の主流にあり、伝統的なイスラームの討議の空間は周縁に追いやられている。様々なイスラームの討議の空間――これらは、統治者への批判の場という機能を含めて、イスラーム的な社会秩序の前提となる――の多くは、近代主義的傾向を併せ持つイスラーム主義運動によって組織され、近代的な情報通信技術をも取り入れつつ、大衆的な規模となり、イスラーム主義活動のバックボーンとなっている。マレーシアにおいてはイスラーム主義運動の最大のものがシャリーアを施行するイスラーム国家の樹立を唱えるＰＡＳである。他に漸進主義的路線をとるＡＢＩＭやＪＩＭ（Jemaah Islah Malaysia: マレーシア改革協会）などのイスラーム主義ＮＧＯ群がある。さらに、政府与党ＵＭＮＯ内部にも、ＡＢＩＭ出身者らイスラーム主義的傾向を持つ者が少なからず存在する。ＵＭＮＯの漸進的「イスラーム化」政策に対して、与野党の非マレー人政党は、繰り返し非ムスリムの権利が侵害されることへの懸念を表明してきた。特に、華人を中心とする野党・民主行動党（Democratic Action Party［DAP］）は政教分離、世俗主義を唱えて、「イスラーム化」政策に関連した諸問題やマレーシアの「イスラーム国家」化に反対しつづけてきた。[▼53] 与党連合・国民戦線内部の華人、インド人政党も「イスラーム化」政策に関連したトラブルが起こるたびに各党内部から懸念の声が上がってきた。一方で、マレー人ムスリムを基盤とする野党・ＰＡＳは、刑法・税制などへのシャリーア導入、イスラーム国家樹立など、より急進的なアジェンダを掲げ、同じくマレー人ムスリム有権者の支持をめぐって競合するＵＭＮＯに対して圧力をかけてきた［塩崎 2006b; 2006c］。ＵＭＮＯとＰＡＳの間では、イスラームに基づく正当性の度合いが競われ、両者の競合がマレーシアにおけるイスラーム化政策を推進してきた。

「イスラーム化」政策、イスラーム国家論に対する反発が華人、インド人などの非マレー人から起こるたびに、ＵＭＮＯによってより急進的なＰＡＳの脅威が強調され、より穏健なＵＭＮＯの「イスラーム化」政策がマレー人ムスリムの支持を政権につなぎとめるために必要であることの根拠とされた。政権がイスラームにおける正当性をＰＡＳと競い合う必要性は、マハティール政権期の総選挙において、ＰＡＳが１９９０年にはクランタン州、１９９９年にはトレンガヌ州の州政権を掌握したため、より切実となった。ＰＡＳはクランタン州、トレンガヌ州の州行政において、刑法、税制などにおいてシャリーアを反映させようとする独自の政策を提示しており［Mohammad Hashim Kamali 2000］、それはＵＭＮＯが担当する連邦中央政権に対してイスラームにおける正当性を問う圧力となっている。マス・メディアにおいて発言の機会を与えられることが極めて限定的な――あるいは、その言説を歪曲してマス・メディアで報道される――イスラーム主義運動は、イスラーム的な討議の空間を彼らの運動の組織や言説の発信に最大限に利用しており、このことによってイスラーム主義運動は政府与党と互角に対峙している。新聞などのマス・メディアが政府与党および大資本に独占されてプロパガンダ機関となる一方、それに対して対抗的に存在する討議の空間は、ナンシー・フレイザーの描く対抗公共圏に類似している。フレイザーは、ハーバーマスの描く自由主義的な公共圏が、教養ある市民のみが討議に参画しうる、参加可能性が限定的なものであること、社会に単一しか存在しないと想定されていて（the Public Sphere: En）、実質的には教養のない層やマイノリティを排除しがちな空間であること、多分に理念的にすぎることなどを以下のように批判している。

問題は、ハーバーマスが自由主義的な（単一の）公共圏を理想化したということだけではない、彼はまた非自由主義的、非ブルジョワ的な競合する（複数の）公共圏をとらえることにも失敗している。あるいは、正確に言うと、彼は自由主義的な公共圏を理想化することに終始したために、ついにその他の複数の公共圏をとらえそこなっているのである [Fraser 1993]。

ムスリム社会における新聞、ラジオ、テレビなどのマス・メディアも、フレイザーが批判した意味において、参加可能性が限られており、国民の多数の声を反映する可能性をむしろ排除してしまう可能性がある。さらに、フレイザーは、単一の自由主義的な公共圏には参加の難しい人々が彼ら自身のやり方で討議を行い、世論を形成する、複数の公共圏が別に存在するとする。フレイザーは、このような複数の公共圏を対抗公共圏（counter publics, counter public spheres: En）と呼ぶ。

反対に、ブルジョワ公共圏とほとんど同時代に、ナショナリストの公共圏、農民大衆の公共圏、エリート女性の公共圏、労働者階級の公共圏などを含む対抗公共圏が出現していた。従って、ハーバーマスがいうような19世紀後期や20世紀になってからではなく、当初から競合する複数の公共圏が存在したのである[Fraser 1993: 116]。

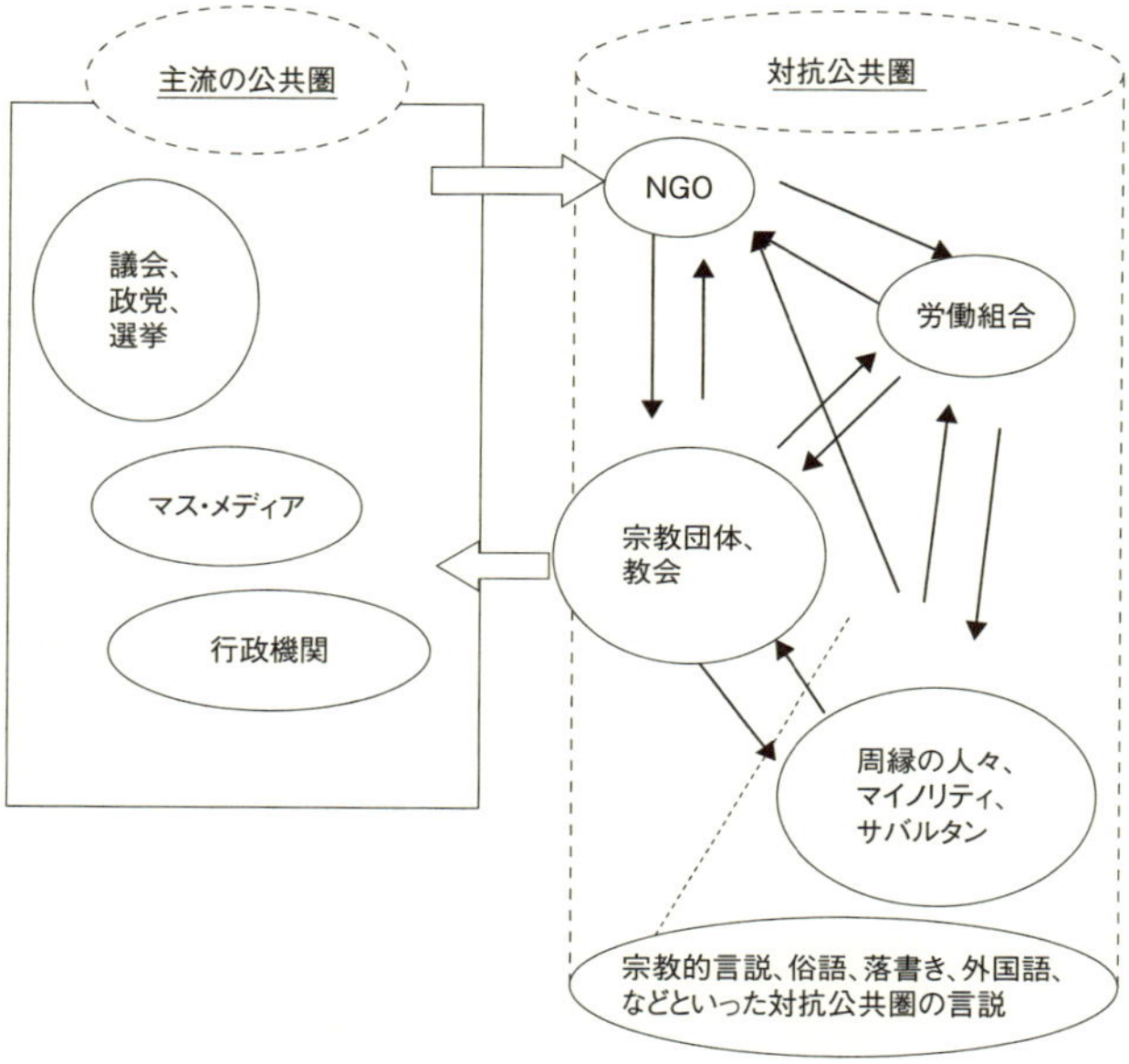

図10　**主流の公共圏と対抗公共圏**

フレイザーは、社会における開かれた討議による世論形成のダイナミズムを、むしろこれら複数の対抗公共圏に見出そうとする。このような、社会の主流ではない、時にマイノリティや周縁の人々によって構成される討議の空間についての、対抗公共圏ないしはオルタナティヴな公共圏（alternative public spheres: En）に関する事例研究は、１９９０年代以降相次いで現れており、ネークトとクルーゲによる労働者階級の対抗公共圏の研究［Negt & Kluge 1997］、ギルロイによるロンドンのアフリカ系移民社会――カーニバル、クラブといった空間での俗語、音楽、ダンスなどを多用した独自の方法による言説の表現――の対抗公共圏研究［Gilroy 1987］などがある。

植民地化と近代化を経たムスリム社会は、中央集権化した政府と大資本に統制されるマス・メディアが存在することにおいては、欧米社会に近似している。また、イスラーム的な社会・政治諸活動も近代化を強いられており――例えば教育システムの近代化、中央集権的組織、新聞・インターネットなどのメディアの活用、等々――イスラームの討議の空間を活動の場とするイスラーム主義運動も欧米の影響を受けた活動形態をとるものが増えている［中田 2002c］［小杉 2006］。現代のムスリム社会は、参加が限定的なマス・メディアと周縁化された討議の空間としての複数の対抗公共圏が存在するという状況において、欧米社会と共通している。また、現代のイスラーム主義運動は、大衆参加型のものも多く、市民社会や公共圏の創成に積極的である場合が多い［小杉 2006: 527-531］。東南アジアにおいても市民社会や公共圏について親和的な言説を述べるイスラーム主義運動は多く、マレーシアにおいてはＰＡＳのような政党やＡＢＩＭ、ＪＩＭといったＮＧＯ群も市民社会、公共圏をマレーシア社会において発展させていくべきことを主張している［Syed Ahmad Hussein 2002］［Dato' Seri Tuan Guru Haji Abdul Hadi Awang 2003］。

多民族国家であるマレーシアにおいては、社会・経済・政治の諸活動は、複数の民族が共同して行われる場合と、各民族のコミュニティ内で行われる場合とがある。そして、世論形成の場である公共圏も、多民族の参加する空間と、各民族がそれぞれ構成する空間があるといえる。本章で論ずるのは、主としてマレー人ムスリムが参加する公共圏である。マス・メディアの運営は、政府および政府与党の国民戦線に参加する諸政党によって独占されている。たとえば、マレー語紙 *Utusan* と *Berita Harian*、および英字紙 *New Straits Times* の経営には、ＵＭＮＯが深く関与している。これは、ＵＭＮＯによる経営会社の株式所有によって行われている［Zaharom Nain 2003］。テレビ放送においても同様で、国営のＴＶ１、ＴＶ２の他にＴＶ３、ｎｔｖ７、８ＴＶなどの民営放送局があるが、ＴＶ３と８ＴＶの経営母体は *New Straits Times* と同じ **Media Prima** であり、[54] ＮＴＶ７の経営にも **Media Prima** は深く関与している。[55] このように、マレーシアのマス・メディアは、経営において政府与党の統制下にあり、政府に対して批判的な言説が巧妙に排除され、野党のイメージ・ダウンを狙ったコンテンツが流されることも多い。アムリタ・マルヒは、２００２年１月のプルリス州議会補欠選挙期間におけるテレビ放送について、次のように報告している。

（マレー）半島北部の州・プルリスで２００２年１月に行われたインデラ・カヤンガン選挙区の州議会補欠選挙は、（前回よりも）決定的に大差で、国民戦線が勝利した。しかしながら、この勝利はスキャンダルと無縁のものではなかった。投票日にバスに乗せられて到着したと思われる「幽霊投票者」のことは別にしても、議論の余地のある映像が選挙期間中を通じてマレーシア国営放送で放送された。映像は、スカーフもヴェールもつけていないマレー風の女性が現代的なオフィスで働くシーンから始まった。男性の語り手が英語で、「彼らは美しい女性が働くことを禁止し、娯楽の気晴らしを禁じ、武装テロリストによる非ムスリム閣僚への攻撃（sandiwara）を娯楽と考えている。」と訴えた。その声は、「もしこの国が過激派や宗教急進派の手に落ちれば、この国の女性たちがアフガニスタンの女性たちが陥っているのと同じ運命に直面するのもありえないことではない。」と続く。それにつづいて、ＰＡＳ総裁ファジル・ヌールや他の党の指導者たちの画像と同時に戦争の廃墟に取り囲まれたヴェールをかぶったアフガニスタンの女性と子供たちの映像が流された。映像は、クルアーンのアル・バカラ章（牝牛章）の「自らの手で己を破滅に投げ入れてはいけない」という節とともに終わる。映像はまた、ブルカをかぶってひざまずいた女性がターリバーンの射撃手に処刑されるきわどい暴力シーン――スロー・モーションで何度も繰り返される――も含んでいた。

この90秒間の映像は、国営テレビ局ＲＴＭ１、２および政府に近いグループが所有するＴＶ３において、２００２年１月を通じて、夜のプライム・タイムのニュース番組で繰り返し放映された［Amrita Malhi 2003: 240］。

マス・メディアの経営を通した統制の他に、法制度によるメディア統制も、マス・メディアが開かれた討議を通した世論形成の場となることを困難にしている。メディア規制のための主な法律としては、報道印刷物および出版法（The Printing Press and Publications Act、１９８４年制定）、放送法（The Broadcasting Act、１９８８年制定）、国民映画発展会社法（The National Film Development Corporation Act、１９８１年制定）などがある［Zaharom Nain 2003: 128-130］。

報道印刷物および出版法第13条第1項には、「内務大臣は公共の秩序ないしは国家の安全保障を損ねる報道印刷物の認可を廃止ないしは一時停止することができる」と定められている。また、同法第13条A第1項には、「認可の許可、廃止、一時停止に関する内務大臣によるいかなる決定も最終的なものであり、いかなる理由であっても司法において問題にされることはない」、第13条Bには「いかなる個人もこの法の下での認可の許可、廃止、または一時停止に関する申請の事情聴取の機会を与えられることはない」とも定められている。[56] １９８７年にはオペラシ・ララン（Operasi Lalang）と名づけられたジャーナリズム弾圧事件が起こり、報道印刷物および出版法に基づき、１００人以上のジャーナリスト、社会活動家、野党指導者、学者、人権活動家やソーシャル・ワーカーらが逮捕され、いくつかの新聞の発行認可が一時停止された［Mustafa Anuar 2002］。さらに、公共機密法（The Official Secret Act: OSA、１９７２年制定）、国内治安法（Internal Security Act: ISA、１９６０年制定）などの治安維持目的の法令がメディア統制に用いられることも多い。これらの法令により、野党の機関紙もしばしば取り締まられている。1999年、総選挙でPASが大幅に議席を伸ばすと、PAS機関紙 *Harakah* の編集者、発行人は騒乱罪を適用されて逮捕され、*Harakah* の発行認可はそれまでの週2回から月2回に制限された［Zaharom Nain 2003: 141］。

イスラームの対抗公共圏に世論形成の場としての役割を期待するマレー人ムスリムが少なからず存在する理由の一つは、このようにマス・メディアが誰もがアクセスできる開かれた討議の場としての公共圏の役割を果たしえていないためであると考えることができよう。

第2節　対抗公共圏の形成とファトワー

筆者は2002年から2005年にかけてのおよそ2年半にわたって、クアラ・ルンプールとその周辺のスランゴール州、およびマレー半島北部のクランタン州などで、現地のマレー人ムスリム社会にあって生活をともにするとともに、宗教学校や国際イスラーム大学などの教育機関に滞在した。現地のマレー人ムスリム社会の日常的な宗教行為――いわゆる六信五行をはじめとするモスクにおける金曜日の集団礼拝やハリ・ラヤ（アラビア語のイード）といわれる祭日、ラマダーン月の斎戒、ザカートなどの喜捨など――に参与しながら観察し、同時期、PASやABIMのようなイスラーム主義運動への参与観察も行ってきたが、それらの観察を通じて、マレー人ムスリム社会の空間において、意思決定や世論形成において、イスラームの論理やイスラーム的な空間が大きな位置を占めていることを改めて確認することができた。

近代のマレーシアにおいて、マレー人ムスリム社会では近代化と同時に「イスラーム化」が進行してきた。「イスラーム化」という用語は、研究者の間でも、マス・メディアなどにおいても複数の異なる現象を指して混同して用いられていることもある。「イスラーム化」の意味するところは、分類すると、主に以下のような意味が考えられる

1．ある社会において、総人口に占めるムスリムの割合が増加すること。

2．あるムスリム社会において、信徒たちの宗教知識ないしは宗教的実践の水準が向上すること。

3．特にマレーシアの文脈において、近代的な知識、諸制度をシャリーアに沿ったものに作り直したうえで普及させること。例としては、「法体系のイスラーム化」、「金融のイスラーム化」、「科学技術のイスラーム化」、「マス・メディアのイスラーム化」などの試みがある。この意味での「イスラーム化」はＡＢＩＭの根幹をなす理念である。１９８０年代以降、政府の進めている「イスラーム化」政策はこの理念の影響を受けている。

4．国家の法体系、行政制度にイスラーム的規範が反映されること、あるいはシャリーアの導入。ＰＡＳの政治目的である。

イギリス統治下においても、2．の意味におけるマレー人ムスリム社会の「イスラーム化」は間断なく、むしろイギリス統治以前よりも急速に進んだ。これは、植民地統治に伴う近代化による交通、通信、印刷などの技術の向上によるものである。蒸気船やスエズ運河開通（１８６９年）などの交通手段の向上は、東南アジアからマッカへの巡礼者や留学生の数を飛躍的に増加させ、同時に中東のアラブ人（特にイエメンのハドラマウト出身者）の東南アジアへの到来を促進した［Roff 1998: 210-228］。以後、マレーシアのイスラーム主義運動は、印刷、情報通信技術など近代科学技術や欧米近代的な組織論・運動論を導入しつつ、大衆に対するコミュニケーション手段を持ち、大衆を動員することも可能である、という意味において大衆化していくことになった。

2．の意味における「イスラーム化」、ムスリム大衆も含めた宗教知識ないしは宗教的実践の水準の向上は、特に教育を通して実現した。近代主義的傾向のイスラーム改革思想の影響を受けて、イスラーム教育の大衆化を担ったのがウラマーである。従来からポンドック（pondok）というクルアーンやハディース、その他の古典の暗記中心の教育を行うイスラーム教育施設は存在していたが、1906年には『アル＝イマーム』で新しいタイプの教育施設が唱えられ、1908年には従来のイスラーム教育の他に地理、歴史、数学、英語などをカリキュラムに加えたマドラサ・アル＝イクバル・アル＝イスラーミーヤが設立されると、同種の新式イスラーム教育施設が各地に設立された。公教育普及による識字率向上とあいまって、マレー人ムスリム社会のイスラーム知識水準は向上を続け、教育は20世紀におけるマレー人ムスリム社会の「イスラーム化」の基礎となった。また、イスラーム教育の水準向上は、イスラーム教育の担い手であり、さらにはイスラーム主義運動や行政における「イスラーム化」の不可欠な参加者であるウラマーの拡大再生産ももたらした［Roff 2004］。

近代以前にイスラーム教育の担い手であったウラマーは、マレー人ムスリム社会において一定の権威を持ち[57]、宗教学校やモスクのために使われるワクフ（寄進）の管理人の役割を果たす者も多く、マレー人ムスリム社会におけるイスラームの言説の空間を維持するのに大きな役割を果たしてきた。ワクフとは、元の所有者が所有権を停止し、その用益を特定の目的に使われるように定めた資産のことをいう。また、ウラマーは行政による教育やザカート（喜捨）の収納と分配、モスクの運営などに参画するために各州のイスラーム宗教評議会（Majlis Agama Islam）やイスラーム宗教局（Jabatan Agama Islam）といった機関、後には連邦政府のイスラーム発展庁（Jabatan Kemajuan Islam Malaysia: JAKIM）、公教育機関、国際イスラーム大学をはじめとする大学やイスラーム理解研究所（Institut Kefahaman Islam Malaysia: IKIM）などの政府系シンクタンクに就職するようになっていった。また、イスラーム教育に携わるウラマーは、1950年代におけるPAS結成の中核ともなった［Roff 1994; 2004］。
教育施設とならびワクフの主な使用目的である礼拝の場所であるモスクもまたイスラームの言説が行われる空間として重要である。ここではウラマーは、礼拝の指導者、説教師として重要な役割を果たす。特に、金曜日昼の集団礼拝は、成人男性ムスリムにとって出席が義務であり、ほとんどのマレー人ムスリムが全国各地のモスクで参加する。金曜日の集団礼拝には説教（フトゥバ）が伴い、その主題は宗教上の儀礼行為などにとどまらず、道徳、家庭、社会、コミュニティ、さらには行政や国際問題など多岐にわたる。筆者の参加した金曜礼拝においては、説教の主題は、アフガニスタンやイラクへの侵攻についてのアメリカ政府への批判、アチェの地震・津波被害者への救援の呼びかけなどについても及び、時にイスラーム国家問題（後述）や治安問題に関連した刑法のあり方、裁判なしで無制限に容疑者が拘留されうる国内治安法による人権侵害への批判など、政府の政策への批判が行われることもあった。このようにモスクは礼拝の場であるとともにイスラームの論理に基づく言説が、政府の権力に規制されることなく流通する空間でもある。[58]
1970年代以降、「ダァワ運動」と呼ばれるイスラームへの回帰、イスラームを生活、社会の規範として取り入れようとする様々な運動が起こり、上記の3．の意味における「イスラーム化」の試みがなされるようになった。ダァワ運動は、マス・メディアの使用が困難だったこともあり、主要なコミュニケーションの手段として、ウスラ（usrah、家族）またはハラカ（halaqah、円座）と呼ばれる少人数の定期的な集まり、あるいはチェラマ（ceramah、法話）と呼ばれる説法の集いを組織した。これらの代替的なコミュニケーション手段は、草の根できめ細かい応答が可能で、また直接対面して口頭で行われる、といった特徴を持っており、ムスリム社会で古来より行われてきたコミュニケーションの形態を引き継いでいる。これらのコミュニケーションの空間が、代替的かつ対抗的な公共圏として、マレー人ムスリム社会における世論形成に大きな位置を占めている。

ウスラは、少人数の定期的な勉強会、懇話会であり、クルアーンやハディースの学習、あるいはABIMの理念に沿ったテキストを読んだりする。ABIMの場合、週1回近隣に住む5人程度のウスラがあり、月1回地区支部レベルのウスラ、年1回全国大会があり、メーリングリストや機関紙を超える重要な役割を、組織内各レベル間の意志の伝達・共有において果たしている。近隣住民や同僚を勉強会、親睦の場としてのウスラに誘うことがABIMの組織拡大や主張を社会に広めていく主要な手段となっている。PASやABIM以外のイスラーム主義NGOもだいたい同様のウスラを活動の核として取り入れている。

1970年代は、ABIMを含めて、ダァワ運動は、政府への批判的なスタンスをとっていたが（一方で、PASは1970年代、与党連合・国民戦線に参加していた）、1981年、マハティール政権が成立すると、1982年、ABIM総裁アンワル・イブラーヒームら多くのABIM出身者が、政府与党UMNOに参加した（同時期、ABIM総裁代理ファジル・ヌールら多くのABIM出身者がPASに参加している）。これにより、連邦中央政府主導による「イスラーム化」政策が加速した。教育をはじめとして、経済政策、司法制度などにおいて、ABIMがダァワ運動の中で唱えてきた3. の意味での「イスラーム化」が、政府・与党の政策に反映されるようになってくる。この連邦中央政府主導の「イスラーム化」をロフはイスラーム行政の中央集権化（centralization）、連邦集権化（federalization）、制度化（institutionalization）であったと指摘している［Roff 1998］。マハティール政権による「イスラーム化」政策は、従来からのマレー人優遇政策と重なる部分もあり、連邦中央政府の立場からマレー人社会における国民統合を促進する狙いもあった。この時期から、イスラーム発展庁（JAKIM）に代表されるようなイスラーム行政を担当する行政機関が飛躍的に拡充され、行政に参画するABIM出身者やウラマーも大幅に増えた［**Seyyed Vali Reza Nasr 2001: 121-126**］。このようなUMNOの連邦中央政府主導の漸進的な「イスラーム化」に対して、よりラディカルに即時のシャリーア法制導入とイスラーム国家樹立を唱え、UMNOと政府をイスラームの論理に基づいて批判してきたのがPASである。

1990年にはクランタン州政権、1999年にはトレンガヌ州政権を掌握したPASは（2004年の総選挙で敗北し、トレンガヌ州政権は失った。クランタン州政権は維持した）、マレー人ムスリム有権者の支持をUMNOと争ってきた。ウラマーを支持基盤や活動家に多く抱え、「ウラマーの指導」体制をとるPASは、UMNOの競合相手となり、イスラームにおける正当性を含めた論点において、対抗し続けている。

コミュニケーションの手段としてPASが多用し、ABIMやダルル・アルカム（Darul Arqam）などのダァワ運動も用いているのが、チェラマという説教の集いである。繰り返すが、マレーシアにおいては在野勢力のマス・メディア使用は極めて制限されているため、直接対面しての口頭によるコミュニケーション手段に頼らざるをえない。しかし、そのことがマレー人ムスリム大衆のイスラーム主義指導者への親近感につながっているとも考えられる。チェラマは数十人規模のものから時に数万人規模にも及び、イスラームの論理に基づく言説が流通する、世論形成に影響を持つ討議の空間となっている。マス・メディアを独占する政府与党に対してPASが競合できるのは、このような対抗的・代替的な公共圏が存在するためである。

チェラマなどに見られるイスラームの討議の空間において流通する言説は、ポンドックのような宗教学校で教えられる、マレー人ムスリム大衆にも親しみやすい言説であり、伝統的なマレー人社会の言説の資源（discursive resource: En）から紡ぎだされる。このような親近感を、マス・メディアの欧米化した言説や経済等にテーマの重点を置くIKIMなど政府系イスラーム・シンクタンクの言説は醸しだすことができない。チェラマはモスクや個人の住宅、集会場、野外などで、時にユーモアを伴いつつ主に夜の礼拝から始まる。家族そろって聞きにくる娯楽の趣もあり、食べ物や飲み物の屋台もでる。ファリッシュ・ヌールは、ＰＡＳの最高指導者（Mursyd'ul Am: Ar）にしてクランタン州首席大臣であるニック・アズィズのチェラマにおける方言や俗語、日常生活に密着した豊穣な比喩を多用した言説を分析し、そのスタイルがいかにしてマレー人民衆に親近感を抱かせるか述べている［Farish Noor 2003］。ニック・アズィズは言う。

わしらの説法は１９４０年代とか１９５０年代とかに始まったものじゃなくて独立の前からあるもんだ。もっと前から、預言者様や使徒様のなさっていた説法から続いているもんだ［Nik Aziz Nik Mat 1995］。宮殿の王（raja）から村に住んでるマおじさんまで、知っとかなきゃならないことは一つだけ、あんたは神様のしもべだ、ってことだ［Nik Aziz Nik Mat 1996］。

よい魂の教師（guru）っていうのは、人々を天国に連れていく教師のことだ。人々をオフィスに連れていくだけじゃなくてな。そういうのがイスラームに求められている教師だ［Nik Aziz Nik Mat 1996: 68］。

人気のある説教師のチェラマは、媒体に記録されて市場に出回る。１９７９年のイラン革命における、ホメイニーらの説教を録音したカセット・テープの膨大な流通と世論形成への影響については、ミシェル・フーコーが指摘している［フーコー 1978］。現在ではインターネット動画によって、チェラマの模様を中継することも行われている。

このように、ウラマーやイスラーム主義運動は、議会・選挙制度の枠組みを利用しつつ、イスラーム的な代替的・対抗的公共圏においてイスラーム的言説を発信することにより、政府に対する有力な批判勢力、対抗勢力たりえている。在野勢力からの圧力と、PASと競合してマレー人ムスリム有権者の支持を取りつける必要性が、政府に「イスラーム化」政策を推進させる大きな原動力となっている。「イスラーム化」政策の進む中で、政府の行政機関やシンクタンク、財団に取り入れられたウラマーやABIM出身者も多いが、そのことがむしろ「イスラーム化」を円滑に進める上での重要なメカニズムを成り立たせている。すなわち、PASなどの在野勢力がイスラームの論理に基づく正当性を掲げてマレー人ムスリム有権者の間で支持を広げると、政府与党内のイスラーム主義者がその脅威を強調して、「イスラーム化」政策を推進せねばならないことの根拠とする。このようにして、ウラマーは議会・選挙制度や行政を利用することによって、現代においてもその伝統的な役割を果たし、シャリーアの解釈権を握る専門家集団として、統治者に対する助言者または批判者であることを続けている。小杉は、ウラマーの共同体における役割について、次のように述べている。

ここで着目すべき重要な点は、イスラーム共同体全体を規制するものであるイスラーム法は、国家が制定するものではないということである。第2章でも検討したように、専門家集団としてその解釈権を握るウラマーは、元来「私人」であって、国家によって任命されているわけではない。あくまで、社会階層として自己再生産するウラマーの一部を取り込んだり、ウラマーの社会的プレステージなどを操作して、彼らを操縦していくのである。もちろん、国家はイスラーム法で言うところの「行政規則」(近代国家における制定法および政令に相当する)を施行することができるが、その正当性はイスラーム法に適合していないと完全には確保することができない[小杉 2006: 524-525]。

マレー人ムスリム社会には、マス・メディアなど政府の管理統制する主流の公共圏とイスラームの代替的・対抗的な公共圏がある。両者は相互に影響を与え合い、マレー人ムスリム社会全体の世論を形成していくが、両者の仲介にウラマーとABIM出身者は大きな役割を果たしている。1980年代以降、UMNO側にアンワル・イブラーヒームに代表されるABIM出身者がいたように、PASには故ファジル・ヌール前総裁、ハディ・アワン現総裁をはじめとする多くのABIM出身者がおり、党指導部の主流を占めた。与野党に分かれても、彼らの連絡はなお緊密である。また、ウラマーは知識の体系や言説の資源、および中東留学の経験を共有しており、伝統的なネットワークがあるため、やはり与党、野党の別なく交流を持っている。ウラマーやABIM出身者たちによって調整がなされつつ、UMNOとPASがイスラームにおける正当性をめぐって競合し、それぞれがよりイスラームの論理にかなった政策を導入していくことで、「イスラーム化」は螺旋状にその質と規模を向上させて進んできた。

このようなメカニズムによって、「イスラーム化」が進められてきた例として、「イスラーム国家」論争がある。「イスラーム国家」とは、近代的な主権国家、国民国家の枠組みの中でシャリーアに基づく法制を施行する体制のことをいう。1999年総選挙で、PASが下院議席を飛躍的に伸ばし、同時にトレンガヌ州政権を掌握したことで、当時のマハティール政権はイスラームの正当性をめぐるPASとの競合において、マレー人有権者の支持を失いつつあると考えられた。この状況にあって、マハティール首相は、イスラーム国家樹立を主張するPASに対抗するために、2001年、マレーシアはすでにイスラーム国家であると主張した。この「イスラーム国家宣言」を行うようにマハティール首相に提言したのが、ABIM出身でPASの副総裁補（naib presiden）を務め、後にUMNOに参加して、政府系のマレーシア・イスラーム・ダァワ財団（Yayasan Dakwah Islamiah Malaysia: YADIM）の代表に就任したナハーイー・アハマドである［中田 2002a］。ナハーイーはまた、アブドゥッラー政権におけるイスラーム政策の指針である

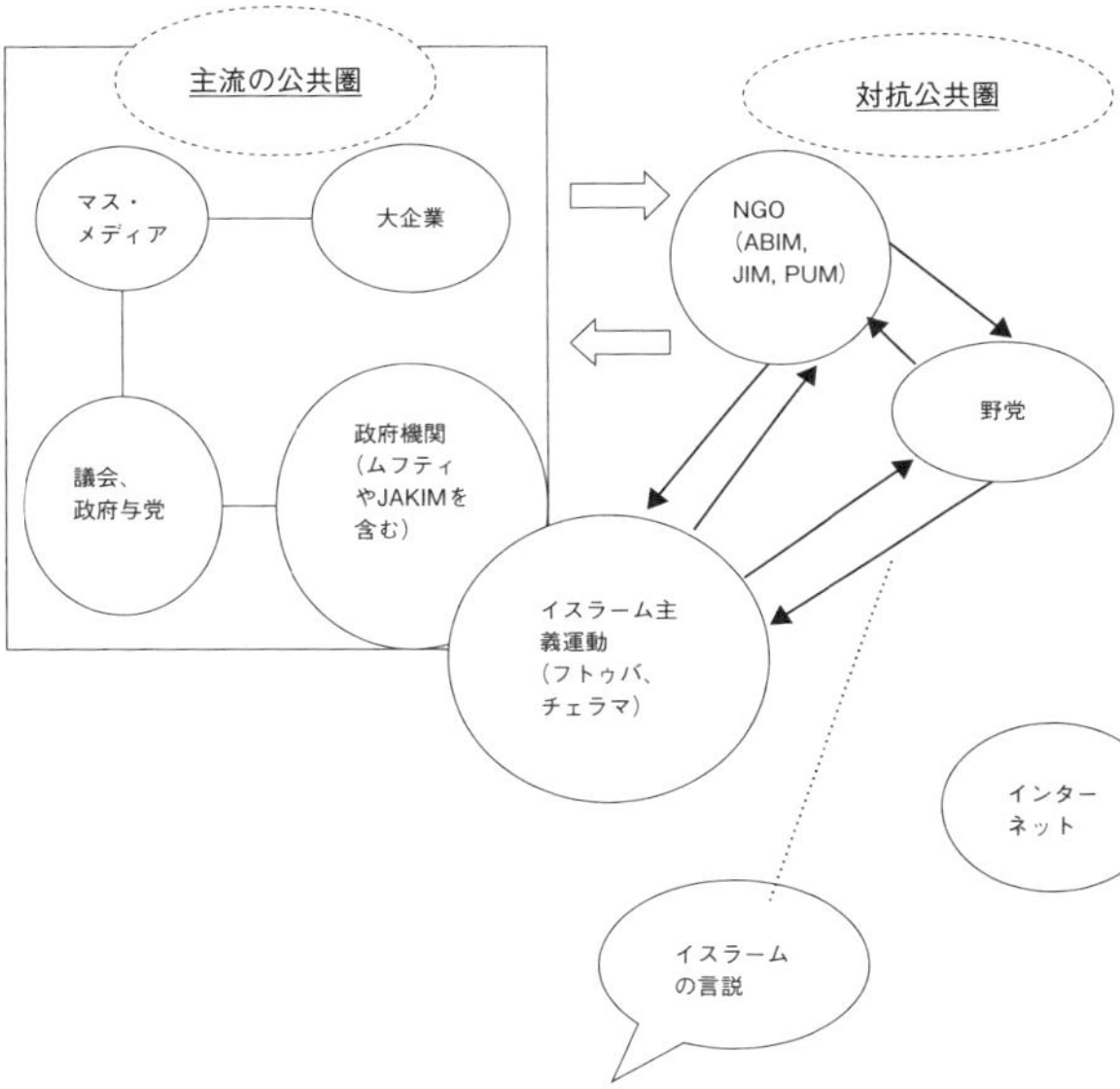

図９　**現代マレー人ムスリム社会の公共圏**

「文明的イスラーム（Islam Hadhari）」の創案者でもある。これに対して、ＰＡＳはシャリーアの導入されていないマレーシアはイスラーム国家とはいえないと主張し、２００３年には政権奪取後の構想として、イスラーム国家文書（Dokumen Negara Islam）を発表した。[59] これを受けて、ＵＭＮＯも自らのイスラームにおける正当性を補強する政策を打ち出していかざるをえなくなった。ＰＡＳが何らかの「イスラーム化」政策を提起し（アジェンダ・セッティング）、場合によっては自らが州政権を掌握する州政府で実践する、それに対してＵＭＮＯが対抗する政策を導入する、それによってマレー人ムスリム社会のイスラーム化が進んでいく、というのが、「イスラーム化」が進行していく基本的なパターンである。

アブドゥッラー政権がイスラーム政策の指針としていた「文明的イスラーム（Islam Hadhari）」［塩崎 2005］もＰＡＳとイスラームの正当性を競合する必要上、現政権のイスラーム的性格を強調している、という側面がある。今後も、様々な意味における「イスラーム化」は、マレー人ムスリム社会の政治的争点となり、政府も多かれ少なかれ「イスラーム化」

に沿った政策を取り入れていかざるを得ないと思われる。

マレー人ムスリムの社会では、政府の管理するマス・メディアと主流の公共圏とウスラ、チェラマなどに代表される対抗公共圏はイスラームの論理を共有するウラマーやABIM出身者らを通して、影響を与え合うことが可能になっている。対抗公共圏側はイスラームの論理を盾にとって問題提起を行い（アジェンダ・セッティング）、それを（イスラームの論理上の正当性と対抗公共圏の動員力による圧力のゆえに）主流の公共圏の側も論点として取り上げざるをえない仕組みがあり、政府の政策にも影響を与えていく。

イスラーム主義運動の大衆化と対抗的・代替的公共圏を通したマレー人ムスリムの世論形成、それに政府内イスラーム主義勢力が呼応して、マレーシアの諸制度の「イスラーム化」が進行していく、というメカニズムがある。このメカニズムを通して、ウラマーやイスラーム主義者らは、最終的な目的であるシャリーアの統治を実現しうるための前提条件（マレーシア社会のイスラーム化）を整えようとしている。シャリーアに基づく統治には、その前提として適切な社会秩序の存在が不可欠であり、伝統的なイスラームの公共圏は、その一環であった。

多くのムスリム諸国において、シャリーアに基づく統治を目指したイスラーム主義運動は、拙速さのゆえに、政府の悲惨な弾圧を蒙った例や（エジプトなど）、武装蜂起の末に泥沼の内戦に陥った例もある（アルジェリア、タジキスタンなど）。マレーシアの「イスラーム化」の例は、ムスリム諸国の中では、武力衝突を避けつつ、なおかつ多くのイスラーム主義者が納得できるだけの「イスラーム化」の成果を、行政を通して挙げることができた、との評価も可能であろう。

マレーシアにおいても、時に急進的なイスラーム主義運動が影響を持った例がないわけではないが［中田 2002b］、それでも、内戦や武力行使のような事態に陥ることはなく、漸進的な「イスラーム化」が、議会・選挙制度の枠組みを維持しつつ、進められてきた。これは、在野勢力のみならず政府与党内部にもイスラーム主義勢力が参画し、政府に独占されたマス・メディアの他に、対抗的・代替的なイスラームの討議の空間が存在したことで可能となった。広くマレー人ムスリム大衆やウラマー、イスラーム主義者が世論形成に参画し、なおかつ主流の公共圏と対抗公共圏がウラマーやＡＢＩＭ出身者によってつながれてきたため、イスラーム主義的主張が部分的にせよ、政府の政策に反映されたためと思われる。このようなメカニズムは、近代社会にイスラーム的社会秩序を再構成していこうとする試みであると考えられる。マレーシアの「イスラーム化」の経験とそのメカニズムは、テロリズムや内戦の危険を抱え込むムスリム社会にとっても参考になる面が多くあると思われる。

次章では、イスラームを近代国家の諸制度の中に位置づけた際の問題、特にヨーロッパ由来の制度とシャリーアを反映させたとする制度の並存状況（二元的法制度）について論じる。その上で、マレーシアにおいて近代的な法制度とイスラームの間の整合性をとる試みがなされてきた経緯とそれに対するウラマーの反応を論じる。

第5章　マレーシアのウラマーとファトワー管理制度

クランタン州のイスラーム宗教評議会庁舎。［著者撮影］

図 11　**ニック・アブドゥル・アジズ・ニック・マットが** PAS **のクランタン州委員会委員長に就任したことを報じる当時の** PAS **機関紙** *Suara Islam*（**イスラームの声**）, April 1981.

キー・ワード

「イスラーム化」政策（“Islamization” policy）

マレーシア政府が推進してきた、行政や司法にイスラーム的規範を反映させる政策の総称。ただし、研究者やメディアがそのように呼称しただけで、政府が公式にこの呼称を用いたわけではない。行政においては特に教育（公教育におけるイスラーム科目の増加、イスラーム大学の設立）、金融（イスラーム銀行の設立、イスラーム金融制度整備）、流通（ハラール認証制度）、さらには司法（シャリーア裁判所の整備）にも「イスラーム化」政策と位置づけられる政策が導入された。政府の統制するメディア、外交やモスク建設予算増額等にも「イスラーム化」政策の影響が見られる。一連の「イスラーム化」政策は、特にマハティール政権（1981-2003）において推進されたが、1970年代から類似の政策が徐々に実施されていた。1971年に始まったマレー人ムスリムを含む先住諸民族（ブミプトラ）の社会経済的地位を向上させることを目的の一つとした新経済政策（NEP）と不可分な側面がある。マレーシアの連邦憲法第3条の「連邦の宗教」としてのイスラームという規定は1957年の独立当初は、儀礼的な意味にすぎないととらえる指導者が多かったが、「イスラーム化」政策が推進される過程で、政治的にも、社会、経済的にも根本的に重要な規定であるという解釈が拡大していったといえる。「イスラーム化」政策は、マレーシアの非ムスリムの間で、利権が削減され、社会的に疎外されることにつながるのではないかという懸念を引き起こしてきた。

「ファトワー管理制度」

1）ファトワーを出すことを各州政府の専権事項とすること、2）公的なファトワーに違反した場合は罰せられる、といった法律の規定により、ファトワーを管理する制度。なお、ウラマーが質問に答えること自体は社会でも広く見られるが、ファトワーとは称されない。「ファトワー管理制度」というのは、マレーシアの政府が用いている公式な呼称ではなく、筆者がファトワーを統制するための一連の法制度や機関の総称として用いている用語である。マレーシアではイスラームに関わる行政、司法は基本的には各州の専権事項であり、ファトワーに関わる制度も各州の法律によって規定されている。連邦政府の主催する国家ファトワー委員会は、公的なファトワーを出す権限はないが、ファトワーの素案をつくり、それが各州で公的なファトワーとなるように誘導している。法的拘束力を持つ公的なファトワーは、連邦政府の政策に沿う場合が多く、民間のウラマーがファトワーを通して自由に見解を表明することや政府を批判することを制限していると考えられる。

序

本章では、近代国家マレーシアの制度の中にイスラームがどのように組み込まれているのかということとその問題点を論じる。公的なファトワー管理制度を含め、イスラームが近代国家に組み込まれる際の問題点は、マレーシアにおけるファトワーを分析する上でも、最も重要な背景である。

本章では、近代ムスリム国家の制度にイスラームを組み込む試みによって構築されたのが、伝統的にフィクフで想定されてきたシャリーアに基づく統治とは大きく異なるものであり、むしろ国家と社会における規範としてのシャリーアの位置を換骨奪胎してしまうものであったことを示す。その上で、このような事態の背景には、近代国家の原則である世俗主義があったことを論じる。

マレーシアからエジプトをはじめとする中東への留学の増加は、マレー半島におけるイスラーム諸学の水準向上や新たなイスラーム法学上の方法、思想的影響をもたらした。しかし同時に、留学増加の背景には、イスラーム行政の整備・拡大による官僚としてのウラマー（多くは中東への留学経験者）の需要があった。マレー半島では、20世紀はイスラームに関わる諸活動が地域を超えて活性化した時代であったとともに、イスラームに関わる諸活動が国営化（または州営化）され、制度化と官僚化が進められ、公的な管理が確立されていった時代でもあった。イスラームに関わる諸活動の地域を超えた展開も国家による国営化（州営化）も、20世紀初期には発展期に差しかかっており、１９７０年代以降のダァワ運動と「イスラーム化」政策がそれらを加速させた。

イスラーム行政・司法をも包括する近代国家の成立という新しい事態に対して、ウラマーたちの対応は分かれた。公務員として政府に雇用される者もあり、政党といったかたちの運動を組織して政府と対立する者もあり、あるいはＮＧＯというかたちで活動する者もあった。ウラマーたちの対応が分かれたのは、新しい事態をどのようにとらえるかという解釈の違いにも原因があり、20世紀にはこの事態にどのように対応するべきか、ウラマーたちの間には逡巡が見られた。

そもそも、イスラームにおいては権威のある者、すなわち統治者には基本的には従うことが求められており、この原則に従えば、ウラマーたちも近代国家の政府に従うべきであるとも考えられた。指導者を選出し、彼に従うのがイスラームに則った社会の原則である。クルアーンには、次のように述べられている。

> おお、信仰者たちよ、アッラーに従え、そして預言者とおまえたちのうちで権威のある者（ulū al-amr）に従え。[60]

また、以下のハディースにはどのように小さなムスリムの集団においても指導者を選出し、彼に従うべきことが述べられている。

> おまえたちが３人の集団で旅をすることになったら、おまえたちのうちの一人をおまえたちの指導者（imām: Ar）としなさい。[61]

伝統的に、ウラマーたちが統治者に対する上で、二つの選択肢がありえた。一つはムフティーあるいはカーディーといった特に司法分野の公職に就いて統治者に従うこと、もう一つは統治者から距離をとり、教師として活動することである。近代国家はムスリム世界にとっては新しい性質を持っていたがゆえに、ウラマーたちは伝統的な二つの選択肢のいずれをとるべきか逡巡することになった。新しい性質とは、一つには世俗主義的な原則を持っていたことであり、ムスリム世界で維持されてきたシャリーアのみが唯一の正当な法であるという原則を無視するものであったことである。もう一つには、近代国家が基本的には国民国家であることを志向しており、国民であることはムスリムであること、あるいはその他の宗教を信仰していることとは関係ないとされたことである。イスラームの法学体系は、人間の共同体とは宗教を共有する者の共同体であるととらえ、イスラーム世界では実際にその枠組みに沿って各宗教の共同体を統治してきた。国民国家ではその枠組みが適用されえなくなったのである。その具体化が、近代国家では宗教を問わず市民権が付与され、単一の政府への参政権が与えられたことである。

ウラマーたちは、近代国家における自らの役割を定めるべく、様々な理論的検討と実践的活動における試みを行った。いくつかのハディースは、統治者に不正があれば批判することをウラマーたちに求めている。

おまえたちの中で悪（munkar: Ar）を目の当たりにした者がいれば、自らの腕によってこれを正すべきである。それができないのであれば、舌によって。それもできなければ心で。それは最も弱い信仰である。[62]

最善のジハードとは非道な統治者（imām: Ar）の前で正義の言葉を述べることである。[63]

しかしながら、これらのハディースは、ウラマーたちに統治者を打倒すること、もしくは統治者に取って代わることを求めたものではない。近代国家とともに欧米からもたらされた新たな諸概念の中に、議会や選挙といった近代政治に関わる諸概念があり、その中に野党（opposition party: En）の概念があった。野党であるとは、現行の政府による行政には参加せず、なおかつ現行の政府に取って代わる意思を有していることである。

多くのムスリム諸国において、ウラマーたちは野党を結成して、もしくは野党に参加して、統治者に取って代わろうと意図するという、従来のムスリムの歴史の中では例外的な行動をとるに至った。また、預言者ムハンマドがマッカで迫害されてマディーナに逃れ、そこでムスリムの最初の政治的共同体を形成した事績になぞらえ、現代社会をジャーヒリーヤ（Jāhilīyah: Ar、預言者ムハンマドの宣教以前の無明社会）と見なし、自分たちの運動をその中にあって真にイスラームを実践する共同体（jamāʻah: Ar）であると規定する運動もあった。しかしながら、預言者ムハンマドの事績と異なる点は、近代ムスリム諸国の政権担当者たちがムスリムであることであった。政府に敵対するという自らの行動を正当化するために、一部のイスラーム運動は、政権担当者に対してタクフィール（takfīr: Ar、背教宣告）を行い、政権担当者らは背教者であるがゆえに、打倒するべき対象であると主張した。そのために、14世紀にモンゴル人がアラブ地域に侵略してきた際に、イブン・タイミーヤが彼らに対するジハードを宣言した時の論理が借用された。モンゴル人たちはムスリムを称していたが、イブン・タイミーヤは、モンゴル人たちがシャリーアよりも彼らの「人定法」を優先して用いていたがゆえに、彼らに対して背教宣告を行った。

しかしながら、政権に対して背教宣告を行い、暗殺や武装闘争を企図した組織は、20世紀後半に世間の耳目を騒がせたものの、数としてはごく少数であり、大多数のイスラーム運動は、議会や選挙に参画する政党、あるいは社会運動というかたちをとった。また、背教宣告を行っても、武力の行使には踏み切らない組織もあった。ウラマーの多くも政府に雇用されるか、在野にとどまるか、政党に加入して議会や選挙の活動に参画するか、といった選択のいずれかをとる者が大多数であった。本章では、このような性質を持った近代ムスリム国家の成立当初、ウラマーたちがどのように対応するべきと考えたかを、マレーシアの例において見ていく。

第1節　近代ムスリム国家マレーシアの形成とウラマーの官僚化

マレー半島では、西海岸側のマラッカにおいて15世紀半ばにはスルタンを称する統治者とカーディーという職位が存在しており、シャリーアの反映された法典も作成されていた［Milner 1983: 25］。半島東海岸側のトレンガヌにおいては、すでに14世紀にはシャリーアが反映された統治が行われていたとする研究もある［Syed Muhammmad Naguib Al-Attas 1984］。15世紀以降、半島の他の各地においてもムスリムの統治者、カーディーによる裁判、シャリーアが反映された法典が現れた［Milner 1983: 25］。

１８７４年にペラのスルタンとイギリスの間でパンコール条約（Pangkor Engagement: En）が締結され、その中の第６条では、スルタンの権限がイスラームとマレー人慣習に関する事柄に限られ、それ以外の事柄については駐在官（Resident: En）と呼ばれるイギリス政府から派遣された官僚の助言に従わねばならないことが規定された［Institut Terjemahan Negara Malaysia 2008: 33］。同様の条約はマレー半島の他のマレー人ムスリム統治者らとも順次締結されていった。その結果、マレー人の統治者らは、彼らに残された管掌事項であるイスラームに関わる行政・司法制度を発展・精緻化させていった。

イスラームに関する法制度と行政はこのような歴史的背景を有するため、現在に至るまで、基本的には

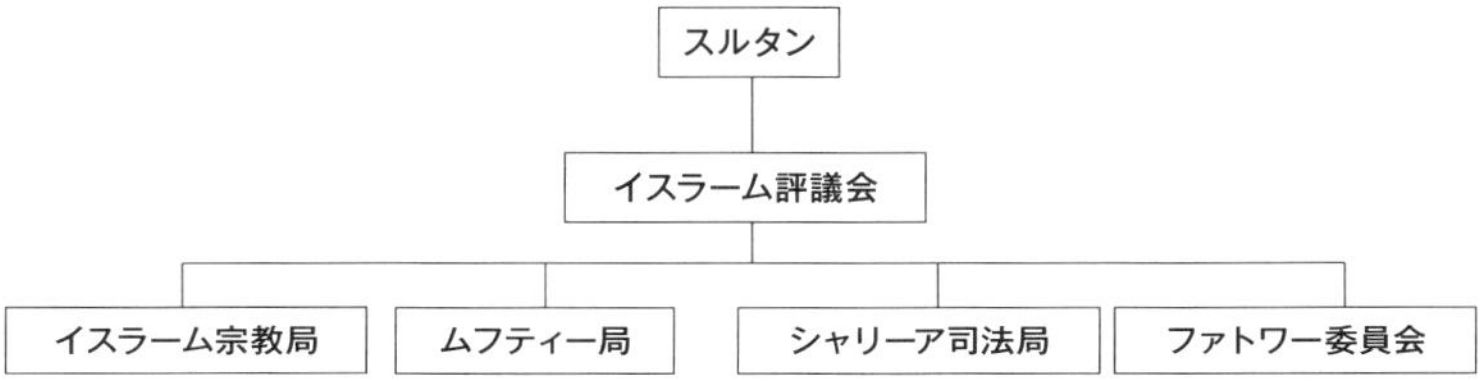

図12　**各州のイスラーム行政・司法機関の機構図**▼[64]

各州の管掌事項である。現在、各州にはイスラームに関する事象を全て担当する機関として、スルタン等の称号を持つ統治者の下にイスラーム宗教評議会（Majlis Agama Islam、名称は州によって若干異なる）が設置されている。その下にイスラーム宗教局（Jabatan Agama Islam、名称は州によって若干異なる）、ムフティー局（Jabatan Mufti）、シャリーア司法局（Jabatan Kehakiman Syariah）が置かれている。国家元首、スルタンらが「イスラームの首長」であるということは、これらの機関を通して行われるイスラーム行政・司法の長であるということを意味する。ファトワーの発出もまた最終的には「イスラームの首長」であるスルタンの権威の下にあり、各州でファトワーを作成するファトワー委員会（Jawatankuasa Fatwa、名称は州によって異なる）もイスラーム宗教評議会の下にある。

　イスラーム宗教評議会は、独立前の1915年、イギリスの保護下にあったクランタン州においてイスラーム宗教・マレー慣習評議会（Majlis Agama Islam dan Isti'adat Melayu）として設立されたのが最初である。その後、各州に同様の機関が設置されていった。クランタン州のイスラーム宗教・マレー慣習評議会は、スルタンの下でイスラームに関する全ての事柄を管轄し、クランタン州民の福利を向上させることを目的として、クランタン州スルタンによって設立された。イスラーム宗教・マレー慣習評議会は、モスクの管理と人事、シャリーア裁判所、ザカートの徴収と分配、ワクフ、宗教学校、ファトワー等といった事柄を管轄すべく、整備されていった▼[65]。このことは、それまでファトワーを出すのみならず、モスクのイマーム人事やザカートを管轄していたムフティー、シャリーア裁判所を管轄していたカーディーらから行政・司法の権限を取り上げ、これらの行政・司法の権限がスルタンの下にあることを明確にすることを目的としていた。[66]スルタンの下にあるイスラーム宗教・マレー慣習評議会によって、イスラーム行政・司法の州政府への集権化と官僚化が進められていった。

第二次世界大戦後、独立運動が盛んになっていったが、その際に主要な問題となったのが、マレー人の地位と非マレー人（その多くが中国、インドからの移民）への公民権授与である。後の政府与党となる統一マレー人国民組織（United Malays National Organization: UMNO: En）が結成され、統治者らの下でマレー人が結束して、スルタン制、公用語としてのマレー語、イスラームに象徴されるマレー人の特権を保障しうる独立国家を実現するという方針が確立された。この方針の下でマレーシアの独立は達成され、スルタンらを「イスラームの首長」とする憲法も定められた。

マレーシアでは独立の当初から、連邦憲法第3条に「イスラームは連邦の宗教（Religion of the Federation: En）である」と規定されるとともに、スルタンおよびスルタンに相当する統治者ら（Raja あるいは Yang di-Pertuan Besar）が存在する州においては統治者が、スルタン等が存在しない州および連邦直轄区においては、国家元首（Yang di-Pertuan Agong）が「イスラームの首長（Head of the Religion of Islam: En）」であると定められている。[67]憲法第74条には、外交、国防、治安、刑法等27項目に関する立法の権限が連邦議会にあるのに対して、各州内のイスラーム、[68]土地、天然資源、水等13項目に関する立法の権限は各州議会にあることが定められている。国家元首、スルタンらが「イスラームの首長」であるということは、イスラーム行政・司法の長であるということを意味する。また、スルタンら統治者はファトワーを承認し、この承認を経てファトワーは官報に記載され、イスラームに関する立法・司法・行政の指針となる。「イスラームの首長」としてのスルタンらがファトワーを承認するというのはイスラーム世界でも異例のことである。

スルタン等の名称を持つ9人のマレー人ムスリム統治者の間から互選される国家元首は、内閣任命権（連邦憲法第43条）、国会の召集・解散権（第55条）、連邦レベルの裁判所の裁判官任命権（第122条）を持っており、国軍を統帥する（第41条）。また、非常事態を宣言して立法権を占有する権限も有している（第150条）。マレーシアの国家元首とスルタンらは、二元的法制度の世俗制度およびイスラーム関連の制度の双方において最高の首長（supreme head: En）と定められているのである（第3条、第32条）。

もう一点、マレーシアの政治、行政において極めて重要な意味を持つ規定であるが、連邦憲法第160条において「マレー人」という民族が定義されており、「ムスリムであること」が、「マレー語を話すこと」、「マレー人の慣習に従っていること」とともにマレー人であることの要件として定められている。この規定は1970年代以降、マレー人をはじめとする先住民族を優遇する新経済政策（NEP）と「イスラーム化」政策が進展する過程でも決定的な意味を持った。

マレーシアは多くのムスリム諸国と同様に、植民地化の後、20世紀半ばに独立した近代国家として成立した。イギリスの植民地統治下にあったため、法制度をはじめ、議会制度、選挙制度、行政機構は基本的にはイギリスを模したものであった。マレーシアの住民、特に先住民族（ブミプトラ）を名乗るマレー人は、イスラーム運動関係者を含めてイギリスの諸制度を模した近代国家の成立を肯定した。マレー人内の民族主義者にしてもイスラーム運動関係者にしても、独立を達成し維持していくことが最優先であり、独立はムスリム自身による統治を実現するための不可欠の手段と見なされた。イスラーム運動関係者たちもまた独立国家の成立を受け入れ、その法制度をも受け入れ、選挙や議会のプロセスに参加していった。▼69

マレーシアの事例は多くのムスリム諸国と共通しており、ほとんどのムスリム諸国においては植民地統治から独立した近代国家の成立はムスリムたちから熱烈に支持された。イスラーム運動関係者たちもまた、植民地統治からの独立をイスラーム的により望ましい統治形態への重要なステップととらえ積極的に独立運動に参加した。しかしながら、近代国家としてのムスリム諸国の成立は、欧米と全く同様の制度を持つ世俗国家の成立を意味したわけではなかった。まずその成立の当初から、これらムスリム諸国の多くはイスラームに関わる行政あるいはイスラームの影響を受けた法制度を包含しており、欧米的な意味での純然たる世俗国家ではなかった。フランスのライシテの原則に着想を得たとされる世俗主義の原則（ラーイクリキ：laiklik、トルコ語）を掲げたトルコ共和国にしても、宗務庁の下で国家がイスラームに関わる活動やイスラーム教育を管理・統制していることに見られるように、フランスでいわれるところの世俗国家とは大きく異なっている。マレーシアもまた連邦憲法第４条に連邦憲法を国家の最高の法（supreme law: En）と定めていることに見られるように、イギリス由来の人定法を主としつつも、一方で、イスラーム行政やムスリムのみに適用される法律――イスラーム家族法（*Undang-Undang Keluarga Islam*）、シャリーア刑法（*Enakmen Jenayah Syariah*）等――が存在する。また、シャリーア裁判所（Mahkamah Syariah）と称される裁判所が一般裁判所（Mahkamah Sivil）と並存している。つまりムスリム諸国はヨーロッパ諸国の制度を模しつつも純然たる世俗国家として成立したとはいえず、イスラームに影響を受けた制度も従属的に並存させたハイブリッド国家（hybrid state: En）[70]として成立し、今日まで存続してきたといえる。

確認しておかなければならないのは、近代ムスリム諸国においては、世俗制度と真正な（シャリーアに基づいて伝統的に構築されてきた）イスラーム的制度が並立しているのではないことである。世俗制度とシャリーアを反映させたとされている近代的制度、すなわちシャリーアと近代制度を折衷しようとした「シャリーア折衷制度」とも呼ぶべき制度が並存している。この並存状態を二元的法制度（legal dualism: En）と呼ぶことができる。世俗制度と「シャリーア折衷制度」の管掌分野の調整および両者の衝突を避けるために多くのムスリム諸国では、「シャリーア折衷法制度」の適用はムスリムの家族法やワクフの管理等に限られている。

ほぼ全てのムスリム諸国はその成立以降、程度の差こそあれ、イスラームに関わる諸活動の管理・統制を進めてきた。例えば、トルコにおいては「世俗主義」が、マレーシアにおいては「イスラーム化」政策が国策としてとられてきたものの、いずれも具体的には国家によるイスラームに関わる諸活動の管理・統制であったという点において大きく共通している。このように、20世紀における国家と宗教の関係は、欧米諸国とムスリム諸国では大きく異なっており、「世俗主義」、「世俗化」という語もかなり異なった意味で用いられる。

近代国家としての成立から一定期間を経た後、多くのムスリム諸国はその正当性を問われることになった。独立の達成・維持を至上命題として出発したムスリム近代国家は、行政機構の発達、中央集権を進めることによって行政国家としての性格を強めた。開発が新たな主要命題となり、この命題に合わせて国民の管理が進んだ。ムスリム諸国がその正当性を問われることになった理由としては、開発政策の不振、その原因としての汚職、権威主義体制のもたらした抑圧等もあるが、イスラーム運動が同時に問題にしたのは立法権としての主権の所在である。英領インドのイスラーム運動組織ジャマーテ・イスラーミー（Jamāʻat-e-Islāmī: Urdu）の指導者であったマウドゥーディー（Sayyid Abū al-Aʻlā Maudūdī, 1903-1979）は、パキスタン成立前の１９３０年代末に立法の究極的な決定権としての主権はアッラーのみにあるとの立場から、立法権を国民一般に帰す欧米式の国民主権論を否定し、「神の主権（hākimīyah ilāhīyah: Ar）」の概念を提示してシャリーアに則って統治されるカリフ制イスラーム国家（Khilāfah: Ar）の樹立を呼びかけた［Sayyid Abul Aʼla Maududi 1960］。マウドゥーディーの「神の主権」概念はその後のパキスタンのイスラーム運動を大きく方向づけるとともに世界各地のイスラーム運動に影響を与えた。エジプトのムスリム同胞団幹部であったサイイド・クトゥブ（Sayyid Qutb, 1906-1966）は、その著『道標（*Maʻālam fī al-Ṭarīq*）』において世俗国家の下にある現代ムスリム社会を「ジャーヒリーヤ（jāhilīyah: Ar、本来は預言者ムハンマドによるイスラーム宣布以前の無明時代を指す）」と規定し、世俗国家を打倒することを訴えた。クトゥブの著作はイスラーム世界各地のイスラーム運動に影響を与えた。[71] ここで言われる「世俗国家」とは、国家の原則がシャリーアではなく、現世的な価値に基づいている国家、ということである。イブン・タイミーヤの流れを汲むサウディ・アラビアのワッハーブ派サラフィー主義者らの世俗主義批判、サウディ・アラビアの最高ムフティーであったムハンマド・イブラーヒーム・アールル・シャイフ（Muḥammad Ibrāhīm Āl al-Shaikh）およびその後継者であるビン・バーズ（'Abdul 'Aziz ibn 'Abdullah ibn Baaz, 1910-1999）らによって立てられた「西欧から押し付けられた立法府の定める人定法はアッラーのみに帰属する立法権の大権を侵害する多神崇拝である」とする理論も各地のイスラーム主義運動に影響を与えてきた［中田 2002b］。このようなイスラーム運動からの世俗国家批判に対して、ムスリム諸国政府の多くは正当性の根拠として国民からの支持を提示しようにも選挙における不正、あるいは選挙が行われない等の実態にあっては国民主権の内実が伴ってこなかった。クトゥブがエジプトの権威主義体制を「現代のファラオ」と規定していることにも見られるように、イスラーム運動関係者たちは、選挙や議会といった制度を批判するよりもむしろ権威主義体制によって立法権および統治権が壟断されていることを批判しており、「神の主権」を掲げて公正な統治を求めてきたともいえる。

このようなイスラーム運動による政府批判を支持する一般のムスリム民衆たちが共鳴しているのは、政府による「神の主権」侵害といった問題よりもむしろ汚職や抑圧への批判、あるいはシャリーアの適用による統治の改善要求であると考えられる。「神の主権」実現といった命題を至上のものとしているのは核心的なイスラーム運動関係者に限られると思われる。しかしながら、世俗化と世俗的体制の成立という事態の意味は、イスラーム運動のイデオローグによって指摘されるような規範の問題にとどまるものではない。世俗化とは、単に世俗の領域と宗教の領域が画然と分離されるということを意味するのではない。問題は、世俗化した社会では、「宗教」もまた世俗から生成されると見なされるようになることである。つまり、世俗化するとそれまで支配的な公共圏であった神学的言説空間に代わって世俗的世界観が支配的となる。世俗化した社会では、宗教の本質そのものがそれ以前とは異なったかたちで定義されるようになる。このような再定義は、国家や社会に関する諸概念および実践の大改編の上に行われる。タラル・アサド (Talal Asad) の言うように、「世俗国家とは、宗教的無関心あるいは合理的倫理を特徴とするものではない。あるいは政治的寛容性を特徴とするものでもない。それは、法的推論、道徳的実践、政治的権威を取りまとめた制度」[タラル・アサド 2006: 324] なのである。

今日私たちが過去を振り返って社会と呼んでいるものは、すなわち、私たちが「宗教」「国家」「国民経済」などの変数と概念的に区別している――そして、この上で、後者が構築され、改造され、計画される――包括的な世俗空間は、十九世紀には存在していなかった。だが、まさしくこの、組織化の可能な世俗的空間としての社会が実現することによって、国家は、宗教の権能を再定義して、独自の業務を監督・促進することが可能になった。人々のさまざまな「宗教的」忠誠とは無関係に、全国民を、物的・精神的に変容させ続けるという業務である [タラル・アサド 2006: 250] [下線部はママ]。

世俗化のもたらすこういった変化が、ムスリムたちの近代国家観に影響を及ぼすことは、当然想定されるべきである。イスラーム、特にイスラーム運動の文脈では、世俗化、世俗主義とは、従来シャリーアを規範としていた国家および社会の基礎、すなわち「法的推論、道徳的実践、政治的権威」等の規範がシャリーア以外の現世的な価値――例えば資本主義やナショナリズム――に切り替えられることを意味する。

近代世俗国家におけるナショナリズムは、包括的な世俗空間、世俗の教理と実践がもたらした変化を必要とする。「ナショナリズムには、個々人が自らの現世的な生を営む、国民社会が織り成す世界というビジョンがある（国家はこの国民社会を完全に分節化するために必要なものだとされる）」［タラル・アサド 2006: 252-253］のである。その意味で、世俗的ナショナリズムと（世俗化以前の）宗教の間には差異があり、世俗的ナショナリズムは宗教をそのまま継承・代替したものではない。したがって、「国民国家」をそれのみで、つまり宗教なしで国民の生を充足させ、意味づけうる機構ととらえるならば、イスラーム運動においてしばしば提唱される「国民国家としてのイスラーム国家」は矛盾した概念であると考えられ、イスラーム的な社会は、国民国家とは相容れないものであるということになる。タラル・アサドは、近代ムスリム国家で起きたこのような世俗化について、主に社会での変化に焦点を当てたが、本書では国家の制度に焦点を当てて論じる。

ムスリム諸国にもたらされた「世俗化」は、従来から存在する国家や社会に関する諸概念もそれに基づく実践も歴史的経緯もヨーロッパとは異なっていたため、ヨーロッパにおいて起きた世俗化と同じものではなかった。ヨーロッパにおいては宗教改革を経た当初は、例えば英国における国教会のように教会と国家の同盟関係が成り立っていた。ピューリタン革命、フランス革命を経て、19世紀後半に英国のトラクト運動やフランス等でウルトラ・モンタニスムが現れた後に、この同盟関係は衰退し、教会に属することは国民であることとの必要条件とは見なされなくなっていった。国家における主権は宗教的な権威から自律化し、法を決定し、執行できるようになっていった。主権は一元化され、カール・シュミット（Carl Schmitt）が『政治神学』において述べたように、「現代国家理論の重要概念は、すべて世俗化された神学概念である。たとえば、全能なる神が万能の立法者に転化したように、諸概念が神学から国家理論に導入されたという歴史的展開によってばかりでなく、その体系的構成からしてそうなので」あるという法治国家理念が確立されていった［シュミット 1971: 49］。

イスラーム世界にはそもそもキリスト教的な教会が存在しておらず、世俗主義の問題において政府と教会の分離は問題とならない。近代国家としてのムスリム諸国で起きた「世俗化」とは、政府の主導によって国政に沿うかたちで（世俗的価値に基づいて）宗教の領分が再定義され、宗教の言説と活動が統制されていった、ということである。ムスリム諸国において世俗主義の問題点とされるのは、世俗的法制度とシャリーアの関係である。20世紀に成立した近代国家としてのムスリム諸国には、シュミットが指摘したような国家理論の諸概念がイスラーム神学から導入されてきたというような歴史的経緯は存在していない。ムスリム諸国は行政国家として確立されていったが、主権の所在という問題をほとんどないがしろにしたままであった。

近代ムスリム諸国における世俗化という問題を論じる前提として、近代ヨーロッパで起きた世俗化とイスラーム世界で近代国家成立によりもたらされた「世俗化」の差異についてはさらに精査される必要がある。ムスリム諸国においては欧米諸国同様の世俗国家は形成されなかったとはいえ、「世俗化」がムスリム社会にもたらした影響はやはり非常に大きなものであった。例えばタラル・アサドの言うように、管掌事項をムスリム家族法とワクフ管理のみに限定したシャリーア裁判所を設置したことは、近代の劇的な変化に対する用意が未だできていない伝統的なムスリム社会に配慮したゆえの結果、というようなものではなかった。それは、社会を「世俗化」させる一環として宗教に関する概念を改編する上で、非常に積極的な意味を持つことであった。世俗的近代社会においては、倫理と法的権威の形式的分離、そして両者が「宗教」から切り離されることが求められた。そのためにシャリーア裁判所の管掌事項も極めて限られたものとして設定されたのである。[▼72] マレーシアにおいて、ファトワーのようなイスラームに関わる活動が政府の管理下に置かれ、ファトワーが「公共の福利のため」というような論理を多用しながら、多民族の共存や開発政策といった政府の政策を追認することに徹している状況［Hooker 1993］もまた、「世俗化」した近代ムスリム国家が宗教の権能を再定義し、国家の業務に従属させているととらえることができる。ムスリム諸国が二元的法制度と世俗主義を克服しようとした試みとしてパキスタンにおける「イスラーム化」政策や、法律がイスラームに反していないか審査する連邦イスラーム裁判所の設置、イランにおける法学者の統治等が挙げられる。イスラーム運動を含むイスラーム世界のムスリムたちは、二元的法制度と世俗主義、主権のあり方といった問題に対処するために国家と統治のあり方を模索し続けている。

マレーシアではスルタンらが世俗的制度の首長とされるとともに、「イスラームの首長」を兼ねた二元的法制度がとられている。形としては、二元的法制度の首長は同一であり、両制度が対等であるともとれるが、近代国家全体が世俗主義的原則に基づいているとすれば、「シャリーア折衷法制度」は実質的に世俗的制度に包摂されているともいえる。この場合、たとえ憲法においてシャリーアの優位性が確立されたとしても、制度全体の世俗主義的本質は変わらないともいえる。この点が克服されない限りはシャリーアの法制度および行政への反映は本質的なものたりえない。

マレーシアにおいて「世俗化」を伴う近代国家の成立は、スルタンらを「イスラームの首長」とするいびつな二元的法制度をもたらした。ＰＡＳは二元的法制度を批判しイスラーム国家樹立による法制度一元化を主張してきたが、同時にＵＭＮＯによって「シャリーア折衷制度」が拡充されるのを受け入れてきた。ＰＡＳはジレンマを抱えつつも「イスラーム」化政策によってイスラームを個人、社会、国家の諸問題の包括的な解決策として導入するという目標が曲がりなりにも実現されつつあるという認識の下、ＵＭＮＯとイスラーム的正当性を競い合ってきた。マレーシアという近代国家がもたらした「世俗化」の内実と「イスラーム化」政策以降にもたらされた変化についてはさらに検証され、整理される必要がある。

マレーシアにおいて、イスラームは連邦憲法第４条に「連邦の宗教」と規定されつつも、独立当初、連邦政府におけるイスラームの役割は儀礼的なものに限られると大方には理解されていた。しかしながら、１９７０年前後から連邦政府および各州政府において、イスラームに関わる行政、立法、司法は急速に発展していった。世俗制度と「シャリーア折衷法制度」が並立するハイブリッド国家として成立したマレーシアであるが、近代国家マレーシアの行政国家としての発展、イスラーム復興、そして民族間関係の緊張が進む過程で、二つの制度の内実と両者の関係は変化していった。

マレーシアの独立当初から内包されていたマレー人と華人の間の緊張関係は、１９６９年総選挙直後の５月13日、クアラ・ルンプールで両民族が衝突する暴動へとつながった。[73] 非常事態が宣言され、１９７０年に五項目から成る国家原則（Rukun Negara、１）神への信仰、２）統治者と国家に対する忠誠、３）憲法への支持、４）法の支配、５）善行と道徳）が発表され、１９７１年には民族対立の原因を解決するため、新経済政策（New Economic Policy: NEP: En）が導入された。ＮＥＰは、民族対立の原因がマレー人と華人の間の経済格差にあるとの判断から、教育や社会福祉、企業家育成等を通してマレー人をはじめとする先住民族（Bumiputra）の社会・経済的地位向上を図った包括的かつ大規模な施策群の総称である。国家原則と新経済政策の導入以前は、近代国家マレーシアの根本を成すマレー民族主義とは、「スルタン制、公用語としてのマレー語、イスラーム」から構成されていたが、これに「ＮＥＰによるマレー人の社会・経済的地位向上」が加えられたのである。１９７０年代以降は、これらの中でも「ＮＥＰによるマレー人の社会・経済的地位向上」と「イスラーム」が政府によって強調され、膨大なリソースが投入されていった。

５月13日事件から間もない１９６９年７月、スルタンらによる統治者会議の決定に従い、連邦政府レベルでイスラーム行政を支援・調整する目的で国家イスラーム宗教評議会（Majlis Kebangsaan Bagi Hal-ehwal Agama Islam）が設置された［Zaini Nasohah 2005: 31］。国家イスラーム宗教評議会は、現在では首相、イスラーム担当の首相府大臣、副大臣、法務長官、各州の首席大臣らによって構成されている。[74] 国家イスラーム宗教評議会の役割の一つとして、統治者会議および各州政府のイスラーム行政・司法機関に対し、イスラームに関わる行政、司法、教育について助言することが定められており、[75] この目的のために国家イスラーム宗教評議会の下に通称国家ファトワー評議会（Majlis Fatwa Kebangsaan）とも呼称される国家ファトワー委員会（Jawatankuasa Fatwa Kebangsaan）の設置も定められた。また、国家イスラーム宗教評議会の事務局として首相府宗教局（Bahagian Ugama）が設置されたが、後にイスラーム局（Bahagian Hal Ehwal Islam）へと拡張され、１９９７年にはマレーシア・イスラーム発展庁（Jabatan Kemajuan Islam Malaysia: JAKIM）となり、飛躍的に拡充されていった。ＪＡＫＩＭは連邦主導による各州イスラーム行政・司法の標準化・調整、さらに食品等のハラール認可制度において中心的な役割を果たした。

新経済政策が導入されていったのと同じ時期にイスラーム行政の発展を図る措置も同時期から準備されていた。１９７０年代初めからダァワ（da'wah）運動と総称されるイスラームへの回帰を訴え、イスラームを生活・社会の規範としようとする様々な民間運動が起こり、マレーシアのムスリムたちの間でイスラームへの覚醒を促した。ダァワ運動はウラマーを中心とした野党マレーシア・イスラーム党（Parti Islam SeMalaysia: PAS）の勢力拡大を後押ししたが、１９８２年にダァワ運動中の最有力勢力の一つ、マレーシア・イスラーム青年運動（Angkatan Belia Islam Malaysia: ABIM）の総裁であったアンワル・イブラーヒーム[76] が政府与党に入党したこともあり、政府のイスラーム行政発展政策の中に取り込まれていった部分も大きかった。

イスラーム行政を発展させる施策群は、１９８１年に成立したマハティール政権下で急速に進められ、一般に「イスラーム化（Islamization: En）」政策と総称される。政府による「イスラーム化」政策は、野党ＰＡＳが要求するところのシャリーアに則った統治よりも公教育におけるイスラーム教育増大、イスラーム金融整備、食品等へのハラール認可制度、イスラームに関する研究機関や教育機関の設立、マス・メディアにおけるイスラームに関するコンテンツの増加等、言わば現行の行政に「イスラーム的価値」を反映させることに主眼を置いたものであった▼77。

イスラームに関わる立法・行政・司法は連邦政府ではなく州政府の管轄下にあることから、イスラームに関わる立法・行政・司法は13の州と連邦直轄区で個別に行われてきたが、1970年代になると連邦政府の主導の下で標準化を進めようとする動きが顕著になっていった。この動きは、連邦政府の最大の課題となった国民統合とマレー人ムスリムの社会・経済的地位向上とそのための経済成長を実現するための政策と密接に結びついていた。

連邦政府主導の「イスラーム化」政策は、ムスリム（大多数はマレー人）のための行政を整備、発展させるものであり、新経済政策を補助する側面がある。70年代以降の新経済政策と「イスラーム化」政策の導入は、近代国家マレーシアが行政国家としての性質をより一層強めていくことになった決定的な契機であり、マレー人ムスリムをマレーシアという国家の国民として統合していく効果があった。ロフは、「イスラーム化」政策が、連邦政府による行政の中央集権化（centralization: En）、連邦主導化（Federalization: En）という大きな流れに沿ったものであったことを論じている［Roff 1998］。一方でこれらの政策の対象とならない非マレー人・非ムスリムは国民統合の作用から疎外されていった。なお、マレーシアにおける「イスラーム化」という用語は、アンワルおよび初期ＡＢＩＭ指導者らに影響を及ぼしたマラヤ大学教授サイード・ナギーブ・アル＝アッタース（Syed Muhammmad Naguib Al-Attas）が、近代的な知の体系や諸制度をイスラームに沿ったものに作り直した上で普及させる、という意味で提起したものであり［Syed Muhammmad Naguib Al-Attas 1993］、政府の進めた「イスラーム化」政策は意味合いが異なる。ＡＢＩＭ総裁（1991-1997）を務めたモハマド・ヌール・マヌーティー（Mohamad Nor Manuty）は、政府による「イスラーム化」政策を以下のように批判している。

「イスラーム的価値の注入（infusion）」は、「イスラーム化（Islamization）」と同じことではない。なぜなら、イスラーム化とは、非イスラーム的なものを純粋にイスラーム的に作り替えるプロセスのことを意味するからである。……ある価値を行政に注入するということは、構造的な改変は行われないということを意味する。イスラームを愛するイスラーム主義者から見ると、そのようなイスラーム化のプロセスは不十分なものである［Mohamad Nor Manuty 1990: 305-306］。

マハティール政権は、「イスラーム化」政策推進によって、各州の管轄下にあるイスラーム行政を連邦主導で標準化することにより連邦政府への中央集権化を進めるとともに、新経済政策を補完してマレー人ムスリムの社会・経済的地位を向上させるための一方策とした。また、そのことによってダァワ運動期にイスラーム意識が高まったマレー人ムスリムの支持が政府与党ＵＭＮＯから野党ＰＡＳに流れることを防ぎ、政権の正当性を強化しようとしたのである。マハティール政権後に２００３年にアブドゥッラー政権が、２００９年にナジブ政権が成立したが、党勢を拡大し続ける野党ＰＡＳに対抗するべく連邦政府主導の下でイスラーム行政を統制しようとする方針は継続している。

「イスラーム化」政策が進展する過程で、司法においてもシャリーア裁判所（Syariah Court: En）の規模と管掌分野は連邦政府の主導によって広がっていった［Hamayotsu 2003: 55-79］。１９８８年、連邦憲法第１２１条に１Ａ項が追加され、高等裁判所以下の連邦政府の一般裁判所（Civil Court: En）は、シャリーア裁判所の管掌する司法権に関しては、司法権を持たないことが定められた。一般裁判所とシャリーア裁判所の相互不干渉を定めた憲法第１２１条１Ａ項は、しかしながら、両裁判所の管掌範囲を明確にすることはできなかった。例えば、非ムスリムである夫妻の配偶者の一方がイスラームに入信し、その後この夫妻が離婚した場合、離婚に関して、あるいは子供の親権に関して裁判で争う場合、いずれの裁判所が管掌するべきであるのか、現在まで結論の出ていない問題である。また、ある個人がイスラームに入信した後死去し、非ムスリムの遺族がヒンドゥー式に埋葬しようとして、それをイスラーム宗教局が阻止してイスラーム式に埋葬しようとする、というような問題も起きている［塩崎 2006b］。これらの問題をいずれの裁判所で管掌するべきか、という問題は、連邦憲法第4条に連邦憲法が連邦の最高の法であると定められているにもかかわらず、また、第75条に州の法律と連邦の法律が矛盾した場合連邦の法律が優先され州の法律は無効となると定められているにもかかわらず、解決がつかないでいる。シャリーア裁判所の管掌範囲は、その時々の政治上の判断で変化してきた。一般裁判所とシャリーア裁判所の管掌範囲は、他の諸分野における「イスラーム化」をどこまで進めるべきかという問題と同様、結局は、「イスラーム化」に対して異なる見解を持つ様々な政治勢力の力関係によって、なし崩し的に変動させられうる。1998年には首相府の下にマレーシア・シャリーア司法局（**Jabatan Kehakiman Syariah Malaysia**）が設置され、連邦政府の主導により連邦直轄区および各州のシャリーア裁判所を標準化、整備、拡充していく体制が整えられた。

1995年にはスランゴール州議会でシャリーア刑法（*Enakmen Jenayah Syariah*）が可決され、1997年には連邦議会において連邦直轄区に適用されるシャリーア刑法（*Akta Kesalahan Jenayah Syariah*）が可決された。これに続いて、各州では同様の法律が改正されるか、既存の法律が連邦直轄区のシャリーア刑法に合わせて修正されていった。シャリーア刑法は、連邦直轄区および各州においてシャリーア裁判所の管掌事項を一部拡大、もしくは明確化する意味を持っていた。これらの法律制定のきっかけとして、先立って1993年にクランタン州議会で可決されたシャリーア刑法案（*Bil Jenayah Syariah*［*II*］*Kelantan*）があったと思われる。同法案は、通称フドゥード法案（*Bil Hudud*）とも呼ばれ、1990年にクランタン州政権を奪回したＰＡＳが、従来からの公約であるシャリーアで量刑の定められた法定刑（hudud）の施行を実現するために州議会に提出し、ＵＭＮＯも含めた全会一致で可決したものである。同法案では、窃盗、婚姻外性交渉、名誉毀損にあたる告訴、公道における強奪、飲酒、背教が法定刑の対象とされた。同法案では、これらの行為に対する量刑と必要とされる証拠・証言、シャリーア裁判所での訴訟手続き、処罰の規則等が定められた。同法案は、シャーフィイー派法学の古典であり、シャーフィイー派の多数派説の基ともなっているマーワルディーの『統治の諸規則』［マーワルディー 2006: 528-573］にあるフドゥードに関する記述を、そのまま忠実に近代的法令に書き直したものであるといえる［Mohammad Hashim Kamali 2000: 129-130］。なお、このような法学説の近代法令化に関して、マレーシア国際イスラーム大学法学部教授、マレーシア国際高等イスラーム研究所（International Institute of Advanced Islamic Studies: IAIS: En）所長等を歴任してきたフィクフ研究者、ハーシム・カマリは、フドゥードの適用は本来、近代法令とは異なり、固定した画一的なものではなく、違法者の悔悛による執行の停止等もありうる柔軟なものであることを踏まえて制定、運用されねばならないと述べている［Mohammad Hashim Kamali 2000: 152-158］。同法案は、連邦政府と州政府の管掌範囲を定めた憲法第74条に照らして、連邦政府の管掌範囲をクランタン州政府が侵害することになるとして連邦政府の反対に遭い、実際に施行されることはなかった［Mohammad Hashim Kamali 2000: 128-158］。

１９９５年以降にスランゴール州、連邦直轄区に次いで全国で制定・施行されたシャリーア刑法は、クランタンの法案とは異なり、フドゥードの対象となる行為のうち、窃盗と公道での強奪に対する規定は定められていない。１９９５年以降施行されたシャリーア刑法は、ＰＡＳがクランタン州でシャリーア刑法を可決して、ＵＭＮＯに対するイスラーム法上の正当性を示そうとしたのに対して、ＵＭＮＯ側もまたシャリーア刑法を可決、施行することで対抗しようとしたものと見ることができる。クランタン州以外の州の議会で多数派を形成していたＵＭＮＯを中心とする与党の可決したシャリーア刑法は、窃盗、公道での強奪といった連邦政府の管掌する刑法に背反することのないように配慮したものであった。また、処罰の内容も手の切断や石打ち系等は含まれておらず、罰金、懲役、鞭打ちのみである。ＵＭＮＯを中心とする与党が制定したシャリーア刑法の対象は多岐に渡り、連邦直轄区のシャリーア刑法（*Akta Kesalahan Jenayah Syariha*［*Wilayah-Wilayah Persekutuan*］*1997*）では、誤った対象への崇拝（第３条）、誤った教義の流布（第４条）、ムスリムに対するイスラーム以外の宗教の宣教（第５条）、預言者あるいは救世主（**Mahadi**）あるいは聖者（**Wali**）を自称すること、奇跡に関する知識があると主張すること（第６条）、イスラームという宗教を侮辱すること（第７条）、クルアーンまたはハディースを侮辱すること（第８条）、イスラームの首長である国家元首、イスラーム宗教評議会、ムフティー、ファトワーといった宗教権威を侮辱すること（第９条）、裁判所の判決に対する反抗（第10条）、イスラーム宗教評議会の許可（**tauliah**）なくイスラームに関する教授を行うこと（第11条）、ファトワーに異論を唱えること（第12条）、イスラーム法に異を唱える出版物の発行（第13条）、男性の金曜礼拝への欠席が理由なく３週間続くこと（第14条）、ラマダーン中の斎戒の時間内に飲酒、喫煙を行うこと（第15条）、義務であるザカートの不払い（第16条）、ムスリムに対して宗教的義務の不履行を教唆すること（第17条）、賭博（第18条）、飲酒および酒類の販売（第19条）、近親相姦（第20条）、売春（第21条）、売春仲介（第22条）、婚姻外性交渉（第23条）、婚姻外性交渉未遂（第24条）、男性同士の同性愛行為（**liwat**）（第25条）、女性同士の同性愛行為（**musahaqah**）（第26条）、配偶者または親族でない異性と密室にいること（**khalwat**）（第27条）、男性が公共の場で女装すること（第28条）、公共の場でのみだらな行為（第29条）、（シャリーア）裁判所において偽証すること（第30条）、公的な権威に基づかずにムスリムの個人または集団を不信仰者であると主張すること（**takfir**）（第31条）、モスクを破損すること（第32条）、イスラーム宗教評議会に任命されていない者がザカートを徴収すること（第33条）、イスラーム宗教評議会に任命されていない者にザカートを支払うこと（第34条）、悪行を教唆すること（第35条）、既婚女性を誘惑すること（第36条）、婚姻した夫婦の同居を妨げること（第37条）、夫婦に離婚するよう教唆すること（第38条）、未婚の女性を保護者の元から出奔するよう教唆すること（第39条）、児童を非ムスリムに売却または贈与すること（第40条）、あるムスリムが婚外性交渉を行ったと虚偽の告発をすること（qazaf）（第41条）、虚偽のハラール証明を表示すること（第42条）が処罰の対象として定められている。なお、シャリーア刑法が適用されるのはムスリムのみであるが、国籍は問われない。

モハマド・ヌール・マヌーティーが批判したように、政府による「イスラーム化」政策は、旧来からの行政・司法にイスラーム的要素を反映させるものであり、国家体制の構造的転換を図るものでも近代国家の世俗主義的基礎を克服するものでもなかった。言い方を換えれば、「イスラーム化」政策は、旧来からの「シャリーア折衷制度」を拡充するものであった。しかしながら、「イスラーム化」をどこまで進めるべきかの判断は、「イスラーム化」に対して異なる見解を持つ様々な政治勢力の力関係によって変動させられうる。「イスラーム化」政策と同時に強まっていった行政と社会に対する政治的圧力、マレー人社会の価値観の変化は、マレーシアという国家の性質を徐々に変えていく――イスラーム国家という方向へとは必ずしもいえないが――作用があった。

近年では、新経済政策（とその継承政策）がマレーシアという国家全体の経済発展の観点から見れば非効率であるとの批判や縁故主義、汚職の原因となっているとの批判もあり、マレー人の支持を政府につなぎとめ、UMNOのマレー人有権者内での求心力を維持するのに十分な機能を果たしていないと見られる。そのため、UMNO政府が正当性を主張し、マレー人ムスリムの間で支持を確保するための手段としてイスラームが用いられることがさらに増えていくと予想される。公的なファトワー管理制度もこのような政府の政策に沿って整備されてきたのである。

近代国家の成立は、ウラマーたちに、官僚化して政府に雇用されるか、野党というかたちでイスラーム運動を組織するかという選択を迫った。ダァワ運動期にはＰＡＳが与党連合国民戦線に加入していたこともあり、特に若手のウラマーの間で別組織をつくる、あるいはＡＢＩＭのようなイスラームＮＧＯに参加するという動きが目立った。その中に、１９７５年に設立されたマレーシア・ウラマー協会（Persatuan Ulama Malaysia: PUM）があった。マレーシア・ウラマー協会に所属するウラマーたちは、設立当初から現在に至るまで、ＵＭＮＯ、ＰＡＳ、あるいは大学等の教育機関、連邦および州の政府機関、ＮＧＯ等に広く所在している。マレーシア・ウラマー協会の会員構成を見てもわかるように、ウラマーたちは広範な社会的ネットワークを形成している。マレーシア・ウラマー協会は政治組織ではなく、マレーシア・ウラマー協会自体は政治、行政への影響力はさほどないと考えられるが、マレーシア・ウラマー協会の会員たちは、与野党問わず、政治、行政の要路で重要な役職に就いており、ウラマーたちのネットワークは、「イスラーム化」政策を推進させていく上で、決定的な役割を果たしている。マレーシア・ウラマー協会で主要な役職に就いていたウラマーの中には、マハティール政権でイスラーム行政・司法担当の首相府大臣を務めたアブドゥル・ハミド・オスマン（１９７９年から１９８４年までマレーシア・ウラマー協会の副会長）やＰＡＳ総裁を務めたファジル・ヌール（Fadzil Noor, 1937-2002、１９７５年から１９７６年までマレーシア・ウラマー協会の事務局長）らがいた。他にも、ＰＡＳ副総裁補を経てＵＭＮＯ幹部となり、政府系のイスラーム宣教財団（Yayasan Da'wah Islamiyah）総裁となったナハーイー・アフマド（Nakhaie Ahmad）やペラ州のムフティーとして、２００８年総選挙後にＵＭＮＯとＰＡＳの連立交渉の仲介役となった（連立交渉は失敗）ハルッサーニー・ザカリア（Harussani Zakaria）といった会員がいた。

マレーシア・ウラマー協会以外でも、１９７０年代のダァワ運動期以降、マレーシア・イスラーム青年運動（Angkatan Belia Islam Malaysia: ABIM）のようなイスラームＮＧＯにおいてもウラマーたちは重要な役割を果たした。ＡＢＩＭ出身者たちもまたＵＭＮＯ、ＰＡＳという与野党の双方、それに行政機関や教育機関、経済界で活躍し、ＵＭＮＯとＰＡＳのイスラーム的正当性をめぐる競合を梃子として進められた「イスラーム化」政策の立案と具体化に大きな役割を果たした。ＡＢＩＭ出身者たちは、イスラーム国家の樹立というＰＡＳの目標を、長期的な目標としては否定せず、その準備段階としての漸進的な「イスラーム化」が必要であるという論理を政府内やムスリム社会に広めた。ＡＢＩＭ出身者のウラマーの中で最も重要な人物の一人として、ファジル・ヌールがいた。ファジルはエジプト留学中の１９６０年代後半にエジプト・アラブ共和国マレー人連盟（Persekutuan Melayu Republik Arab Mesir）の幹事長と副会長を務めた後、マレーシアに帰国して１９７４年から１９７８年までＡＢＩＭの副総裁を務めた。その後はＰＡＳで活躍し、１９８９年から２００２年までＰＡＳ総裁を務めた。

なお、ここでは深く論じないが、ＵＭＮＯ、ＰＡＳといった政党に加わらず、また、行政機関にも加わらなかったイスラーム運動としては国際的な非政治的宣教運動であるジャマア・タブリーグ（Jamā'a Tablīgh: Ar, Jamaah Tabligh: M）、元ＰＡＳ活動家であったアシュアリー・ムハンマド（Ashari Muhammad）の下でスーフィズム的共同体とネットワークを構築したダルル・アルカム（Darul Arqam）等がある。これらの運動は政党に加入する、あるいは政党と連携するといった行動はとらず、基本的には自分たちのコミュニティ内におけるイスラーム的実践に専念してきた。▼[78]

ウラマーたちのネットワークは、野党としてのウラマーの政党において活用され、イスラーム諸学に基づく言説をマレーシアの議会制民主主義と公共圏に持ち込んだ。そうすることによって、ウラマーの党であるＰＡＳは政府に対する強力な批判勢力たりえた。ＵＭＮＯを中心とする政府はＰＡＳとマレー人有権者の支持を競い合う必要から、「イスラーム化」政策を推進していく必要に迫られた。多くのウラマーやＡＢＩＭ出身者が政府内の行政機関、シンクタンク、財団等に所属し、ＰＡＳと競い合うための「イスラーム化」政策を立案し、具体化していった。見方を変えれば、ＰＡＳがイスラームの論理に基づく正当性でマレー人ムスリムの支持を得ることにより、その事実を利用して政府内のウラマーやＡＢＩＭ等のイスラーム運動出身者たちがＰＡＳと在野イスラーム運動の脅威を強調して政府にイスラーム的正当性で競合する必要性を訴え、「イスラーム化」政策を推進してきたともいえる［塩崎 2006］。

このような仕組みを構築することで、ウラマーたちは議会や選挙を含めた近代国家の統治制度にある程度適応し、シャリーア解釈の専門家集団としてのウラマーの伝統的な役割である統治者への監督と助言を継続して行ってきたといえる。ウラマーたちは政府と野党に分かれていても、元々中東留学等の経験を共にした者たちであり、様々な場で密接な連絡を取り合っている。何よりもウラマーたちは、共通の知識体系、共通の言説の資源を共有しているのであり、ウラマーたちの間で広範なネットワークが形成されているのは古来よりの伝統である。ＵＭＮＯとＰＡＳがイスラーム的な正当性を競い合い、両党に属するウラマーたちがイスラームの論理に基づいて次々と政策を提示し合うことにより、「イスラーム化」政策は、（イスラーム諸学に基づく理論面での）質においても予算や人員といった規模においても進展していった。

こういった「イスラーム化」進展の仕組みは、マハティール政権下において成立し、マハティール政権後のアブドゥッラー（Abdullah Ahmad Badawi）政権（2003-2008）、ナジブ（Najib Abdul Razak）政権（2008-）においても継続している。アブドゥッラー政権では、政権の指針として、「イスラーム・ハドハリ（Islam Hadhari、「文明的イスラーム」の意）」が打ち出されたが、このスローガンもまた、与野党にまたがるウラマーたちのネットワークによって、螺旋的に「イスラーム化」政策を推進していくための名分として利用された。ウラマーたちは、「イスラーム化」政策を推進していくことにより、近代国家マレーシアにおいて彼らのさらなるアジェンダを実現していくためのリソースと権限を蓄積していこうとしているのである。

ＰＡＳにとって、特に１９８０年代以降、最も重要なアジェンダとは、「イスラーム国家（Negara Islam: M、または Dawlah Islamīyah: Ar）」の実現であった。「イスラーム国家」は、近代以降に主に中東のイスラーム運動の中で考案された概念であり、近代的な主権国家・領域国家の枠組みの中でシャリーアに基づく実定法を制定・施行する体制のことを意味する。「イスラーム国家」という概念は、その法制度がシャリーアに基づくとされる以外は、欧米由来の近代国家の概念と異なるところはない。そして、このような近代的な「イスラーム国家」の概念は、全てのイスラームの領域（dār al-Islām: Ar）を包括するカリフ制度（khilāfah: Ar）を前提とする従来のイスラーム法学で想定されてきた統治のあり方とは異なっている。近代ムスリム諸国群の成立により、伝統的なカリフ制が消滅し、当面の再興も望めなくなったことから、一国内でシャリーアに基づく統治を実現しようとする「イスラーム国家」概念が考案されたともいえる。

20世紀、「イスラーム国家」は中東のムスリム同胞団（al-Ikhwān al-Muslimīn: Ar）やパキスタンのジャマーテ・イスラーミー（Jamāʿat-e-Islāmī: Urdu）をはじめとする各地のイスラーム運動において運動の目標として掲げられている。これら諸外国のイスラーム運動の影響を受けて、ＰＡＳもまた「イスラーム国家」樹立を最重要アジェンダとしてきた。ＰＡＳの歴代指導者もそのことを確認しており、ＰＡＳ総裁（1989-2002）であったファジル・ヌールは、

ＰＡＳのイスラームのための闘争の路線と信条は、いまだかつて変わったことがない。我々はイスラーム的な統治のために活動し、働いている［Fadzil Mohd Noor 1993］。

と述べており、また、現在のＰＡＳ総裁であるアブドゥル・ハディ・アワンは、次のように述べている。

真にイスラーム国家樹立の義務は、よく知られたフィクフの方法に照らしても、日々の義務の信仰行為と同じ程度に重要である［Parti Islam SeMalaysia 2003: 11］。

このようなＰＡＳの主張に対して、ＵＭＮＯ側は、イスラーム国家樹立の義務を否定することはできなかった。むしろＵＭＮＯは「イスラーム化」政策の促進によって政権の正当性を示し、マレー人ムスリム有権者の支持を得ようとした。

マハティール政権後期にＰＡＳは勢力を拡大していき、１９９０年には１９７７年に失ったクランタン州政権を奪回、１９９９年総選挙では連邦下院議会選挙および各州議会選挙で躍進を遂げ、クランタン州に加えてトレンガヌ州政権を奪取した。ＰＡＳの勢力拡大を受けて、マハティール首相は２００１年に「マレーシアはすでにイスラーム国家である」と宣言し、ＰＡＳのイスラーム国家樹立の要求を封じようとするに至った。「マレーシアはイスラーム国家である」との主張は、マハティール首相に続くアブドゥッラー首相にも継承され（２００７年８月27日に国会での質問に対して出された答弁）、その次のナジブ首相は副首相であった時に「マレーシアはイスラームの原則に則って統治されているがゆえに」イスラーム国家であると述べている。▼79 これら３人の首相の言説は、必ずしもシャリーアに則った統治というＰＡＳの要求を受け入れたことを示すものではない。むしろ、「マレーシアはすでにイスラーム国家である」と主張することによって、ＰＡＳとの論争を避け、「イスラーム国家」が争点となることを回避しようとしたものである。しかしながら、これらの言説は少なくとも政府は「マレーシアが（その内実が何であれ）イスラーム国家であるべきこと」を肯定しているという前提を定着させてしまう効果があった。ＵＭＮＯとＰＡＳがイスラーム的正当性を競い合うことは「イスラーム化」政策を加速させ、さらにマレーシアをイスラーム国家の方向へと変えていこうとしているようにも見える。

このようにして、ウラマーたちは近代国家の行政機構や議会、選挙制度を利用して、統治者に対する監督と助言という伝統的なウラマーの役割を近代国家においても果たしうるようにしてきたといえる。しかしながら、特にダァワ運動期に入り、1970年代以降に「イスラーム化」政策が推進されていく過程で、行政機関、あるいは公的な教育機関でのウラマー層の雇用が急拡大されていった。そして、官僚化したウラマーたちは、給与を保障されるとともに、地域に密着した共同体の精神的・道徳的な権威といった存在ではなくなっていった。つまり、「イスラーム化」政策の螺旋的推進という仕組みの副産物として、ウラマーの官僚化と地域のムスリム社会における権威喪失という事態が見られるようになった。言い換えれば、この仕組みには欠陥があり、長期的にはウラマー層の権威が失われ、従来ウラマーたちの影響力の根源であった社会共有資本としてのウラマーのネットワークが機能しなくなり、その結果ウラマーたちが政府へ圧力をかける手段もなくなってしまう、というおそれが出てきたのである。

20世紀前半のイスラーム宗教評議会設立に始まり、20世紀後半の「イスラーム化」政策によって急拡大を遂げたイスラーム諸活動の公営化は、中東等で学んできたウラマー層の官僚化を進め、同時に人材確保の必要性からマレーシア人学生が中東、特にアズハル大学で学んでくることを促進した。一方、マレーシア人学生が中東で学ぶことによって、政府に批判的かつ野党に有利となるような思想的、政治的影響がもたらされるという側面もあった。すでに1927年の統治者会議において、スランゴール州のスルタンが、若いマレー人がエジプトで学び、マレー半島以外の東南アジア、特にスマトラおよびジャワからの学生と交流することによって、望ましくない思想的影響や人脈がもたらされることに懸念を表明しており、解決策としてマレー半島に独自の「イスラーム高等教育機関（college of higher Islamic education: En）」を設立することを提唱していた [Roff 2009 : 134]。1955年にはマレーシアで初の「イスラーム高等教育機関」であるマラヤ・イスラーム・カレッジ（Kolej Islam Malaya）が設立された。「イスラーム化」政策がマハティール政権によって強力に進められだしていた１９８２年には、マレーシアで初の「イスラーム大学」である国際イスラーム大学（Universiti Islam Antarabangsa Malaysia）が設立された。これらに続き、マレーシア・イスラーム科学大学（Universiti Sains Islam Malaysia、１９９８年設立）をはじめ、連邦政府および州政府によって各地に「イスラーム大学」、「イスラーム・カレッジ」が設立されていった。また、それら以外の国立大学においてもイスラーム学部が開設された。これらマレーシア国内の「イスラーム高等教育機関」は、国内においてイスラーム学を専攻する学生を数千人増やしたが、その水準からいって、中東への留学の代替となるものではなかった。現在に至るまで、マレーシアから中東への常時数千人規模の留学は、人数に変動はあるが継続してきている。マレーシア政府高等教育省による２００８年度の白書によれば、２００８年の時点で、エジプトには６９１２人のマレーシア人学生が滞在している［Bahagian Perancangan dan Penyelidikan Kementerian Pengajian Tinggi Malaysia 2008: 74］。

政府は、ＰＡＳとの競合の上でもこのようにかなりの勢いで増加してきたイスラーム学専攻の高等教育機関卒業生たちの雇用を提供することが必要になった。アブドゥッラー政権が導入した公立学校におけるＪ－ＱＡＦ科目もこのような対策の一つと言える。Ｊ－ＱＡＦは、２００４年に導入されたジャウィ（Jawi）、クルアーン（Quran）、アラビア語（Arab）、個人の義務（Fardu Ain）を学習する科目である。Ｊ－ＱＡＦ導入には、雇用の提供の他に、公立学校で十分なイスラーム教育を行うことで、児童がＰＡＳの影響力の強い私立の宗教学校（sekolah agama rakyat）に行ってイスラーム学習をするのを防ぐという目的があった。マレー人児童は、一日の半分は公立学校で学び、残りの半分は私立の宗教学校で学ぶ、というのが多くの児童の学習スタイルであった。[80] 教育機関をはじめ、様々な行政機関において政府はウラマー層に雇用を提供し、ウラマーの官僚化が進んでいった。

「イスラーム化」政策の進展とウラマーの官僚化に対して、ＰＡＳからは表立った反対は示されてこなかった。「イスラーム化」政策とウラマーの官僚化は、近代国家のシステムを用いてイスラームに基づいた統治を行おうとすれば避けられない帰結であり、PASの提唱する「イスラーム国家」においても類似の事態が起こることが予想される。仮にPASの側に代替案があるとすれば、基本的にはPASの党組織の意思決定における原則である「ウラマーの指導」の原則の行政への適用であろう。PASにおいて「ウラマーの指導」を体現しているのが、最高指導者（Mursydul 'Am）として党の最高意思決定機関の議長を務めるニック・アブドゥル・アジズ・ニック・マット（Nik Abdul Aziz Nik Mat, 1931-2015）である。ニック・アジズは、1990年から2013年までクランタン州政府の首席大臣でもあり、元来からポンドックが多く、PASの主要な基盤であり続けたクランタン州の行政においても、「ウラマーの指導」の原則を反映させた。

ニック・アジズは、インドのデーオバンド学院とエジプトのアズハル大学で学んだ後、クランタン州でイスラーム教育に携わりながら、政治に参画した。ニック・アジズの自宅に隣接して寄宿制の私立宗教学校（sekolah agama rakyat）が開設されており、首席大臣となってからも教育者、宗教者としての活動を継続しており、特に宗教説話においては非常に多くの聴衆を集めている。

PASの政治活動において、特にクランタン州およびクダー州、トレンガヌ州においてポンドックの概念は非常に重要性を持っている。現存するポンドックの数はもはやごくわずかであるが、ポンドックの概念は、マレー社会における伝統的なウラマーの役割とウラマーが指導する共同体の具体的イメージをマレー人に想起させる上で、必須である。ニック・アジズは、トゥアン・グル（Tuan Guru）もしくはトッグル（Tok Guru）という尊称で呼ばれるのが常であるが、トッグルとは、主にポンドックを創設したウラマーに対する尊称である。ポンドックとは、トッグルの住居の周りに学徒（murid）たちが、トッグルに従って学び、共に生活するために小屋を建てていき、成立する共同体であるとされる。トッグルは、ポンドックの共同体において、知識を伝達するとともに、道徳的な権威として、共同体での生活を監督する[久志 2010b]。このような「トッグル」としてのウラマーの社会的役割は、官僚化したウラマーには果たしえないものである。「ウラマーの指導」という語でマレー人が広く想起するのは、このポンドックの共同体であり、ある種のイスラーム的に望ましい社会のあり方ととらえられるであろう。そして、そのような社会像は、とりわけクランタン州のムスリムの間で好意的にとらえられたと考えられる。

ＰＡＳにおいて、「トゥアン・グル」、「トッグル」という尊称は、ウラマーの指導者の一部に用いられるが、とりわけ、ニック・アジズのことを指す場合が多い。ニック・アジズの指導の下でＰＡＳが１９９０年にクランタン州政権を担うようになってから、州政府はイスラーム教育にとりわけ力を入れるようになった。州の運営する財団で、イスラーム教育支援を行うイスラーム財団（Yayasan Islam）に対して、１９８９年の予算では１３５３万リンギが支出され、１９９０年には１６２３万リンギが支出されたが、１９９５年には２３５１万リンギ、１９９９年には３２５３万リンギ［Mansor Daud 2000: 83］が支出されるようになった（１９９１年の州政府予算の歳出総額は、２億１５２６万６８００リンギ［Zainuddin Awang Hamat and Dinsman 2000: 41］）。イスラーム財団は、州内の宗教学校を支援する他、卒業生のアズハル大学をはじめとする中東への留学、国内のイスラーム高等教育機関への進学を支援している。また、伝統的なポンドックに対しても支援を行っている［Mansor Daud 2000: 78-88］。

ポンドック的共同体の再現というのは、少なくとも連邦レベルでの国策ではありえず、経済政策を含め、有権者が近代国家の政府に求める様々な要求に応じていくためには、他にも様々な施策を講じる必要がある。しかしながら、クランタン州においては、ＰＡＳが担う州政権は、25年以上の間継続しており、州行政総体としては、州民の支持を得られていると見られる。

第2節　ファトワー管理制度発展の諸段階──伝統的法学派からサラフィー主義へ

1. ファトワー管理制度発展の諸段階と政府・ウラマー間の対立関係

マレーシアにおけるファトワー管理制度の発展は、三つの時期に分類することができる。

第一期　１９１５年にイスラーム宗教評議会が設立されてから１９５０年代の独立運動期まで。

第二期　１９５０年代から連邦政府主導によるイスラーム化政策が始まる１９７０年代まで。（ムスリム法行政法制定）

第三期　１９７０年代から現在まで。ファトワー管理制度が連邦政府の主導で整備されるようになった（国家ファトワー委員会設立、シャリーア刑法制定）。

いずれの時期においても、ファトワー管理制度が整備された主な理由は、統治者（および連邦政府）とウラマーの対立にあり、政府（統治者と連邦政府）は、ウラマーによる反対を制限して、政策を進めていくためにファトワーの統制を試みたと考えられる。現在施行されている法令、例えばスランゴール州のイスラーム法行政法には、「（イスラーム宗教）評議会は、シャリーア（Hukum Syarak）と司法を除くスランゴール州の全てのイスラーム関連事項についてスルタンを補佐し、助言する。本法令に規定されている場合を除き、評議会はイスラーム関連事項に関して、州内でスルタンに次ぐ権威を有する」[81]と定められているが、政府は、ファトワーを含むイスラーム関連事項をスルタンの権威下に位置づけることによって管理しようとしてきたといえる。

第一期以前

20世紀前半までは、マレー半島のムスリムが中東、特にマッカへ質問を送り、ファトワーを求めることが多かった。1892年に出版されたマレー半島を含む東南アジアのムスリム社会からの質問に答えたファトワー集『現代諸問題についての説明である貴重な珠玉（*Muhimmāt al Nafā'is fī Bayān As'ilah al-Hadīth*）』やシェイフ・アフマド・ファターニーとして知られるアフマド・ムハンマド・ザイン（1856-1908）のファトワー集はその代表的な例である。

マレー半島においてもウラマーがファトワーを出すのはよく見られたことであり、そこに政府の介在はなかった。20世紀初めまでは、マッカ等の中東に居住するウラマーが高い学識と権威を持つと見なされており、東南アジアと中東の間で質問とファトワーの往来が見られた。しかしながら、ファトワー管理制度発展の第一期には、イギリスの保護下にあって各州でイスラーム宗教評議会が設置されていくとともに、ファトワーも各州のイスラーム行政の管轄下に置かれるようになっていった。

第一期

クランタン州のイスラーム行政・司法の発展について研究したロフは、1915年にスルタンがイスラーム宗教評議会を設立した主な目的は、ムフティー、カーディー、およびその他の行政・司法に携わっていたウラマーの権限を縮小し、スルタンの下に州政府の権限を強化することであったと指摘している。つまり、イスラーム宗教評議会設立は、それまでファトワーを発出するのみならず、モスクのイマーム人事やザカートを管轄していたムフティー、シャリーア裁判所を管轄していたカーディーらから行政・司法の権限を取り上げ、これらの行政・司法の権限をスルタンの下に集権化することを目的としていた。[82]

1917年には「イスラーム宗教評議会の認可なくファトワーを発することを禁ずる」、「イスラーム宗教評議会の認可を得て発されたファトワーが教義上の質問に対する最終的な答えである」、「全てのファトワーはシャーフィイー派の定説に基づかねばならない」ことを定めた公告がイスラーム宗教評議会から出されている。[83]

1918年には公的にファトワーを発するための機関としてウラマー協議会（Meshuarat Ulama、現在では **Jemaah Ulama** と改称されている）が設置され、他州でもファトワーを発するための機関が設置されていった。なお、ウラマー評議会というのはクランタン州に特有の名称であり、現在他の州ではファトワー委員会（Jawatankuasa Fatwa、クダー州、スランゴール州）、シャリーア委員会（Jawatankuasa Syariah、プルリス州、ペナン州、ペラ州、マラッカ州、ヌグリ・スンビラン州）、シャリーア法協議委員会（**Jawatankuasa Perundingan Hukum Syarak**、連邦直轄区）といった名称が用いられている。各州でファトワーを発するための機関はムフティーの他複数の学識者らで構成されている。例えば、現在ではスランゴール州のファトワー委員会は、（1）ムフティー（委員会の議長）、（2）副ムフティー、（3）州政府法律顧問、（4）イスラーム宗教評議会が指名したイスラーム宗教評議会の評議員2名、（5）イスラーム宗教評議会が指名したイスラーム宗教局の職員でシャリーアに精通した者1名、（6）イスラーム宗教評議会が指名した適切な人物2名以上7名以下、（7）イスラーム宗教評議会が任命したムフティー局の職員1名（書記）から構成されると定められている。[84]

各州のイスラーム宗教評議会およびファトワーを発するための機関が設置されてもなお、しばらくはファトワーが完全に政府の管理下に置かれたわけではなく、マレー半島から中東に対してファトワーを求める慣行も見られた。その好例が、ロフによって詳細に研究されたクランタン州における1937年の犬を飼うことの是非をめぐる論争である。この論争は、クランタンのスルタン家王子が犬を飼っていたことを王女が非難したことから起きたものであり、双方それぞれを支持するウラマーが参加して公開の討論が開かれた。討論の結果、アズハルのファトワー委員会にファトワーを求めることになり、犬を飼うことを許容する内容のファトワーがアズハルよりもたらされた[85]。つまり、この時期はまだファトワーの発出が州政府の機関に独占されていたとはいえず、より権威があると見なされた中東のウラマーにファトワーを求めるというケースも見られたのである。

この論争のもう一つの重要な点は、1917年にイスラーム宗教評議会が発した公告において「全てのファトワーはシャーフィイー派の定説に基づかねばならない」と定められていたにもかかわらず、当時のクランタンで起きていたフィクフの新流行が反映されていたことである。当時のクランタンでは、アラビア半島から伝来したスーフィー教団であるアフマディーヤ・イドリスィーヤ教団の影響でもたらされた法学派にこだわらないサラフィー主義的な方法[86]やシャー・ワリー・ウッラー学派の影響によるタルフィーク、タハイユルといった複数の法学派を参照するフィクフの方法論が流行しつつあった［Roff 2009: 255］。しかしながら、これ以降、特に第二次大戦を経て独立運動期にスルタンの権威が確立され、近代国家としてのマレーシアが成立して以降は、公的なファトワー管理制度はさらに整備されていき、フィクフにおける創意工夫や革新が反映されたファトワーが現れにくくなっていった。

第二期

1946年、スルタンらを推戴してマレー人の権益を守り、独立を達成することを目的として、UMNOが結成された。UMNOはスルタンらを「イスラームの首長」と位置づけ、スルタンらの権威の下でイスラーム関連事項が政府の管轄下に置かれる体制を肯定した。

一方、1948年、ペラ州のウラマーを中心に、PASの前身ともいえるムスリム党（Hizbul Muslimin）が結成されたが、イギリス当局に危険視されるとともに、マレー人の間でのヘゲモニーを奪われることを警戒したUMNOとも激しく対立し、3カ月後には非合法化された。1955年、ムスリム党の旧党員が数多く加入した汎マラヤ・イスラーム党（Pan-Malayan Islamic Party: PMIP: En）が政党登録された。PMIPは後にマレーシア・イスラーム党（PAS）と改称した。以後、PASはシャリーアに基づく法秩序の確立を求めるウラマーの政治的プラットフォームとなり、UMNOと対立した。PASのウラマーによるUMNO批判の多くは、イスラーム的正統性を問うものであった。

政府は、PASとイスラームの論理に基づく論争を繰り広げるよりも、立法によってファトワーを制限することでPASからの批判に対処しようとした。1952年、スランゴール州でイスラーム行政・司法の基本法であるムスリム法行政法（*Administration of Muslim Law Enactment*）[87]が制定された。この法令において、スルタンによるムフティーの任命、イスラーム宗教評議会の下でファトワーを発するためのファトワー委員会の構成、ファトワーを発出するための手順等が定められた。この法令でもファトワーがシャーフィイー派の定説に従うべきことが定められている。定説に従った時に公共の利益に反することが予想される場合は、スルタンがそうしないように指示した場合を除き、シャーフィイー派の少数説に従うことができるとも定められた。また、さらに、シャーフィイー派の定説、少数説が全て公共の利益に反する場合は、スルタンからの特別の認可を得た上で、シャーフィイー派以外のスンナ派三大法学派の説に従うことができると定められた[88]。さらに、ファトワー委員会によるファトワー、イスラーム宗教評議会による教義上の見解、スルタンによる教義上の見解は、州政府の官報により公告された場合、州内に居住する全てのムスリムが従う義務が生じると定められた。そして、この法令に則って出されたファトワー、州政府の認可を得たイスラーム教師による教義、マズハブ、イスラームという宗教のいずれかを侮辱した者は、6カ月以下の懲役もしくは500リンギ以下の罰金に処せられることが定められた。[89]

このように、1952年のスランゴール州ムスリム法行政法において、ファトワー委員会によるファトワーは、官報で公告されることによってムスリムが従う義務が生じること、公的に出されたファトワーを侮辱[90]した場合には罰せられることが定められたのである。ファトワーとは本来、それに従う義務が伴うものではなく、ムスリムが従うかどうかは本人の意思次第である。ところが、マレーシアにおいてはファトワーの発出が政府によって独占され、それに従わない場合の罰則を伴った拘束力が定められるという、イスラーム世界の歴史でも異例の事態が見られるようになった。[91]

ファトワー委員会がファトワーを発する手順は次のように定められている。[92]

1）質問者がファトワーを求めてイスラーム宗教評議会に対して質問を送る。質問者は裁判所を含む政府機関でもありうるし、州に居住する私人のムスリムでもありうる。

2）ファトワー委員会は質問を検討してファトワーの草案を用意し、イスラーム宗教評議会に提出する。

3）イスラーム宗教評議会はファトワーの草案をスルタンに推薦し、スルタンはファトワーの草案を官報において公告するための認可を与えるかどうか判断する。ファトワーが官報によって公告される場合もあるし、されない場合もある。官報で公告されない場合、拘束力を持つことはない。

この過程において、最終的な権限を有しているのはスルタンである。「イスラームの首長」としてのスルタンらがファトワーの発出に関する最終的な権限を有するというのはイスラーム世界でもごく異例のことである。多くのムスリム諸国では、ファトワーはスルタンのような世俗の統治者からはある程度独立したウラマーから出されるものであり、マレーシアにおいて統治者が単なる世俗の統治者ではなく「イスラームの首長」でもあること、イスラーム行政・司法に関して最終的な権限を持っているというのは異例である。[93] スルタンらはウラマーのようなイスラーム学の素養を身につけておらず、それにもかかわらず、スルタン個人の考えやUMNOの政策のために公的ファトワーに介入する。そのことが、ウラマーからの潜在的な反発を招くおそれもあると考えられる。また、UMNOが政府の政策を正当化するために、ファトワーおよびその背景にある「イスラームの首長」としてのスルタンの権威を持ち出してくることも多い。

スランゴール州のムスリム法行政法と同様の法令は、他州でも制定されており、マラッカ州（1959年）、ペナン州（1959年）、ヌグリ・スンビラン州（1960年）、クダー州（1962年）、プルリス州（1964年）、ペラ州（1965年）と順次制定されていった[Ahmad Mohamad Ibrahim 1998: 97]。なお、プルリス州のムスリム法行政法のみは、ファトワーを発するシャリーア委員会が従わねばならないのはシャーフィイー派であるとは定められなかった。[94] 各州のムスリム法行政法に代わって、現在ではイスラーム行政法（*Enakmen Pentadbiran Agama Islam* あるいは *Enakmen Hal Ehwal Agama Islam*）が新たに制定、施行されている。

第三期

20世紀前半、ファトワー管理制度を含むマレーシアのイスラーム行政・司法が発展していった契機は、（ウラマーと対抗しながら）スルタンと政府の権限を強化しようとする動きであった。20世紀後半は、連邦政府による各州のイスラーム関連法制度および行政機構の標準化に伴い、ファトワー管理制度も整備された。1970年代以降、連邦政府は首相府を中心として、「イスラーム化」政策とも呼ばれる政策群を推進した。同時に、PASに対抗するため、マレー人ムスリム有権者からの支持と政権の正統性を確保しようとした。ファトワー管理制度もこの一環として首相府主導による標準化が進められた。

1969年7月に連邦レベルでイスラーム行政を支援・調整することを目的として国家イスラーム宗教評議会が設置された。1970年、その下に国家ファトワー委員会が設置され、各州で発出されるファトワーを調整する役割を果たすことになった。国家ファトワー委員会は、各州のムフティーおよび政府機関職員や大学教授らで構成されており、現在では首相府のイスラーム発展庁（JAKIM）が事務局の役割を果たしている。国家ファトワー委員会が教義に関する質問を受けつけ、回答し、各州のイスラーム宗教評議会に伝達するまでの過程は以下の通りである。

1）国家イスラーム宗教評議会は、スルタンらで構成される統治者会議、または各州の州政府、またはイスラーム宗教評議会、または国家イスラーム宗教評議会のメンバーからの質問を受けつける[95]。各州においては、ファトワー委員会に寄せられた質問で国家の利益に関わる問題は統治者会議に審議を委ねることが定められている[96]。

2）質問はまず統治者会議で検討された後、通常は国家ファトワー委員会に回される。

3）国家ファトワー委員会はファトワーの草案を用意し、国家イスラーム宗教評議会に提出する。

4）国家イスラーム宗教評議会はファトワーの草案を検討し、再度統治者会議に上程するか決定する [Zaini Nasohah 2005: 32]。

5）統治者会議で採択されたファトワー草案は、国家イスラーム宗教評議会から各州のイスラーム宗教評議会に送られ、官報において公告するように求められる。

国家イスラーム宗教評議会から送られてきたファトワー草案を官報において公告するかどうかの決定権は各州政府にあり（最終的な決定権は「イスラームの首長」である統治者にある）、各州がファトワー草案を官報で公告しないこともありうる。また、官報において公告する場合でも、送られてきた草案をそのまま公告する必要はなく、むしろ各州独自のアレンジが加えられることが多い [Zaini Nasohah 2005: 33-39]。

1974年から1978年まで、PASはUMNOとともに連立政権に参加していたが、PASの連立政権からの離脱後、両党の対立は激化した。特に、70年代にマディーナとアズハルで学んだPASのウラマー、アブドゥル・ハディ・アワン（現PAS総裁）が、1981年に『ハッジ・ハディ教書（*Amanat Haji Hadi*）』として流布された声明を公表してから、PAS党員のUMNOと政府への批判が急進化した[97]。

PASのウラマーが、政府のイスラーム的正統性を激しく否定するようになったため、政府は、さらにファトワーの発出を制限する必要に迫られた。1997年には連邦直轄区でシャリーア刑法（*Akta Kesalahan Jenayah Syariah*）が制定され[98]、その中で「ファトワーに反する言説を公言した者は3000リンギ以下の罰金、または2年以下の懲役、またはその両方に処される」と定められた[99]。ここでいうファトワーとは、官報によって公告されたファトワーのことを指す。また、同法では「イスラームの首長である国家元首、またはイスラーム宗教評議会、またはムフティーからファトワーのかたちで出された命令、または指示に対し、その効力を否定した者、または拒否した者、または反対した者、または異議を唱えた者」に対しても同様の処罰がなされることも定められた[100]。連邦直轄区に倣って1990年代から2000年代にかけて各州でも同様の法令が制定、あるいは従来から制定されていたシャリーア刑法が改定されていった。1952年にスランゴール州で制定されたムスリム法行政法および他州で制定された同様の法令では、官報で公告されたファトワーにムスリムが従う義務とファトワーを「侮辱、あるいは侮蔑した者」に対する罰則が定められていたが、シャリーア刑法では、「ファトワーに反する言説を公言」、「その効力を否定した者、または拒否した者、または反対した者、または異議を唱えた者」も処罰されることが定められたのである。したがって、官報で公告されたファトワーとは異なる法学上の見解を示すことも法令上は禁止されたことになり、ファトワーで禁止された行為を行った場合、処罰されることになった。

なお、連邦直轄区および各州のシャリーア刑法で定められた「ファトワーに反する言説」および「宗教的権威に対する侮辱」のために処罰された実例はほとんど見られない。[101] 実際に処罰された例として、１９９７年にスランゴール州で美人コンテストに出場したムスリマ３名が州のイスラーム宗教局によって逮捕され、起訴された例がある。３名は、州のシャリーア刑法第12条[102]に違反したとされた。このケースは官報で公告されたファトワーに反する言動をとった者を逮捕するというそれまで前例が見られなかったものだったこともあり、物議を醸した。[103] ムスリムの美人コンテスト出場を禁じるファトワーは、スランゴール州で１９９５年に官報で公告されていた。このファトワーは、次のような一文のみの非常に簡素なものであった。

> ムスリム女性があらゆる種類の美人コンテストに参加することはハラームである［Mufti Negeri Selangor 2008: 30-31］。

このケースは、成立後間もなかったシャリーア刑法を実際に適用しようとしたものであるが、適用のための準備や想定（イスラーム宗教局職員による捜査権や逮捕権の有無、事前の警告の是非、逮捕後の措置等）が十分ではなく、混乱をきたしてしまった例といえる。

各州のシャリーア刑法制定は、政治的必要に迫られてのことであった。きっかけは、１９９３年にＰＡＳ主導下のクランタン州議会でシャリーア刑法案（*Bil Jenayah Syariah* (*II*) *Kelantan*）、通称フドゥード法案（*Bil Hudud*）が可決され、これにＵＭＮＯが対抗しようとしたことであった。同法案は、連邦政府と州政府の管掌範囲を定めた憲法第74条に照らして、連邦政府の管掌範囲をクランタン州政府が侵害することになるとして連邦政府の反対に遭い、施行されることはなかった。90年代半ば以降、ＵＭＮＯ側にあった各州ではＰＡＳに対抗してシャリーア刑法が制定された。各州のシャリーア刑法は政治的必要から制定されたものの、これらの取り締まりを実行するのに必要な準備も職員も十分ではなく、ほとんどの罰則は適用されず、空文化している。シャリーア刑法中のファトワーに関する規定も同様であり、例えばスランゴール州では喫煙をハラームとするファトワーが官報で公告されているが、同州で喫煙のため処罰されたムスリムは存在しない。

ファトワー管理制度が存在するとはいえ、実際に法令に違反したムスリムを全て処罰できるわけではない。ファトワー管理制度は、モスクや学校をはじめとする様々な場で、日常的にムスリムが教義上の質問をウラマーに尋ね、回答を得ることを禁止するものではない。ウラマーはその回答をファトワーと称することはできないにしても、現にそのようなかたちの教義に関する回答は現在でも見られる。また、新聞や雑誌、テレビ、ラジオ、インターネットでウラマーがムスリムからの教義上の質問に回答する場も多数見られる。マレーシアのムスリムが国外のウラマーにファトワーを求めるのを妨げることもできない。しかしながら、少なくともマレーシア国内においては、ウラマーは官報で公告されたファトワーに反する回答を出すことはできず、回答の内容はあらかじめ制限されている。その意味で、ファトワー管理制度は単にファトワーという名称の使用を制限しているだけではなく、民間ウラマーのシャリーア解釈に関する言説を大きく制限している。

20世紀前半までのマレー半島では、政府からの干渉のない、地域を超えたファトワーが見られた。マレー半島とマッカの間で質問と回答の往来も見られた。20世紀初めから各州でファトワー管理制度が整備されていき、近代国家としてのマレーシアが独立する頃には、教義に関する質問と回答はほとんど国内で完結するようになっていた。これは中東への留学等を通してマレーシアにおけるイスラーム諸学の水準が上がったことも関係しているが、同時に政府によるファトワー管理制度整備の結果でもあった。

マレーシアのファトワー管理制度の特徴は以下の点に集約できる。

1）各州統治者の下にある行政機関によってファトワーの発出が独占、統制されている。
2）官報で公告されたファトワーにムスリムが従う義務が法令で定められており、ファトワーを侮辱した者、反対する言説を行った者に対する罰則が法令で定められている。

このようなファトワー管理制度がもたらした影響は、単にファトワーという名称の制限にとどまらず、本質的な影響として、次の二点を挙げることができる。

1）国家法秩序の一環に公的ファトワーが組み込まれた。
2）ウラマーによるシャリーア解釈に関する言説を大きく制限した。

国家法とシャリーアを折衷しようとする試みは、マレーシア以外の近代ムスリム諸国でも見られた。しかしながら、その場合でも、国家法の中にシャリーアに由来する規定を組み込もうとする試みが主であり、公的なファトワーに法的拘束力を持たせるという制度はマレーシア以外では見られない。これは、20世紀のマレーシアで、全てのイスラーム関連事項をスルタンの権威の下で管理するという方針によってイスラーム行政・司法が整備されてきたため、ファトワーもまたイスラーム行政に組み込まれてしまった結果であると考えられる。

ファトワー管理制度によってウラマーのシャリーア解釈に関する言説が大きく制限された最大の原因は、PASをはじめとしてウラマーが政府と激しく対立して、政府のイスラーム的正統性を否定する言説を広めたことであると考えられる。マレーシアでは、ウラマーを基盤とするPASが一貫して重要な政治勢力であり、UMNOの政権基盤を脅かす存在であり続けてきた。そのため、政府はファトワー管理制度を整備することにより、ウラマーの言説を制限することを試みたのである。

マレーシアの公的なファトワー管理制度は、様々な立場の研究者やNGO等から評価と批判を受けている。評価と批判を行う際の立場は二つに大別される。一つはファトワー発出のあり方に関する学説を含む伝統的なフィクフに基づく立場、もう一つは立法を行うのは選挙で選ばれた議会のみであるべきだとする世俗的な議会制民主主義の立場である。最も焦点となるのは、ファトワーの発出を政府が独占していることと、官報によって公告されたファトワーにムスリムが従う義務が生じて罰則を伴う強制力を持つこと、そして公告されたファトワーに反する言動をとった場合に罰せられることである。

マレーシアのファトワー管理制度について、フィクフに基づく評価と批判には次のようなものがある。

マフムード・サエドン・アワン・オスマン（Mahmud Saedon Awang Othman）は、各州にファトワー委員会が設置されており、ムフティー局の職員らが調査を行った上で委員会がファトワーを発するのは集団によるイジュティハード（ijtihād jamāʿī: Ar）であるとして肯定的に評価している［Mahmud Saedon Awang Othman 1998: 163, 170］。しかしながら、シャーフィイー派の多数説に優先的に従わねばならないという規定と各州のマレー慣習（adat istiadat Melayu）に沿ったファトワーを出さねばならないという規定が、ムフティーとファトワー委員会によるイジュティハードを制限していると述べている［Mahmud Saedon Awang Othman 1998: 165］。

ムハンマド・ダウド・バカル（Mohd. Daud Bakar）は、国家の最高ムフティーが存在しないマレーシアにおいて、国家ファトワー委員会がオスマン朝のシェイヒュル・イスラームやムスリム諸国の最高ムフティーと同様の役割を果たしており、現代社会の多様な問題に対する回答の指標を示しているとして肯定的に評価している［Mohd. Daud Bakar 1997: 47-48］。一方で、たとえ国家によって任命されたムフティーであってもそのファトワーは法的な見解を示した助言なのであって裁判の判決（qaḍāʾ: Ar）とは異なるものであり、元来それ自体が従う義務を生じさせたり拘束力を持ったりするものではないことを指摘している［Mohd. Daud Bakar 1997: 46］。

ハーシム・カマリは、ファトワーとは意見、見解、回答なのであってムスリム信徒がそれに従うかどうかは各自の自由なのであるから、法的拘束力を持つファトワーというのは本来のファトワーの概念に合致しないと指摘している。同時に、諸事の管理者（ūlu al-amr: Ar）たる政府は、ファトワー委員会が発出したファトワーをその文面のまま法律とする権限があるとも指摘している。ハーシム・カマリは、ファトワーをそのまま立法化する場合でもシャリーアに基づいた行政（siyāsah shar'iyyah: Ar）の範囲内で行われなければならず、それはすなわちシャリーアに基づいた行政の目的である公共の福利に沿ったものでなければならず、マレーシアの憲法に反することがないようにしなければならないと述べている。したがって、ファトワーを立法化するのであれば議会における審議を経てからのほうが望ましいとしている［Mohammad Hashim Kamali 2000: 275-278］。

プルリス州のムフティーを務めたムハンマド・アスリ・ザイナル・アビディン（Muhammad Asri Zainal Abidin）は、「国家ファトワー評議会のような宗教機関は国民を指導する機関となることに失敗していると思われる。国家ファトワー評議会の資質の水準も、自由な機関ではないことも知られている。マレーシアは様々な潮流の識者から構成される自由なファトワー機関を有するべきだと考える」と述べており、そのような自由な機関の運営経費は国家ではなくワクフで賄われるべきであると主張している。また、インドネシアのインドネシア・ウラマー評議会のほうがより望ましい形態の機関であるとも述べている。▼104

フーカーは、1965年から1985年までにマレーシアで出されたファトワーを対象とした論考において、マレーシアのイスラーム行政・司法制度が英領インドで整備されたアングロ・ムハンマド法（Anglo-Muhammadan law: En）の影響を強く受けていることを指摘しており、その結果公的機関によるファトワーは主に制定法と過去の判例に基づいたものになっており、クルアーンやハディース、あるいは古典を参照することが少ないと述べている。そして、具体的にスポーツくじやムスリム指導者の非ムスリムの宗教行事への出席、保険、利子、臓器移植が各州のファトワー委員会によって合法とされた経緯を挙げた上で、ファトワー委員会によるファトワーは政府による制定法を否定することはなく、制定法と矛盾するファトワーは見られないと述べている［Hooker 1993: 104-105］。また、1960年から1995年にかけての医療に関するファトワーを対象とした論考においてもファトワー委員会によるファトワーは州および連邦政府の政策を追認するものばかりであり、ウラマーが自由にイジュティハードを行った結果によるものではないと述べている。また、政府の政策を追認するために公共の福利（マスラハ）のため、という論理が限度を超えて濫用されているとも指摘している［Hooker 1997: 14-15］。各州のファトワー委員会によるファトワーが政府の政策を追認したものばかりであるということはオスマン・イシャーク（Othman Ishak）も指摘している［Othman Ishak 1981: 26-61］。

世俗的な議会制民主主義に基づく批判には以下のようなものがある。

マレーシアの代表的な憲法学者であるシャド・サリーム・ファルーキーは、スランゴール州において美人コンテストに出場したムスリマ3名が州のシャリーア刑法に基づいて起訴されたケースを論じた論文の中で、官報で公告されたファトワーが議会での審議を経ていないことについて、マレーシアの法制度の下では国家元首、大臣、地方自治体、行政機関による議会を経ない補助的な法制定（subsidiary legislation: En）によって毎年数万の行政命令が制定されているのであり、ファトワーもその一種と見なされるべきであって、スランゴール州の公的なファトワー発出の制度とシャリーア刑法は必ずしも非民主的な制度とはいえないと述べている。しかしながら、官報で公告されたファトワーは、イスラーム宗教行政法とシャリーア刑法によって罰則を伴う拘束力を持つようになることもあり、ファトワーは官報で公告される前に議会で審議されるべきであり、さらに議会は公告されたファトワーを無効にする権限を持つべきであると主張している［Shad Saleem Faruqi 1997］。

現在マレーシア弁護士会（Badan Peguam Malaysia）の事務局長であるラジェン・デヴァラジ（Rajen Devaraj）は非ムスリムであるが、近代的議会制民主主義を擁護する立場から公的なファトワー発出の制度を非難したことがある。建設的な批判は民主主義の文化の一部であり「批判を許容しない宗教令などは近代国家にはあってはならない」として、官報で公告されたファトワーは罰金や懲役といった罰則を伴っており大臣や地方自治体による行政命令とは異なるものであり、議会の立法によるのでなければそのような拘束力を持つ規則は制定されるべきではないと主張した［Rajen Devaraj 2005］。

このようにマレーシアの公的なファトワー管理制度は、様々な立場から批判を受けてはいるが、ファトワー管理制度への批判がイスラーム宗教行政法とシャリーア刑法に抵触するおそれがある上に、スルタンら統治者の権威を批判することにもつながるため、公然としたファトワー管理制度への批判は必ずしも多くは見られない。

最後に、サバ州の元ムフティーであったサイード・イブラーヒーム（Said Ibrahim）によるマレーシアの公的なファトワー制度批判と、改善案を紹介する。サイードは、1985年のマレーシア・ウラマー協会（Persatuan Ulama Malaysia）年次大会において、ムフティーを含めたウラマーの社会的影響力低下を憂えており、その背景にはウラマーの公務員化とファトワー管理制度の発展により、ウラマーが政府の意向に従うばかりとなっている現状があることを指摘している。

サイードは、まず、現代マレーシアのウラマーは全て、イジュティハードを行う水準に達したムジュタヒド（mujtahid）ではなく、学派の多数説に従うムカッリド（muqallid）であり、マレーシアで出されるファトワーも全て、シャーフィイー派、および必要がある場合はその他の学派における先例のファトワーに基づいていることを確認している。そのため、ムフティーの職にある者は、職名こそムフティーであるが、（イジュティハードを行いうるという）ムフティーという語の正しい意味におけるムフティーではない、と述べている。しかしながら、公的に発出されるファトワーは、ムフティー個人ではなく、複数のウラマーの共同作業によって作成されているものであり、ムスリムが従い、政策に適用されるに足る水準のものになっていると述べている［Said Ibrahim 1985: 22-24］。その上で、サイードはマレーシアのムフティーが置かれた状況について以下のように述べて、公的なファトワー制度の問題点を指摘している。

現代の我が国のムフティーは、常に恐れによる混乱の中にいて、その状態は脅威と批判にさらされていることが否定できず、それは我が国のムフティーは本当にファトワーを出す責任を与えられて機能することがなくなっているからである［Said Ibrahim 1985: 25］。

ここで、「恐れによる混乱」という言葉で暗に示されているのは、政府および与党といった権力による介入を常に気にかけねばならない状態のことであり、また、そのためにムフティーが社会において権威を失い、批判にさらされることであると考えられる。サイードは、ムフティーは本来権力を恐れず真実を述べるべきであると主張し、ムフティーの権威が失われた理由を以下のように指摘している。

1. 自分に対して望ましくないことが起こることをより恐れ、気をつけるという体質。
2. どんなことでも思いのままに起こしうる権力を持つ集団によって支配されていること。
3. ムフティーが負っている信用を考慮せず、その方針を支持するよう間接的に方向づけようとするある政治的立場から影響を受けていること。
4. （ムフティーが）直接的に団体や政党に参与し、その中で重要な役割を担っていること。
5. 権力を持つ者の望むことや望まないことに合わせて発言し、発言しないことが望まれれば黙って発言しないこと。

6. 権力や経済的力を持つ特定の人々からの援助を非常に必要としていて、真実を述べたら彼らの家計が破壊されることを心配していること。

7. 経済状態が家族の必要性を満たさず、まだ強くなく、権力を持つ特定の団体、集団の支援をまだ多く必要としていること。

8. ムフティーの出したファトワーを直接的、間接的に無効にしようとする外の勢力が存在し、時にムフティーのファトワーは凝り固まったファトワーととらえられること。

9. (ムフティーが) 一般の (人々の) 利益よりも特定の (人々の) 利益を優先し、公共の福利よりも特定の福利を優先すること [Said Ibrahim 1985: 26-27]。

そして、サイードは、ムフティーの権威を回復するための解決策を、以下のように提案している。

1. ファトワーを出すにあたっては、外部の力に影響を受けず、典拠と[啓示の]明文 (nas) に強く従う。

2. ファトワーの原則に則ってファトワーを出す際に、自らを拘束することになるような政治的立場から離れる。

3. 団体や政党に直接的に関与したり、その中で重要な役割を担ったりしてはならない。

4. どのようなことでも正しく真実のファトワーを声にし、誤りや虚偽に反対し抗議する。

5. 正しく真実のことを声にすることで、経済状態が悪くなることを恐れてはならない。

6. 家族の必要に応じて経済状態を強め、堅固な態度をとることによる経済的な心配をなくす。

7. 日常生活においては妥協が必要であるが、法的規定やファトワーについては一定した堅固な立場を持たねばならない、妥協してはならない。

8. 全てのファトワーは真実を守らなければならない、(ムフティーの) 権威を守らずに目の前にある問題を解決しようとしてはならない。

9. ファトワーを出す際には、特定の人々の利益より公共の利益を優先し、現世の利益より来世の利益を優先しなくてはならない [Said Ibrahim 1985: 27-28]。

サイードの提案は、ムフティーが制度的にも経済的にも、政府からある程度自立し、あくまでシャリーアのみに則って、それ以外の影響を排してファトワーを出すというウラマーの本分に立ち帰ることを訴えたものである。実際にはそのような自立性は回復されることなく、ファトワー管理制度は強化され続けている。

1874	パンコール条約（統治者の権限がイスラームとマレー人慣習に制限された）
1915	クランタン州でイスラーム宗教評議会設立
1946	統一マレー人国民組織（UMNO）結成
1952	スランゴール州でムスリム法行政法制定
1955	連邦参事会選挙、汎マラヤ・イスラーム党（PASの旧名称）が政党として登録
1957	「マラヤ連邦」として独立
1969	5月13日の民族間衝突事件 国家イスラーム宗教評議会設立
1971	マレーシア・イスラーム青年運動（ABIM）設立
1981	マハティール政権成立
1982	アンワル・イブラーヒームがUMNOに参加
1983	国際イスラーム大学設立 イスラーム銀行法成立
1984	マレーシア・イスラーム保険会社（Syarikat Takaful Malaysia）設立
1990	クランタン州でPAS州政権が成立
1995	スランゴール州でシャリーア刑法制定
1997	連邦直轄区でシャリーア刑法制定
1998	アジア通貨危機、アンワル・イブラーヒーム副首相兼財務相失脚
1999	総選挙にてPAS躍進、トレンガヌ州でPAS州政権が成立
2001	マハティール首相、マレーシアが「イスラーム国家」であると宣言
2003	アブドゥッラー政権成立、政権の指針として「文明的イスラーム（Islam Hadhari）」を提唱

表４　**マレーシアにおけるイスラーム行政関連年表**

第6章

マレーシア・イスラーム党（PAS）と近代国家マレーシアの対峙

クランタン州の州都コタ・バルの風景。［著者撮影］

図 13　PAS の伝統的な地盤があるマレー半島北部

キー・ワード

マレーシア・イスラーム党（PAS）

マレーシア最大のイスラーム運動で、選挙や議会活動を通してマレーシア政治に参画してきた。政党として公式に登録されたのは1955年（当時の党名は汎マラヤ・イスラーム党）であるが、それ以前に存在していたムスリム党（1948年に設立）やUMNOがウラマーを取り込むべく設立した全マラヤ・ウラマー協会（1951年に設立）を前身とする。1974年から1978年までは与党連合国民戦線に加入したが、それ以外の時期は一貫して野党であり、特に1980年代前半には連邦政府と激しく対立した。1970年代までは政策の中心はマレー民族主義であったが、中東のムスリム同胞団の影響を受けて、1980年代以降はイスラーム国家や福祉政策等、ムスリム同胞団に類似した政策を掲げるようになった。自らを国際的なムスリム同胞団によるイスラーム運動の一部と位置づけている。マレー半島北部のクランタン州、トレンガヌ州、クダー州に特に強固な地盤を持つ。「ウラマーの指導」の原則を持ち、最高決定機関としてウラマー評議会がある。

イスラーム国家

ムスリム同胞団やPASによる主張では、既存の近代国家で、シャリーアに基づく統治が行われるようになった国家のことをいう。国家や国境を廃絶することや全ムスリムの首長であるカリフを擁立することは、彼らのいうイスラーム国家の条件ではない。まず近代国家の枠組みの範囲内でシャリーアに基づく統治を実現しようとする理念。PASの基本的な目標は、マレーシアをイスラーム国家とすることである。「シャリーアに基づく統治を行うイスラーム国家」に必要な条件については学説が分かれるが、PASがとりわけ重視するのはシャリーアで量刑が定められた法定刑（フドゥード）を施行することである。連邦政府与党であるUMNOは、マハティール政権以来、PASとの対抗のためマレーシアがイスラーム国家であるべきという主張自体は否定していない。UMNOは、（フドゥードを施行していなくても）マレーシア政府はムスリムの権利を守っているからイスラーム国家である、等の論理で、マレーシアはすでにイスラーム国家と見なせると主張している。

序

　イギリスの植民地統治とその後の近代国家の成立という経過をたどった20世紀のマレー半島は、制度においても社会においても個人の生活においても20世紀以前とは抜本的な変化を遂げた。シャリーア解釈の専門家集団としてのウラマーたちは、このような変化を認識しつつ、シャリーアを統治、社会、生活の規範たらしめ続けるべく、ムスリム社会にメッセージを打ち出していく責務を自らのものとした。

　ウラマーたちが時代の変化に対応する際に、頼りとしたのが国際的なイスラームのネットワークから得られた知識である。特に中東、あるいはインドネシア、南アジアにおけるウラマーたちの活動とイスラーム諸学における新しい成果、方法論であった。マレー半島のウラマーたちは、出版活動や各州政府によるイスラームに関わる諸活動の公営化・集権化において活躍し、近代化の進む社会の中で一定の存在感を示した。１９５１年に設立された全マラヤ・イスラーム協会（Persatuan Islam SeMalaya、後のＰＡＳ）もそのような近代化の中で活躍しようとするウラマーたちが、拠り所とするべく組織した政治運動であった。

　しかしながら、近代的行政が発展する中で明らかになっていったのは、ヨーロッパから移入された制度に基づいて成立した近代国家が、あくまで世俗的な原則を持つことであった。そして、そこにイスラームの論理が中心的役割を果たす余地はなく、イスラームの論理は民族間関係や開発を最優先する国策に追随することを強要される、ということであった。同時に、教育機関においても行政機関においてもウラマーの官僚化が進み、ウラマーたちは所得を保証されつつも、国策に奉仕する機構の一部とならざるをえない者が多くなっていった。１９７０年代以降、ダァワ運動が活発化し、「イスラーム化」政策が推進されるようになっても、このようなイスラームと国家、ウラマーと国家の関係は変わることはなく、むしろ深化されていった。

本章では、20世紀後半、特に１９８０年代前半のマレーシアにおける政治的敵対者に向けたカーフィル（不信仰者）宣告をめぐる論争とこの論争に関して出されたファトワーを分析する。本章では、この分析を通して、イスラームの教義に関する見解を統制しようとする政府とウラマーの間の対立がどのように推移していったのかを見ていく。対立の推移から見えてくるのは、開発や民族間関係といった統治の重要課題のためにイスラームを利用する政府の姿勢に対して、社会でイスラームの論理を実現しようとしてそのために近代政治を利用することを試みたウラマーの姿である。しかしながら、その結果としてウラマーはかえって行政機構に巻き込まれてしまうというジレンマに陥った。

ウラマーは、イスラームの教義に関する学問を継承する者である。この学問は国家や地域を超えて継承されていく。ウラマーになろうとする東南アジアのムスリムの多くは、学問の継承のために中東に赴き、長い歳月を学習に費やしてきた。マレーシアでは「ウラマー」が誰を指すのかについては公的な定義はないが、中東の大学でイスラーム学を専攻した経歴を持つ者だけで数万人に上る。ウラマーはシャリーアの知識を学んだ者として、シャリーアに基づいた社会を実現する責務があるとされる。一方で、20世紀前半にマレー半島で領域主権国家が確立されていく過程で、統治制度がシャリーアに基づいていないという主張がウラマーの間で広く見られた。ウラマーの多くは各州統治者の下にあるイスラーム宗教評議会をはじめとする行政機関や教育機関に何らかのかたちで関わっており、シャリーアに基づく社会を実現するためには統治機構に対して敵対するべきか、あるいは利用するべきかというジレンマは、全てのウラマーに共有されうる課題となった。つまり、ウラマーは、シャリーアという国家や地域を超えてムスリムに共有される教義体系が領域主権国家と対立した際、どのように対応するべきかという課題に直面した。

マレー半島におけるウラマーと政府の間の対立関係は、20世紀半ばに統一マレー人国民組織（United Malays National Organization: UMNO）とマレーシア・イスラーム党（Parti Islam SeMalaysia: PAS、1955年の政党登録の時点では英語のPan Malayan Islamic Party）[105]という二政党が成立して以降は、両党の対立において最も顕著に現れるようになった。PASは、1950年代にはUMNOを異教徒と連立政権を構成しているがゆえにカーフィルであると規定し、イスラーム的正統性が欠如していると主張した。1980年代になるとUMNOの政権はシャリーアに基づかない世俗的な体制であるとしてカーフィル宣告を激化させ、両党の対立は一部のPAS党員と警察の武力衝突にまで至った。PASのカーフィル宣告に対する連邦政府の主な対応は、反論のファトワーを出すことと、法制度を整備してファトワーを統制したことであった。イスラーム宗教評議会にファトワー委員会を設置してファトワーを出す権限を独占させるとともに、公的なファトワーに反する見解の表明や行為は処罰されると定めた。法制度によってファトワーを管理しようとする試みは20世紀初めから見られたが、この背景には政府がイスラームの教義解釈を独占することにより、行政や立法を円滑に進めようとする意図があった。

本章で研究の対象となるのは、ファトワーが公的に管理されるようになった1980年代前半においても、あえて公的なファトワーに反論してシャリーアに基づく統治を実現しようとしたPASのウラマーとその主な攻撃対象であった連邦政府の与党UMNO、さらにイスラーム宗教評議会によるファトワーである。1980年代前半の時点では、PASが掌握していた州政権は皆無であり、公的なファトワーではUMNOが擁護されてPASが非難されている。PASとUMNOの対立によって起きた事件の中でも、本研究の中ではとりわけ対立が鮮明に表れた二つの事件が研究の対象となる。一つは1981年のPASのウラマー、アブドゥル・ハディ・アワンのUMNOに対するカーフィル宣告である。もう一つはその結果として1985年にクダー州で起きたPAS党員の集団と警察との武力衝突、ムマリ事件である。この二つの事件の間の時期、1980年代前半のPAS指導部のウラマーは、「世俗的な」近代的統治制度に対してマレーシア史上最も決然とした対決姿勢を示したウラマーであったといえる。しかしながら、当時のPAS指導部でさえ統治制度のあり方——イスラーム宗教評議会のようなイスラーム行政・司法を含む——を否定しきれず、対決姿勢が後退していった。その原因を分析することで、「ウラマーのジレンマ」が起きる構造を明らかにする。

マレーシアのカーフィル論争に関するファトワーについての先行研究としては、中田［中田 2001; 2002］とモハマド・アブー・バカル［Mohamad Abu Bakar 2000］の研究がある。中田の研究では、アブドゥル・ハディ・アワンによるカーフィル宣告が、サウディ・アラビアへの留学を通して受けた思想的影響によるものであるという研究結果が述べられている。モハマド・アブー・バカルの研究では、PASのUMNOに対するカーフィル宣告が1950年代から始まっていることが明らかにされ、両党の成立以来、カーフィル論争が一貫して主要な対立要因であったことが示されている。

本章が依拠する主な史料は、PASが流布したカーフィル宣告に関する文書と各州政府から出されたファトワーである。これらの史料は全てジャウィ表記のマレー語で記されている。これらの史料には、現在までマレーシアで続くシャリーアと近代国家の間の緊張関係が反映されている。

1980年代のPASによるカーフィル宣告とムマリ事件は、UMNOとPASという同じマレー人ムスリムを基盤とする二政党が現在に至るまで決定的に対立することになったきっかけとして、マレーシア政治研究の上で非常に重要にもかかわらず、先行研究が不十分な事例である。また本研究は、中東においてエジプトのサーダート大統領暗殺（1981年）や1990年代のアルジェリア内戦をはじめとして、多くの暗殺や内戦のきっかけとなったカーフィル宣告に関する研究でもある。東南アジアのマレーシアでも一部のウラマーが中東からの思想的影響を受けてカーフィル宣告を実践した。

ＰＡＳのカーフィル宣告の事例が示しているのは、マレーシアのウラマーが中東への留学等を通して移入されたシャリーア解釈を根拠に政府を批判している、ということである。一方で、大部分のウラマーは政府とは必ずしも敵対せずに、政府に雇用されるか、あるいはイスラーム行政を利用しようとしており、ＰＡＳのウラマーもその例外ではないという現象がある。カーフィル宣告が、マレーシアにおいて中東における暗殺や内戦とは異なった政治的展開をもたらした背景には、ファトワー管理制度、すなわち近代国家の法制度による教義解釈の統制というイスラーム世界の歴史でも類のない制度を持つマレーシアのイスラーム行政がある。

ＰＡＳは、１９８０年代に政府との対立を尖鋭化させ、近代国家マレーシアの世俗的な制度を批判するとともに、マレーシアという国家のあり方として、シャリーアを最優先の原則とするイスラーム国家を提示することによって、世俗主義を克服することを唱えた。このような近代国家のあり方を改めようとするＰＡＳの主張に対して、政府は治安機関を用いて、あるいは選挙や議会において対抗するとともに、同時にイスラームの論理においてもＰＡＳが誤っていることを示そうとした。その際政府によって用いられた主要な手段の一つが、公的機関から発出されたファトワーと公的なファトワー管理制度である。

本章では、ＰＡＳの主張に対抗して公的機関から発出されたファトワーの分析を通して、ＰＡＳと政府双方の言説と立場を明らかにするとともに、ＰＡＳで活動するウラマーたちが、近代国家にどのように対抗してシャリーアの統治における規範としての位置づけを回復しようとしたのか、ウラマーたちと国家の間でシャリーア解釈権をめぐって起きたせめぎあいがどのような展開をたどっていったのかを明らかにする。

第1節　ＰＡＳの起源――地域を超えたネットワーク

ＰＡＳは、マレーシアを代表するイスラーム運動（本書では、個人の生活や社会、あるいは国家がシャリーアに基づくようにすることを目指す運動の総称を指す）であり、イスラーム運動中の最大組織としてナショナル・センター的役割を果たしてきた。ＰＡＳは、マレーシアにおいて一貫して最大の政府与党であるＵＭＮＯがウラマーの支持を組織化するために１９５１年に設立した全マラヤ・ウラマー協会（Persatuan Alim Ulama Se-Malaya）として出発した。初代の総裁はＵＭＮＯの宗教局長アフマド・ファアドであったが、徐々に脱ＵＭＮＯの傾向を強めていった。これは、かつてＵＭＮＯと対立して１９４８年に非合法化されたムスリム党（Hizbul Muslimin）での活動歴があるウラマーやマレー民族主義者が加入してきたことによる。１９５５年には汎マラヤ・イスラーム党（Pan-Malayan Islamic Party: PMIP: En）としてＵＭＮＯとは別の政党として登録された。１９７３年以降は正式名称としてマレーシア・イスラーム党（Parti Islam SeMalaysia: PAS）を用いている。ＰＡＳは創設以来、イスラームに基づく国家の実現を主張してきたが、時期によって主張の重点には変遷があった。独立前後の１９５０年代、60年代は反英・反植民地闘争が中心的課題であった。70年代は華人やインド人といった他民族に対してマレー人ムスリムの権利を向上させることが重要な課題となった。１９８０年代になるとマハティール政権と対決し、マレーシアをイスラーム国家にすることを目指す路線とウラマーの指導体制を確立した。

ＰＡＳはその発足の当初から、イスラームの地域を超えた展開・国際化と国営化（州営化）という相反する方向性をめぐるジレンマを抱えていた。ＰＡＳは地域を超えた活動――特に教育――に携わった経験が豊富なウラマーたちによって設立された。この点において、ＰＡＳは、マレー人統治者らの下にイスラーム行政の中央集権化を進めてきたＵＭＮＯに連なるマレー民族主義者とは性格を異にしていた。

ＰＡＳの最も主要な起源は、マレー半島のペラ州、グヌン・スマンゴールの宗教学校、マアハド・イル・イフヤ・アッシャリフ（Maahad il Ihya Assyariff）であった。マアハド・イル・イフヤ・アッシャリフは、それまではむしろポンドックというべきであった形態の学校を１９３４年に改名したものである。マアハド・イル・イフヤ・アッシャリフは、近代主義的改革主義の傾向とサラフィー主義の傾向を併せ持っており、フィクフ、アラビア語やハディース学といった宗教科目に加えて、歴史、美術、音楽、文学といった科目も後に加えられた。[106]

マアハド・イル・イフヤ・アッシャリフが改名されてからの最初の校長であったアブー・バカル・アル＝バーキル（Abu Bakar Al-Baqir, 1907-1974）は、マレー半島のペナン州クパラ・バタスにあったマドラサ・ダイラトゥル・マアリファ・ワタニーヤ（Madrasah Dairatul Ma'arif Wataniah）で教育を受けた。マドラサ・ダイラトゥル・マアリファ・ワタニーヤの校長は、20世紀前半に大きな影響力を持ったウラマー、アブドゥッラー・ファヒーム（Abdullah Fahim, 1870-1961）であった。アブドゥッラー・ファヒームは後にＰＡＳの初代ウラマー部長を務めており、また、マレーシアの第6代首相アブドゥッラー・バダウィの祖父にあたる。アブー・バカル・アル＝バーキルは当初１９３１年から１９３３年まで、ペラ州クアラ・カンサーにあったマドラサ・イドリシーヤ（Madrasah Idrisiah）で教員を務めていた。マドラサ・イドリシーヤは、ペラ州スルタンによって１９２２年に設立された学校であるが、アブー・バカルは１９３４年にこの職を辞して、故郷に戻り、マアハド・イル・イフヤ・アッシャリフの校長に就いた。

アブー・バカルは、マアハド・イル・イフヤ・アッシャリフをスルタンら統治者には必ずしも忠実とはいえないマレー人ムスリムの活動家たち、つまりＵＭＮＯとは別系統のマレー人活動家たちのための活動拠点として提供した。これらマレー人活動家たちはイスラーム運動関係者というよりもむしろマレー民族主義を掲げる独立運動家、反植民地統治活動家たちであった。数年のうちに、マアハド・イル・イフヤ・アッシャリフは、非ＵＭＮＯ系のマレー民族主義活動家たちによる政治運動のセンターとなった。マアハド・イル・イフヤ・アッシャリフの教師たちの中には、後に非ＵＭＮＯ系のマレー民族主義政治家として名を馳せた活動家たちもおり、その中には後のＰＡＳ副総裁ズルキフリ・ムハンマド（Zulkifli Muhamm-mad, 1927-1964）や後のＰＡＳ総裁モハマド・アスリ・ムダ（Mohamad Asri Muda, 1923-1992、１９６９年から１９８２年までＰＡＳ総裁）もいた［Khairul Nizam Zainal Badri 2008］。

スルタンらへの忠誠を謳っていたＵＭＮＯ系のマレー民族主義運動と非ＵＭＮＯ系のマレー民族主義運動は、いずれもイギリスからの独立を目標として掲げていたが、両者の主要な違いの一つは、インドネシアに対する政策の違いであった。第二次世界大戦後の１９４６年、イギリスはマレー半島に住む全ての住民に等しく市民権を与えようとする「マラヤ連合（Malayan Union: En）」構想を発表したが、これに反対するスルタンらに忠実なマレー民族主義諸団体は、同年ＵＭＮＯを結成し、「マラヤ連合」構想の撤回をかち取った。これによりＵＭＮＯは自らをマレー民族主義勢力の代表たる位置につけようとするとともに、スルタンらの主権とマレー人の特権的地位を保持した上でのマレー半島の独立を次の目標として掲げた。一方でスルタンらに忠実ではないマレー民族主義者たちの掲げた構想は、「大マレー（Melayu Raya）主義」と称され、彼らの独立国家構想の中ではマレー半島はごく一部の領域に過ぎず、インドネシア、ボルネオ島、タイ南部、さらにはフィリピンにまで及ぶ地域の住民を包含する広義の「マレー人」による国家が目指された。大マレー主義では特にインドネシアとの連帯が重視され、マレーシアよりもいち早く独立を達成していたインドネシアのスカルノ（Soekarno, 1901-1970）政権と協力関係を築いた。大マレー主義者たちは共和主義的傾向を持ち、スルタンら統治者らの下でのマレー半島単独の独立を目指すＵＭＮＯとは敵対することになった［Burhanuddin Helmy 2000］。

マアハド・イル・イフヤ・アッシャリフのあったペラ州では、プランテーション労働者等としてインドネシア、特にジャワ島から移住してきたインドネシア出身者やその子孫が数多く居住していた。校長のアブー・バカルの祖父もジャワ島中部からマレー半島へ移住してきたウラマーであった。マアハド・イル・イフヤ・アッシャリフでは、教師たちの一部はインドネシア出身であった。特にインドネシアのイスラーム運動団体、ムハンマディヤ（Muhammadiyah）と強いつながりを持ち、数人の教師がムハンマディヤから派遣されて来ていた。１９４５年、ペラ州においてマラヤ・マレー国民党（Parti Kebangsaan Melayu Malaya: PKMM）が結成されたが、同党もまたインドネシアとの連帯の原則を打ち出していた。マレー国民党の第２代総裁であったブルハヌッディーン・ヘルミー（Burhanuddin Helmi, 1911-1969）は、マアハド・イル・イフヤ・アッシャリフに頻繁に出入りしており、後にＰＡＳの総裁（１９５６年から１９６９年）として迎え入れられた。

１９４８年３月、マアハド・イル・イフヤ・アッシャリフにおいて、それまでの活動で培われた組織を基盤とする政党、ムスリム党（Hizbul Muslimin）が結成された。マアハド・イル・イフヤ・アッシャリフの校長アブー・バカルが初代総裁に選出され、同校関係者らがムスリム党の核となった。ムスリム党が掲げた綱領のうち、主なものは以下のようなものであった。

１）マレー人の地（Tanah Melayu）の主権国家としての独立
２）イスラームに基づく社会の創出
３）マレーの地をイスラームの領域（Darul Islam）にすること▼[107]

ムスリム党が掲げたアジェンダの中には、ザカートを教育に活用して、ムスリム社会の発展に資する、というものがあった。しかしながら、1915年にクランタン州でイスラーム宗教評議会が設立されて以降は、各州で同様の機関が設立され、UMNO主導の各州政府の下でイスラーム行政の集権化が進められていき、ムスリム党が介在する余地はなくなっていった［Nabir Abdullah 1976: 249］。「マレー人の地」とは、ここではマレー半島だけを指しているのではなく、インドネシア、ボルネオ島、タイ南部をも指している。1948年3月のムスリム党設立大会には、ブルハヌッディーン・ヘルミーらマレー国民党の指導者、そしてインドネシアのイスラーム運動政党マシュミ（Majelis Syuro Muslimin Indonesia: Masyumi）の代表が出席した。ムスリム党は、マレー国民党の友党であるとともに、党の成り立ちにおいて多くの点でマシュミを模範としていた。イギリスの植民地行政当局も当時ムスリム党をマシュミの影響下にあると見なしており、治安機関の報告書にも次のように記された。

この運動は民族主義を全ての信徒の宗教的義務と説いており、イスラームは常に戦闘的な信条であるから、この運動の発展は綿密に監視されるべきである。彼らは社会・経済の近代化に向けた努力に教義上の権威を与えることに努めるとともに、疑いなく民族の独立を熱望しており、彼らのプロパガンダが若いマレー人知識層、進歩派に影響を及ぼしていることは疑う余地がない。UMNOが停滞している現在の状況にあって、彼らはより若くより進歩的な層を多く引きつけるおそれがある。彼らの指導者には政治運動の活動歴があり、現在の危機に際して彼らの活動が拡大すれば、政府は同党の非合法化を検討せざるを得なくなると考えられる。

ムスリム党がどちらの方向に進んでいくにしろ、同党の真の母体であり、イギリス当局にとっての脅威であるマシュミに従っていくことになるであろう［Malayan Security Service 1948］。

ムスリム党は、イギリスの植民地行政当局から治安上の脅威と見なされたが、UMNOからも敵視された。UMNOは、ムスリム党を、マレー人の間でUMNOがヘゲモニーを確立する上での障害と見なした。マレー半島のインドネシアとの合併を目指す路線もスルタンら統治者の下でのマレー半島単独の独立を目指すUMNOとは対立せざるをえなかった。結成から3カ月後、ムスリム党はイギリスの植民地行政当局に非合法化された。1948年6月、折しも武装闘争による独立を掲げるマラヤ共産党（Communist Party of Malaya: En）への対処を喫緊の課題としていたイギリスは、非常事態を宣言し、多数の共産党員が拘束された。弾圧はマレー国民党、ムスリム党にも及び、マレー国民党は同月に非合法化、ムスリム党はアブー・バカル総裁をはじめ指導者らが拘禁された。

ムスリム党はマレー国民党の友党として、大マレー主義を掲げており、その綱領において「マレーの地」を「イスラームの領域」にすることや「イスラームに基づく社会の創出」を謳っていたものの、マレー・ナショナリズムの性格が強い政党であった。しかしながら、彼らのマレー・ナショナリズムは、イスラームに関わる諸活動を通じて形成されたものでもあった。ロフは、1920年代のカイロでのアル・アズハルにおける東南アジア出身の（Jawi）学生たちの組織、ジャウィ・アル＝アズハル学生福祉協会（Djama'ah al-Chairiah al-Talabijja al-Azhariah al-Djawiah）の活動と、彼らの間でのマレー・ナショナリズムの萌芽について記している[108]。この時期までは、東南アジア出身の学生たちはカイロにおいて共に活動しており、『スルアン・アズハル（*Seruan Azhar*、「アズハルの呼びかけ」の意）』、『ピリハン・ティムール（*Pilihan Timur*、「東方の選択」の意）』といった雑誌を出版していた。これらの雑誌は東南アジアに送られ、マアハド・イル・イフヤ・アッシャリフでも回覧されており、大マレー主義と結びついた近代主義的改革主義やサラフィー主義を流布した［Nabir Abdullah 1976: 31］。カイロにおける東南アジア出身学生たちの共同の活動がもたらした影響は、ロフが指摘しているように、マレー半島よりもインドネシアにおいて大きかったが、いくつかのマレー・ナショナリズム運動においては人脈と思想において運動の基盤をもたらした［Nabir Abdullah 1976: 142］。ウラマーの地域を超えた活動は、マレー半島におけるイスラーム運動が発足するにあたっての重要な基盤を形づくっており、ムスリム党、そして後のＰＡＳの政党としての路線や性格を決定づけた。

ムスリム党が非合法化された後、同党の活動家の一部はＵＭＮＯに加入した。１９５１年８月、ＵＭＮＯは、ウラマー層の支持を得ることを目的に、全マラヤ・ウラマー協会（Persatuan Alim Ulama SeMalaya）を組織した。１９５１年11月、全マラヤ・ウラマー協会は、全マラヤ・イスラーム協会（Persatuan Islam SeMalaya）と改称した。１９５１年から１９５５年にかけて、全マラヤ・イスラーム協会には、ＵＭＮＯ党員、ムスリム党の元党員、アブドゥッラー・ファヒームのようなどちらにも属さない中立的なウラマー等が混在していた。１９５３年、全マラヤ・イスラーム協会内の主要なＵＭＮＯ党員らは勢力争いに敗れ、追放された。１９５５年、連邦参事会選挙を直前に控え、全マラヤ・イスラーム協会は、汎マラヤ・イスラーム党（Pan-Malayan Islamic Party: PMIP: En）の名称で政党登録を行った。１９５６年にはマレー国民党の元総裁であったブルハヌッディーン・ヘルミーが総裁に迎えられ、汎マラヤ・イスラーム党は１９６９年までブルハヌッディーンの指導下にあった。

１９５５年の連邦参事会選挙では、ＰＡＳは連邦立法評議会（Federal Legislative Council: En）の全52議席中１議席を得たにとどまり、残りの51議席はＵＭＮＯとマラヤ華人協会（Malayan Chinese Association: MCA: En）で構成された与党連合、連合党（ALLIANCE: En）によって獲得された。ＰＡＳが獲得した唯一の議席は、ペラ州クリアンの選挙区であった。この時期まで、ＰＡＳはペラ州に基盤を置く政党であった。しかし、ムスリム党の活動家であったモハマド・アスリ・ムダがＰＡＳに加入し、出身地のクランタン州でウラマー層に対する勧誘活動に成功した結果、ＰＡＳはクランタン州と隣接するトレンガヌ州において強固な組織を有するようになった。ＰＡＳの本拠地はペラ州からクランタン州に移り、１９５９年の総選挙では、ＰＡＳは連邦下院で13議席を得たが、内９議席はクランタン州、４議席はトレンガヌ州で得たものであった。ＰＡＳはまた、クランタン州とトレンガヌ州の州議会で合計42議席を得て、両州の州政権を掌握した。この時点でのＰＡＳ総裁ブルハヌッディーン・ヘルミーと副総裁ズルキフリ・ムハンマドは、いずれもペラ州出身であったが、１９５９年の総選挙ではそれぞれトレンガヌ州とクランタン州から立候補した。１９５９年総選挙におけるＰＡＳの躍進は、クランタン州とトレンガヌ州のウラマーの組織力によって達成されたものであった［Farish Noor 2004: 153-155］。１８３０年代にタイ南部パターニーでの反乱が敗北し、パターニーのウラマーたちが流出して以来、クランタン、トレンガヌ、クダーといったマレー半島北部の州では数多く設立されたポンドックを中心にウラマーによる活動が盛んになり、地域社会で大きな影響力を持つに至っていた。彼らがＰＡＳに加入することにより、ＰＡＳはこれらの州において選挙戦で優位に立つことができるようになった。

クランタン州とトレンガヌ州においてＰＡＳの党組織を建設する過程で、最も大きな役割を果たしたのは、元ムスリム党員であり、マアハド・イル・イフヤ・アッシャリフの教員でもあったモハマド・アスリ・ムダであった。アスリは１９５９年総選挙でＰＡＳが躍進した後、クランタン州の首席大臣（Menteri Besar）に任命された［Farish Noor 2004: 217-222］。１９６５年にＰＡＳ総裁のブルハヌッディーン・ヘルミーが親インドネシア工作活動に関与した容疑で国内治安法（*Internal Security Act*: En）によって拘束されて以降、アスリはＰＡＳの実質的指導権を確保していき、１９７０年には新総裁に選出された。１９６３年には、それまでマレー半島のみで構成されていたマラヤ連邦にサバ州、サラワク州、シンガポールが加入し、「マレーシア」が成立していた。これ以降はインドネシアとの合併は短中期的に実現可能なアジェンダとは見なされないようになり、ＰＡＳの新総裁アスリ・ムダは、タイ南部パターニーのマレー人住民による分離独立運動には関与する路線をとったが［Farish Noor 2004: 223-226］、インドネシアとの合併の是非はもはや与野党の間で争点にはならなかった。

１９６３年の「マレーシア」成立後、１９６５年のシンガポール分離独立、１９６９年の民族間暴動という挫折はあったが、政府は１９７０年代からは新経済政策（ＮＥＰ）と「イスラーム化」政策を推進し、マレー人をはじめとするブミプトラを優遇しながらの開発政策を実施していった。ＰＡＳは１９５６年から１９８２年にかけては総裁としてブルハヌッディーン・ヘルミー（１９６５年まで）、モハマド・アスリ・ムダ（１９８２年まで）といった非ウラマーの著名なマレー民族主義者たちを戴いており、党の政策も内政に関してはＵＭＮＯとさほど変わらないマレー民族主義であった。１９７０年代のＰＡＳは、対外政策を含めてＵＭＮＯとの間に政策上の大きな違いはなく、１９６９年の民族間暴動後の１９７２年に、それまでの連合党よりも広く野党を取り込んで成立した新たな連立与党、国民戦線（Barisan Nasional: BN）の構想が発表されると、１９７４年にはＰＡＳもこれに加入した。

１９７０年代は、在野のイスラームＮＧＯ群によるダァワ運動が興った時期であるが、ＰＡＳが国民戦線に加入していた（1974-1978）こともあり、１９７０年代にダァワ運動が始まった際、主役となったのはＡＢＩＭ等新興のＮＧＯ群であった。ＡＢＩＭ等ダァワ運動を主導した勢力の特徴は、"Islam as a way of life"といったスローガンに見られるようにＵＭＮＯやＰＡＳの姿勢に飽き足らずイスラームを個人、社会の全面的な規範と見なし、政治、経済を含めた社会の諸問題の包括的な解決策として適用しようとしたことである。ＡＢＩＭの路線は、"Islamization"を唱えたアッタースの他に、「イスラームこそ解決」をスローガンとする中東のムスリム同胞団やパキスタンのジャマーテ・イスラーミーの影響を受けて形成されたものである。同様な路線はＰＡＳの若手、あるいはＵＭＮＯおよび行政機関において「イスラーム化」を進めようとする勢力にも共有されていった。

1978年にPASは国民戦線から離脱した。主な理由は、クランタンの首席大臣のポストをめぐってUMNOと対立したことであったが、UMNOとの連立と国民戦線からの離脱後の時期、モハマド・アスリ・ムダ総裁の指導部に対して、党内のウラマー層の不満が蓄積していった。PASはクランタン州の州政権を失い、後に最高指導者となるニック・アブドゥル・アジズ・ニック・マット（Nik Abdul Aziz Nik Mat, 1931-2015）の指導によって1990年総選挙で州政権を回復するまで、クランタン州政権はUMNOに掌握された。

PASは国民戦線からの離脱後の1982年総選挙で大敗を喫し、アスリ・ムダ総裁は党内での統制力を失った。1982年の年次党大会（Muktamar）において、それまで不満を蓄積してきた党内のウラマーたちは、マレーシア・イスラーム青年運動（ABIM）出身者たちを多く含むPAS青年部とともにアスリ・ムダ総裁ら指導部を辞任に追い込み、党のヘゲモニーを奪取した。ウラマーたちはエジプトをはじめとする中東で教育を受けており、ABIM出身者たちを中心とするプロフェッショナル（professionals: En）と呼ばれる青年部活動家たちは、欧米、特にイギリスで教育を受けた者が多かった。彼らが留学先で受けたイスラーム運動の思想や組織形態、活動形態に関する影響が、すぐに新指導部によってPASに反映された。彼らの中には、ユースフ・ラワ（Yusof Rawa, 1922-2000、1982年から1989年まで総裁、1987年から1993年まで最高指導者）、ニック・アブドゥル・アジズ・ニック・マット（1993年から現在まで最高指導者）、ファジル・ヌール（Fadzil Noor, 1937-2002、元ABIM副総裁、1989年から2002年までPAS総裁）、アブドゥル・ハディ・アワン（Abdul Hadi Awang, 1947- 、2003年から現在まで総裁）、ナハーイー・アフマド（Nakhaie Ahmad、元ABIM幹部、PAS副総裁補を務めた後UMNOに移行）らがいた［Farish Noor 2004: 324-327］。これらウラマーたちと若いプロフェッショナルたちによる新指導部の発足は、地域を越えたイスラームのネットワーク、特に海外への留学によって準備された。

１９８３年のＰＡＳ年次党大会では、前年党大会以来総裁代行を務めていたユースフ・ラワが新総裁に選出された。ユースフ・ラワは、１９３８年から１９４６年までマッカで学び、ペナンにおいてイスラーム関係の宗教書や雑誌を扱う出版社を経営していた。マッカは、１９５０年代になってもなおマレー人学生のイスラーム学習における重要な拠点であり続け、イスラーム諸学と政治思想のマレー半島への供給地であり続けた。[109]ユースフ・ラワは、１９５９年にＰＡＳのペナン州委員会委員長に選出され、党活動に専念するようになっていった。ＰＡＳが国民戦線に加入していた期間には、第一次産業副大臣（１９７３年から１９７５年）に任命され、次いでイラン、アフガニスタン、トルコを兼轄する大使に任命されて、テヘランに駐在した。その後、１９８１年、ＰＡＳ副総裁に選出された。[110]

ユースフ・ラワ以降の世代になると、マッカで学んだ指導者はＰＡＳではほとんど見られなくなった。20世紀後半になると、ＰＡＳに属するウラマーを含め、マレー半島出身のウラマーたちにとって、イスラーム学習の場としては、エジプトが圧倒的な比重を占めるようになった。１９６０年代のＰＡＳ総裁、ブルハヌッディーン・ヘルミーのようなマレー民族主義者にとっては、ナセル（Jamāl 'Abd al-Naṣir, 1918-1970）のエジプトは、「国際帝国主義に抵抗するイスラーム的ナショナリズム」[111]のモデルであった。しかしながら、ＰＡＳに対してエジプトからもたらされた最大の影響は、ムスリム同胞団（al-Ikhwān al-Muslimīn: Ar）からもたらされたものであった。ＰＡＳ指導者とエジプトのムスリム同胞団の接触は、最も早い時期としては１９４０年代から見受けられる。ズルキフリ・ムハンマド（１９５６年から１９６４年までＰＡＳ副総裁）は、エジプトのアズハル大学へ留学中であった１９４７年から１９５２年の間の時期に、カイロでムスリム同胞団の講話に参加していた。この「火曜講話（Ḥadīth al-Thulāthā: Ar）」と称された講話は１９４８年に開始されており、当初は同胞団最高指導者（Murshid al-'Ām: Ar）、ハサン・アル＝バンナー（Ḥasan al-Bannā, 1906-1949）が講師を務めており、ハサン・アル＝バンナーが暗殺されてから後は、

20世紀後半に世界各地のイスラーム運動に広く影響を及ぼしたイデオローグであるサイイド・クトゥブが講師を務めた。ユースフ・ラワも１９４０年代のマッカにおいて、ムスリム同胞団の亡命者たちと交流があった［Mohamad Fauzi Zakaria 2007: 126］。

エジプトへのマレーシア人留学生の増加は、マレーシアにおけるイスラーム行政の拡大と人材需要の増加によるところが大きかったが、結果としては野党にとって人材供給をはじめとする利点が多くもたらされた。エジプトにおけるマレーシア人留学生の組織は、一貫してＰＡＳの強い影響下にあり続けてきた。ズルキフリ・ムハンマドは、エジプト・マレー人協会（Persatuan Melayu Mesir）の会長（1950-1951）を務めた［Kamaruddin Jaffar 2001: 9］。ファジル・ヌールは、１９６０年代後半にエジプト・アラブ共和国マレー人連盟（Persekutuan Melayu Republik Arab Mesir）の幹事長と副会長を務めた［Wan Senik 2007: 16］。１９６９年から１９７３年までマディーナのイスラーム大学で学んだアブドゥル・ハディ・アワン（２００３年から現在までＰＡＳ総裁）は、マディーナの東南アジア学生連合で幹事長を務めた。ハディ・アワンはその際、シリア出身のサイード・ハワー（Said Hawā）をはじめとして、ムスリム同胞団の活動家たちと親交を深めた。サイード・ハワーは後に理論的指導者として、１９８０年代初頭のシリア政府に対する武装闘争、およびその後の数万の死者を出した大弾圧の時期のシリア・ムスリム同胞団を指導した。

ハディ・アワンは、１９７４年から１９７５年までの間アズハル大学の修士課程学生としてカイロで学んでいた際も積極的に同胞団の活動に参加した［Farish Noor 2003: 233］。１９８０年前後にはおよそ３００人のマレーシア人学生がカイロで学んでいたが、そのうち、あえてエジプト治安当局から逮捕される危険を冒して同胞団の活動に積極的に参加する学生は10人前後のみであったという。しかしながら、マレーシア人留学生のほとんどは、書籍や、大学のクラスにおいて同胞団の活動家と知り合うことや、モスクにおいて同胞団系の説教師の説教を聞くことによって、同胞団の思想に接していた。▼112

ズルキフリ・ムハンマドは、１９５０年代後半から１９６４年に自動車事故で急逝するまで、ＰＡＳ副総裁として、インドネシアおよびアラブ地域のイスラーム運動との間の連絡を立ち上げる仕事の責任者であった［Farish Noor 2004: 129］。この仕事のために、ズルキフリは１９６３年、ユースフ・ラワを中東諸国に派遣した。エジプトにおいて、ユースフは同胞団と密接な関係にあったウラマー、ムハンマド・ガザーリー（Muḥammad Ghazālī, 1917-1996）からイラクを訪問することを勧められた。当時、イラク大統領アブドゥッサラーム・アーリフ（ʻAbd as-Salām ʻArif, 1921-1996）は、同胞団に対して好意的であると見られていた。ユースフは訪問先のイラクにおいて、留学生10人分の奨学金の確約を得て、１９６４年にハサン・シュクリ（Hassan Shukri: ２００３年から２００５年までＰＡＳ副総裁）を含む10人のマレーシア人学生がイラクに派遣された［Mohamad Fauzi Zakaria 2007: 127-128］。

１９８２年のウラマーおよびプロフェッショナルたちによるＰＡＳのヘゲモニー奪取は、中東への留学を通して準備された。ヘゲモニーを奪取してすぐ、新指導部は、党組織と活動に同胞団の組織論とイデオロギーを反映させる作業に取り掛かった。そして、ムスリム世界における国際的な諸問題に取り組むことを党の主要なアジェンダに掲げるようになった。１９８３年年次党大会の基調演説において、新総裁ユースフ・ラワは、１９７８年にエジプトとイスラエルの間で合意されたキャンプ・デービッド合意、１９７９年のソヴィエト連邦によるアフガニスタン侵攻、そして１９７９年のイラン革命といった出来事に言及した[113]。新指導部は、政府が進めていたマレー民族主義に基づいた新経済政策（ＮＥＰ）と「イスラーム化」政策を「部族主義（ʻaṣabīyah: Ar, asabiyyah: M）」であるとして非難し、全世界のムスリムのウンマとの連帯を要求した[114]。ＰＡＳは自らを「ムスリム同胞団、［南アジアの］ジャマーテ・イスラーミー、［トルコの］福祉党（Hizbul Rifah）と同じ戦線に立つイスラーム運動」[115]と定義するようになった。ＰＡＳはアラブ諸国のムスリム同胞団やそのカウンター・パートにあたるジャマーテ・イスラーミー、福祉党、あるいはスーダンの国民イスラーム戦線（al-Jabha al-Islāmīyah al-Qawmīyah）等との交流を拡大していった［Abu Bakr Chik 1999: 54-55］。

１９８２年にＰＡＳは、党員の研修のために党内に教育委員会（Lujnah Tarbiah）を設置した。教育委員会は各地でウスラ（usrah：アラビア語［usrah: Ar］の原義は「家族」の意であるが、ここでは毎週1回等定期的に各地区の党員が集まって学習活動等を行うこと）を組織し、そこでは同胞団指導者らの著作、『イスラームの神学（*al-‘Aqīdah al-Islāmīyah*）』（ハサン・アル・バンナー）、『預言者伝の理解（*al-Fiqh al-Sīrah al-Nabawīyah*）』（サイード・ラマダーン・アル・ブーティー［Said Ramaḍān al-Būṭī］とムハンマド・ガザーリー［Muḥammmad Ghazālī］）、『イスラームにおける社会正義（*al-‘Adāla al-Ijtimā‘īyah fī al-Islām*）』（サイイド・クトゥブ［Sayyid Quṭb］）、『イスラームの行動（*‘Amal Islāmī*）』『アッラーの兵（*Jund Allāh*）』（サイード・ハワー［Said Hawā］）がテキストとして用いられており、マレー語訳も出版されている［Riduan Mohad Nor 2004: 88］。

１９７０年代から、ＡＢＩＭもまた同胞団の影響を強く受けて、その思想を彼らの運動に取り入れていった［Mohamad Fauzi Zakaria 2007: 137-148］。１９８０年代には、マレーシア各地の大学でムスリムの学生組織が活動しており、そこでは同胞団指導者らによるテキストが用いられることが多くなった［Riduan Mohd Nor 2004: 74-75］。中東への留学に加えて、欧米、特にイギリスへの留学もまたマレーシアのムスリム留学生たちが同胞団やそのカウンター・パートの組織の活動家たちと知り合う機会をつくった。各国のムスリム留学生の全国組織であるイギリスの学生イスラーム団体連合（Federation of Student Islamic Societies: En）や北アメリカの北米ムスリム・イスラーム協会（Muslim Islamic Society of North America: En）への参加、あるいは各大学のムスリム学生組織、地域のモスクでの活動等に参加することによって、マレーシア人留学生たちはアラブ地域や南アジア地域からの留学生と協同して活動を行う機会を得た。マレーシア人留学生たちは、ＰＡＳと密接な関係のあったヒズブル・イスラーミー（Hizbul Islami）、イスラーム代表者協議会（Islamic Representative Council: En、後にマレーシア改革協会［Jamaah Islah Malaysia: JIM］と改称し、マレーシア国内でも有力なイスラームＮＧＯとなった）、ＡＢＩＭのイギリスおよびアイルランドの支部と言ってよい ABIM-MISG（ABIM-Malaysian Islamic Study Group、ＡＢＩＭと従来からイギリスで活動していた団体、マレーシア・イスラーム学習グループ［MISG］が合併してできた組織）といった組織を設立して、イスラームに関わる諸活動を行った［Badrulamin Bahron 2002: 14-19］［Riduan Mohad Nor 2004: 75］［Zainah Anwar 1987: 25-31］。彼らの多くがマレーシアに帰国後ＰＡＳに加入した。

１９８０年代、ＰＡＳは変転著しいムスリム世界の数多の事件に影響を受けた。例えば、エジプトにおけるムスリム同胞団の再活性化、１９７９年から１９８９年にかけてのソヴィエト連邦によるアフガニスタン侵攻、パレスティナ問題、イスラエルとアラブ諸国の対立等々であり、とりわけ大きな影響を及ぼしたのは１９７９年のイラン革命であった。ＰＡＳの新指導部の、特にウラマーたちは、アラブ留学経験を持つ者が多かったが、イラン革命の影響は、党運営原則としての「ウラマーの指導（Kepimpinan Ulama）」の原則が確立されていく過程で顕著に見られた。「ウラマーの指導」の原則は、１９８７年にＰＡＳの党規約が改正され、「ウラマー評議会（Majlis Syura Ulama）」が党の最高意思決定機関として設置されたことによって、ＰＡＳ党内で制度化された▼116。現在までＰＡＳ党内で維持されている「ウラマーの指導」の原則の構想は、イラン革命とホメイニーによって確立された「法学者の統治（velāyat-e faqīh: Persian）」論に対するＰＡＳ青年部の熱狂的な共感の中から現れた▼117。ＰＡＳ青年部は１９８１年にイランに代表団を派遣し、イランにおけるウラマーによる統治の成功を確信した。ＰＡＳ青年部中央委員会は、１９８２年のＰＡＳ年次党大会において、「ウラマーの指導」の原則と「ウラマー評議会」の設置を提案した［Dewan Ulamak PAS Pusat 2009: 61］。ＰＡＳ青年部による提案が完全に実現されたのは、１９８７年であった。

「ウラマーの指導」の原則は、スンナ派イスラーム運動の掲げる原則としては、ムスリム世界でも稀なものである。ＰＡＳにおいては発足以来ウラマーが常に組織のバックボーンであったこと、および中東への留学によって「ウラマーの指導」の原則が具体化されえた。１９８０年代は、ＰＡＳにおいて国際連帯への傾斜が最も著しかった時期であるが、同時期に、政府による「イスラーム化」政策が大規模に進行していった。

20世紀、中東で学んだウラマーたちは、マレーシアにおけるイスラーム諸学の水準向上に貢献するとともに、中東、特にエジプトから「イスラーム政治思想」を移入した。ＰＡＳはウラマーの党であり、一方ムスリム同胞団はプロフェッショナル中心の運動ではあるが、ＰＡＳはムスリム同胞団をモデルとして運動を展開してきた。同時期、イスラームに関わる諸活動の公営化に伴うウラマーの公務員化は一層進展し、ウラマーは伝統的に持っていた地域における権威やコミュニティにおけるイスラーム的生活の指導者としての影響力を失っていった。今日、ウラマーたちは預言者たちの継承者としてシルシラを受け継ぐ者たちとして社会で重きを置かれているとはいえず、一方でイスラームに関わる諸活動とイスラーム的権威は国家によって独占されていっている。１９８０年代以降のＰＡＳ指導部が打ち出してきた連邦政府、特に新経済政策と「イスラーム化」政策への批判、ムスリム同胞団をモデルとした国際的なイスラーム運動との連帯、「ウラマーの指導」の原則確立の背景には、国家を超えたネットワークの展開と圧倒的な資源と規模によって進められるイスラームに関わる諸活動の国営化があった。

マレーシアとタイ南部パターニー、インドネシア、南アジア、中東をつなぐウラマーたちの地域を超えたネットワークは、ＰＡＳにおける路線とアジェンダに決定的に重要な影響を与えた。しかしながら、１９９０年代以降、ＰＡＳが路線とアジェンダを決定する上で、内政の諸要因の重要性が比重を増していった。その原因は、一つには、党員の構成の変化である。発足以来ウラマーの党であったＰＡＳに１９８０

年代以降、ダァワ運動出身の欧米留学経験者を含むプロフェッショナルたちが多数加入した。ダァワ運動出身者の中には、UMNOに加入した者も多く、その代表が後に副首相となった元ABIM総裁、アンワル・イブラーヒームと彼に率いられた政界、行政機構、経済界、教育界等で広く活躍するABIM出身者たちであった。また、ABIM出身者らに加えて、マハティール首相の働きかけによってナハーイー・アフマドやイスラーム行政担当の首相府大臣を務めたアブドゥル・ハミド・オスマン（Abdul Hamid Othman）といったウラマーたちがUMNOに入党したこともあり、「イスラーム化」政策は加速されていった。[118] このことにより、UMNOとPASの間で党員の構成や政策上の差異は縮小していった。

そして、選挙で支持を争う政党として、PASは有権者の需要を意識したアジェンダを打ち出さざるを得なくなっていった。これは、ウラマーの地域における影響力が減退していき、ウラマーによる組織力と各地域での集票力だけでは選挙を戦えなくなったことの結果でもあった。国民戦線から離脱して以降は、与党連合内にあった時の選挙に際しての選挙区調整、議席配分も期待できなくなり、80年代のPASは選挙においては極めて低迷することになった。1990年総選挙においては、UMNOを割って出た46年精神党（Semangat 46）、他に華人等の非ムスリムを中心とした政党とも野党連合を組んで選挙協力を行って善戦し、クランタン州政権を奪回した。

また、党組織の最大の基盤であるウラマー層は、公務員、教員として雇用される、補助金を得られる等、「イスラーム化」政策による経済的な受益者が多く、実際上PASが「イスラーム化」政策に反対することは難しくなっていった。PASの支持層であるイスラームに関わる諸活動に積極的なムスリム層の間でも「イスラーム化」政策はむしろ評価された。PASは「イスラーム化」政策とイスラームに関わる諸活動の国営化を実質的には受け入れていかざるをえなかった。この点においてもUMNOとPASの間の差異は縮小してきている。ファトワーの公的管理もまたこうしたイスラームに関わる諸活動の国営化の一環である。ＰＡＳのウラマーたちにとって、ファトワーが公的に管理されることはシャリーアの解釈者としての自分たちの活動が大きく制限されることであったが、同時にファトワーが国家にバックアップされて強制力を持つ、という面もあり、これを利用してシャリーアとウラマーの社会における影響力を確保しようとする向きもあった。

もっともＵＭＮＯとＰＡＳの間には大きな差異があり、ＵＭＮＯは成立の当初からスルタンらマレー人王侯の権利を擁護することを主要な使命の一つとしており、スルタンらをマレー人の首長、国家の首長、「イスラームの首長」として推戴している。ＰＡＳは潜在的に共和主義的な傾向があり、イラン革命に影響を受けた「ウラマーの指導」原則を持っていることからもわかるとおり、スルタンらがファトワーの承認権さえ持っているというイスラーム世界でも特異な宗教権威を備えた存在であることを受け入れがたいところがある。ＰＡＳにとってシャリーアはスルタンの権威のゆえにではなく、アッラーの立法権に則っているがゆえに正当なのである。ＵＭＮＯが新経済政策以外の方途でマレー人・ムスリムの間で求心力を得ようとする場合、スルタンらのマレー人の首長

1948	ペラ州においてムスリム党結成、同年、非合法化されて解党
1951	全マラヤ・イスラーム協会結成
1955	第1回総選挙、汎マラヤ・イスラーム党（PMIP）が政党として登録
1956	ブルハヌッディーン・ヘルミーがPAS総裁に就任（1965年まで）
1970	モハマド・アスリ・ムダがPAS総裁に就任（1982年まで）
1974	PASが国民戦線に加入（1978年まで）
1981	『ハッジ・ハディ教書』の公表
1982	モハマド・アスリ・ムダが総裁を辞任、新指導部が成立
1985	ムマリ事件
1987	ウラマー評議会と最高指導者の設置
1990	総選挙でクランタン州政権を奪回
1999	総選挙で躍進し、クランタン、トレンガヌの両州政権を担当
2004	総選挙で大敗し、トレンガヌ州政権を失陥
2008	総選挙で躍進し、クランタン、クダー、ペラ三州の州政権を担当

表5　PAS関連年表

としての権威と「イスラームの首長」としての権威を利用する方法がある。UMNOが統治者会議やその下にある国家ファトワー評議会の権威を利用して「イスラーム的正当性」を得ようとする方法はPASから見ると必ずしも受け入れやすいものではなく、これを受け入れるか拒否するかのジレンマがある。

UMNOはマレー人統治者らの特権を守る政党として、「イスラームの首長」であるスルタンらの権威の下へのイスラーム行政の集権化に努めてきた。ファトワーの発出もまたイスラームに関わる諸活動の公営化の対象であり、イスラーム宗教評議会の下でのみファトワーを発することができるようになったことは、ウラマーたちの自律性を失わせ、ウラマーたちの多くは公務員として雇用されるようになった。対照的に、PASの観点からは立法権を含む全ての権威はアッラーに帰属するものであり、シャリーアのみが唯一正当な法である。そして、ファトワーもスルタンらの権威によって正当性を持つわけではなく、シャリーアに基づく回答であるがゆえに正当なのである。PASはあえてマレー人統治者たちの「イスラームの首長」としての権威に挑戦したことはないが、「ウラマーの指導」の原則を持つPASは、その理想とする国家観において、UMNOとは相容れないところがある。

PASは議会や選挙といった近代政治の枠組みに参画しつつも、シャリーア解釈権の所在や統治のあり方をめぐって近代国家マレーシアの政府と潜在的な対立関係にある。以下の次節以降では、ファトワーをめぐるPASと政府の論争に現れているせめぎあいを分析することで、PASのウラマーたちが近代ムスリム国家におけるファトワー管理制度、さらにその背後にある近代国家の世俗的な制度についてどのような認識を持ち、どのような対応をとってきたのかを明らかにする。

第2節　ファトワーをめぐるPASと国家の対峙　1――タクフィール問題

PASは1978年に国民戦線から離脱した後、1982年総選挙で大敗する等党勢が低迷した。1982年の年次党大会で、PASは指導部を刷新し、シャリーアに基づいた実定法を持ち、なおかつ包括的にイスラームに基づく国家、「イスラーム国家（Negara Islam）」の実現を党の目標とすることで反転攻勢に出ようとした。「イスラームとはラクダの時代において有効なのであり、1000年前の時代において有効なのである」[119]というような主張をしていたアスリ・ムダ総裁は辞任、党から追放され、ウラマーとABIM出身者等のプロフェッショナルが党の主導権を握った。新指導部はイスラームを現代の個人、社会、さらに国家の諸問題に対する包括的な解決策として、シャリーアに従った統治を実現するという目標を打ち出した[120]。

PASはUMNOによる統治体制をカーフィル（不信仰者）規定（kafir mengkafir）することによって自らとUMNOをさらに差異化した。PASの新指導部の一員で若手ウラマーであったアブドゥル・ハディ・アワン（2003年にPAS総裁に就任）は、1982年、地元のトレンガヌ州での集会において、UMNOによる統治体制は植民地支配を受け継ぐものであり、アッラー以外のものに立法権を帰する世俗主義に基づく体制であるとして、「不信仰の体制」と規定した［Abdul Hadi Awang 2002］。PAS関係者がUMNOをカーフィル規定することは1950年代以来珍しいことではなかったが、1982年以前は、UMNOが非ムスリムの華人、インド人の政党とも連携して政権を構成しているがゆえにカーフィル規定していたのであり、立法権としての主権の所在や世俗主義を問題にしていたわけではなかった［Mohamad Abu Bakar 2000: 121-159］。近代国家マレーシアのあり方を根本的に問うハディ・アワンによるカーフィル規定は、ＵＭＮＯとＰＡＳの対立を一気に尖鋭化させた。１９８７年にはＰＡＳは党の最高意思決定機関として最高指導者（Mursyid'ul Am）を議長とするウラマー評議会（Majlis Syura Ulama）を設置し、「ウラマーの指導（Pimpinan Ulama）」の原則を確立し、より一層ＵＭＮＯとの差異を際立たせた。

本節では、ハディ・アワンらＰＡＳ関係者らによるカーフィル規定とこの問題に関して政府が発出したファトワー、その背景にあった政党、政府、ウラマーの意図を分析する。その分析を通して、ウラマーたちが近代国家マレーシアの独立後25年が経過した時点で、近代国家の何を問題視し、どのように解決せねばならないと考えていたのかを明らかにする。すでに第5章で見てきたように、イスラームはマレーシアの「連邦の宗教」であり、国権の最高機関である国家元首と統治者会議は、「イスラームの首長」であるスルタンたちによって構成されている。しかしながら、ハディ・アワンが問題にしたのは、立法権としての主権の所在であり、シャリーアが近代国家マレーシアの基礎に位置づけられていないことであった。「イスラームの首長」が国権の最高機関であることは、シャリーアが国家の基礎であることとは別のことである。近代国家の制度全体が世俗主義に基づいている以上、たとえ「イスラーム化」政策が推進されようと、世俗主義の価値観に沿って策定された政策でしかない、というのがハディ・アワンの問題意識であった。

ハディ・アワンによるカーフィル規定以前から、１９５０年代以来、ＰＡＳによるＵＭＮＯに対するカーフィル規定は、両党の間の主要な争点であり続けてきた。１９５０年代に見られたＰＡＳ関係者によるＵＭＮＯへのカーフィル規定としては、ＰＡＳのマッカ支部長と呼ばれたアブドゥル・カーディル・アル＝マンディリ（Abdul Qadir Muttalib al-Mandili）による著作『イスラーム――宗教と主権』がある。１９

54年にエジプトで出版された同著において、アブドゥル・カーディルは、華人の政党（マラヤ華人協会（MCA））と連立を組むUMNOを非難した。以下のような問答形式で、選挙において異教徒の候補に投票することは、シャリーア上禁止されている（ハラームである）と述べられている。原文はジャウィ表記のマレー語で記されている。

質問「イスラーム国家（Negara Islam）において、ムスリムがムスリムを統治するにあたり、カーフィルと政権を共有することについての法的規定は何か?」

回答「ムスリムを統治するためにカーフィルと連携することは許容されない。それどころかイスラーム国家の統治者はムスリムのみで構成されることが義務である。したがって彼らがカーフィルをムスリムの職務（pekerjaan）に任命することはハラームである。」[Abdul Qadir Muttalib al-Indonesi al-Mandili 1954: 35]

さらにアブドゥル・カーディルは、典拠としてクルアーンの「食卓章」にある「おまえたち信仰する者よ、ユダヤ教徒やキリスト教徒を仲間としてはならない。彼らは互いに友である。おまえたちのうち誰であれ、彼らを仲間とする者は彼らの同類である」という句（5：51）を引用し、「ユダヤ教徒やキリスト教徒を統治者にしてはならない、なぜなら彼らを統治者にすることは彼らの一部であるということ［カーフィルの法を受け入れるということ］だからである。彼らを統治者にしないということは、偶像崇拝を命じられることがないということでもある」と述べている［Abdul Qadir Muttalib al-Indonesi al-Mandili 1954: 36］。

アブドゥル・カーディルは、選挙と議会というムスリム世界にとって新しい制度について論じ、選挙を通じて異教徒を議会という立法府の一員に選出することは、異教徒を統治者とすることであると見なした。

これに対して、1955年、PASのUMNO批判に反論する内容のファトワーがトレンガヌ州政府から出された。

質問［質問、回答（1）は省略］

（2）非ムスリムと連携すること、例えばUMNOとMCAの連合はイスラームにおいて許容されるのか？

（3）議会等の選挙において、ムスリムが非ムスリムに投票することは許容されるか？

回答

（2）UMNOとMCAの連合のように、非ムスリムと連携することは、その利益がこの国の住民に還元されることに鑑みて、許容される。

（3）この国の非ムスリムの状態は、彼らが国家の法に従い忠実であり、また彼らの宗教がムスリムと敵対していないことから、ズィンミーのカーフィル［庇護民の不信仰者］である。イスラームはムスリムがこのようなカーフィル・ズィンミーと協力することを禁止せず、またムスリムが州議会等に非ムスリムの候補者を選ぶことも阻止しない。なぜなら、現代において全ての民族は一つの統治の方法、すなわち民主主義の統治の下にあり、民主主義は信条、宗教を尊重することを推奨するためである。非ムスリムが州議会等に選出されるのは、それは彼らがアフルル・ズィンマ［庇護下にある民］としてムスリムと同じ権利を持つためであり、彼らが選出されるのは、ムスリムであれ、非ムスリムであれ、他の候補者との協力によって彼らの経験や能力がこの国全体の住民に対して利益をもたらすことが考慮されてのことである［Jabatan Hal Ehwal Agama Islam

Terengganu 1971: 27-28]。

このファトワーでは、「利益がこの国の住民に還元されること」、「この国全体の住民に対して利益をもたらすこと」といったような「公共の福利（maṣlaḥah: Ar）」が法的判断の根拠とされている。20世紀半ば以降のマレーシアにおける公的なファトワーの傾向として、文献上の典拠に依拠せず、「公共の福利」が濫用されて、「公共の福利」のみを根拠として法的判断がなされるケースが非常に多い。

また、マレーシアの非ムスリムはズィンミーであるとされているが、いかなる古典的なフィクフの学説においても、ズィンミーは異教徒がムスリムの統治者にジズヤ（人頭税）を払うことによって認定されるとされている。憲法第11条第2項の規定（「いかなる個人も、全額または一部分が本人自身の宗教以外の宗教に支出される目的での納税を強制されることはない」）に照らしても、マレーシアではジズヤを徴収することは困難であり、実際に政府がジズヤを徴収したことはない。現代マレーシアでジズヤが徴収されたことはない以上、マレーシアの非ムスリムをズィンミーと見なすことは難しい。また、キリスト教徒、ユダヤ教徒といった啓典の民以外をズィンミーと認定することは、シャーフィイー派の定説では困難である。さらに、非ムスリムはズィンミーと認定されることにより、生命と財産を保障され、自身の宗教共同体内部で一定の自治を享受しうるが、統治においてムスリムと同等の権利を得るとはいえない。このファトワーでは、マレーシアの非ムスリムを「ズィンミーのカーフィル」であるとしており、ムスリムと同等の参政権を持つとしている。このように、ファトワーと言いながらもイスラームの論理に基づくことなく、政府の政策を追認するのみになってしまっている、というのも近代国家マレーシアにおいて公的に発出されたファトワーに広く見られる傾向である。▼121 なお、このファトワーは、近代国家マレーシアの連立政権と選挙制度に関するトレンガヌ州政府の1950年代における公式見解と言うべきものであるが、しかしながら、現在では、政治的言説において、カーフィル・ズィンミーという語は、非ムスリムからの非常な反発を招くことになるため、政府が用いることはまずない。特に、ズィンミーという呼称・地位については、現代マレーシアの非ムスリム国民は、「イスラーム化」政策が進展して将来的に非ムスリムがムスリムとは異なる行政・司法上の地位に置かれるようになることを警戒している。

PASのマッカ支部長と呼ばれたアブドゥル・カーディル・ムッタリブ・アル＝マンディリは、著作の他に、マッカからマレー半島へ送られた以下のような新聞への投稿でも、UMNOが華人やインド人の政党と連立することに反対であることを強調している。原文はジャウィ表記のマレー語で記されている。

慈悲遍く慈愛深きアッラーの御名において

連合党のウラマーである、クダー州ムルボックのトゥアン・グル・ハッジ・アブドゥル・ラフマーンおよびクダー州のマスジド・ビドンのイマームであるハッジ・ガザーリーたちは、イスラーム国家においてムスリムを統治するためにカーフィルと連携（berkongsi）するのは許容されるとしている。もし彼らが知識を持たずにそれを許容されるとしているならば、それは大きな災難（bala'）であり、また彼らがその答えについて知った上で許容されるとしているならばその災難はさらに大きく、さらに大きいのは彼らが我々の師であり、マッカに住む非常に有益な知識を持つワン・イスマーイル・ファターニーのようなウラマーが、それを許容されると［判断］している、と主張していることである。ある詩人（al-shāir: Ar）が述べている。

もしあなたが知らないなら、知らないことは一つの災難である。そしてあなたが知っている［にもかかわらず間違ったことを言う」のであれば、災難はより大きい。

したがって、そのような主張を否定するために私は1959年9月12日のワルタ・ヌガラ［Warta Negara、「国家時報」の意、当時発行されていた新聞、現在は廃刊］に以下のことを書いた。

マッカのウラマーは政権をカーフィルと共有することに同意しているか？

―それは、不幸な（bala'）虚偽である―

人々はクルアーンの章句の意味を思い起こさせられる。

マッカのマスジド・アル＝ハラームの教師であるトゥアン・ハッジ・アブドゥル・カーディル・アル＝マンディリは、マッカのウラマーたちがカーフィル（華人、ヒンドゥー教徒）と政権の運営において連携することが許容されるとする連合党（Perikatan）のウラマーたちの見解に合意した、という主張を強く否定し、それは不幸な虚偽である（dusta bala'）と述べた。

彼はクダー州の連合党のウラマー、ムルボックのトゥアン・ハッジ・アブドゥル・ラフマーンの主張に答えた。［その主張は］これまで政府によって行われてきたように、イスラームを公式宗教とする国においてカーフィルに権力を与えることの利点に関するもので、その主張はマッカのマスジド・アル＝ハラームの教師であるハッジ・アブドゥル・カーディル・アル＝マンディリさえも連合党のウラマーに合意している、というトゥアン・ハッジ・イスマーイルの発言によって補強できるとされていた。

トゥアン・ハッジ・アブドゥル・カーディルの発言：トゥアン・ハッジ・アブドゥル・カーディル・アル＝マンディリ自身が『ワルタ・ヌガラ』に送った手紙によると、ムルボックのトゥアン・ハッジ・

アブドゥル・ラフマーンが説教の中で連合党を支持する言葉を強調し、連合党は実にすばらしく正しいものである、なぜなら、彼はマッカから帰ったばかりだと述べた上で、マッカのウラマーたちも［連合党との連携に］合意し、華人、ヒンドゥー教徒と連携することは許容されるとしており、トゥアン・ハッジ・アブドゥル・カーディルも許容される（boleh）と言っていたからだ、と［主張していたことが］述べられている。このムルボックのトゥアン・ハッジ・アブドゥル・ラフマーンの発言はハッジ・イスマーイルが以下のように述べたことによって補強されている――トゥアン・ハッジ・アブドゥル・カーディルは華人、ヒンドゥー教徒と連携することは問題ないという法的判断を下した（hukum）。

［私、すなわちアル＝マンディリは］知らない：トゥアン・ハッジ・アブドゥル・カーディル・アル＝マンディリはこれに続けて、ムルボックのトゥアン・ハッジ・アブドゥル・ラフマーンとハッジ・イスマーイルが述べたことは災いのある虚偽である（dusta bala'）、私は彼ら二人の述べたような発言をしたことはなく、それどころか私はムルボックのトゥアン・ハッジ・アブドゥル・ラフマーンという人物自体知らない、と述べている。

［私、すなわちアル＝マンディリは］知ってはいるが……ハッジ・イスマーイルは会ったことがあるが、彼の言うような言葉を述べたことはなく、私は一般の人々が、たとえマッカから帰ったばかりだという人々から伝えられた場合でも、このような虚偽の発言に騙されないことを願う、とトゥアン・ハッジ・アブドゥル・カーディル・アル＝マンディリはその手紙の中で述べている。彼は続いて、クルアーンの「フジュラート章」から一つの章句を引用し、人々に注意を喚起した。その内容はおおよそ以下のようなものである。信仰する人々よ、もしあなた方の元に知らせを伝える一団の人々が来たならば、あなたが無知によりある人々（kaum）を抑圧し、そのために後悔するであろう者たちの一員となることがないように、明白さ［明白な説明］を求めよ［誤った伝聞に惑わされないようにせよ］。[122]

引用の後半は、アブドゥル・カーディルが、当時のマレー半島で出ていた新聞、『ワルタ・ヌガラ』に投稿した記事である。アブドゥル・カーディルの主張からは、1950年代のマレー半島の政治においても、マッカ在住のウラマーたちの言説、すなわちアブドゥル・カーディル自身やワン・イスマーイル・アル＝ファターニーの言説が権威を持ち、影響を及ぼしていたことがわかる。アブドゥル・カーディルは、PASに属するウラマーでもあり、連合党による異教徒も加えた連立政権に反対しているが、マレー半島の政治権力は、連合党が掌握した。

アブドゥル・カーディルの影響もあって、1950年代から、トレンガヌ州等でPAS関係者がUMNO支持者をカーフィルであると規定することが見られるようになった。その際、UMNOと連合党の支持者は、異教徒に投票し、異教徒が政権に加わることを支援しているがゆえにカーフィルであると主張された。1950年代から60年代にかけて、他にもPASのウラマーから、UMNOを非難する「ファトワー」が繰り返し出され、UMNOは対抗する必要に迫られた［Mohamad Abu Bakar 2000］。そのため、トレンガヌ州政府は、ムスリムが他のムスリムをカーフィルであると規定することを禁止するファトワーを発出した。

ムスリムであった者が棄教した場合、悔悟を求められ、それでも棄教を撤回しない場合は、死刑が科されるというフィクフの説もあり、ムスリムをカーフィルであると規定すること、すなわち背教者であると規定することは、非常に深刻な法的判断であり、死刑に処されるべきであるという宣告ととらえることもできる。以下では、1953年から1970年までの間にトレンガヌ州政府から出されたファトワーを集めた『トレンガヌ州政府ムフティーのファトワー集』に掲載されたファトワーのうち、PAS関係者らがUMNO支持者をカーフィル規定することを禁じたファトワーを検討する。これらのファトワーは、トレンガヌ州のイスラーム宗教評議会に寄せられた質問に対し、ファトワー委員会が回答を作成したものである。

質問：他のムスリムに対してカーフィルと批判することに対する規則は何か？

[以下回答]

1．イスラームという宗教は、ムスリムが他のムスリムをカーフィルと批判することを禁じている（mengharamkan）。なぜなら［最も権威のあるハディース集である］『サヒーフ・ブハーリー（*Sahih Imam Bukhari*）』、『サヒーフ・ムスリム（*Sahih Imam Muslim*）』に収録されているように、アブー・ザッル（Abu Zarr）［ハディースを伝承した預言者ムハンマドの教友］が伝えているところによれば、アッラーの使徒（彼の上に平安あれ）は、他の人に対して不信心者（fasiq）や不信仰者（kafir）と非難する者は、その非難が間違っていた場合にはその人自身が不信心者や不信仰者である、と述べられたからである。イスラームのウラマーたちは皆、そのような行為は最大の罪とは言えないまでも大きな罪であるということで合意している。なぜなら間違った批判の結果、批判した者自身がカーフィルとなるからである。

一方、カーフィルであると批判されたムスリムに対しては、シャリーア裁判所の裁判官によりそのような判決、つまりカーフィルであるという判決を下された場合を除き、［カーフィルであるというような］規定（hukum）は適用されない。必要な調査と検証が行われた後、カーフィルという非難がその者に対して確定し、悔悟（taubat）することが命じられたにもかかわらず、その者が拒んだ場合に初めて、カーフィルであるとの判決（hukum）が下される。なぜなら、もし最も強い非難である「他者をカーフィルとする」という言葉が見合うほどの罪をその者が犯したのであれば、彼を地獄に導く罪が継続するのを避けるために直ちに悔悟することが義務となるためである。もし［非難する側が］その非難を［不当に］続けるようであれば、その者を適切でふさわしいと考えられる方法で罰することが統治者（pemerintah）にとっての義務となる。

2. ムスリムが非ムスリムの国民を各種議会等［連邦議会や州議会］の議員（wakil rakyat）として選出、あるいは投票することは許される（harus）かという宗教とは関係のない質問については、マレーシアにある我々の各州において、そこで実施されている選挙の諸規則は、大多数の国民の声を反映するあらゆる政治組織の連合によって認められた、マレー人の地における連邦国家憲法の目的に適したものであり、その中ではこの国の各国民は、ムスリムか否かにかかわらず国家の法に忠実でそれに従う限り、国家の法の下に同様の権利と責任を持つことが定められ、またそれら（法）は全て、イスラームに関する事柄はスルタンらに決定が委ねられていることを認め、合法としている。

以上に述べたことを考慮する時、そこに含まれる公共の福利（maslihat am）がいかに大きいかということが我々の見解から抜け落ちることはない。以上のことから、シャリーア的見地はムスリムが、ある憲法に書かれた諸条件に照らして国民であることを認められたカーフィルを選び、［彼に対して］投票することを妨げない。なぜなら預言者ムハンマド（彼の上に平安あれ）の御言葉には「信仰者とは約束の諸条件を満たす者たちである」とあり、そのような議論［カーフィルに投票してもよいかという問題］は、イスラームのいかなる教えやムスリムとしての信仰とも関係のない事柄にのみ限定されて定められている「ワカーラフ」（wakalah、代理人を選ぶこと）の規則（hukum）を超えるものではなく［「ワカーラフ」の規則のみによって解決できるものであり］、［カーフィルに投票することは］また一人のムスリムとしての有権者の尊厳に触れることも、現世だけを見ても彼らの様々な利益（maslihat）に矛盾することもなく、我々はそれ［カーフィルに投票すること］に公共の福利と安全があると我々が明言することは望まない［宗教に関することでないから、ファトワー委員会として関与・言及しない、という意味と思われる］。イスラームのウラマーはワカーラ（代表選出）を行うことについて、ワカーラは行ってもよい［行わなくてもよい］一種の約束であるため、特定の人々のみ［が選出されるといった］条件を決めてはいない。アッラーよ我を導きたまえ。

Ⅱ――不当な「カーフィル宣告」の結末

懸命なる闘争を行い多大な犠牲を払った後、マレー人の共同体（umat）は最終的に1957年、マラヤの地の独立を植民地支配者の手から取り戻し、その後マレー人の地に連邦国家が誕生し、国家の経済発展、教育、社会等において進歩を生み出し、一歩また一歩と前進を遂げてきた。一つの憲法が、様々な形の闘争の場や民族的起源（asal keturunan）を持つこの国の人民大多数の声を反映した政治的諸団体の支持と承認を受けて施行された。植民地支配者と、この国に居住する最大の諸民族、すなわちマレー人、華人、インド人を含むすでに述べたような政治団体の間で合意された諸条件に従い、独立が達成された。

今、この国が急速に発展に向かっているという時に、突然自らを知識を持つ者、宗教の擁護者と主張する少数の人々が、カーフィルをこの国の諸議会の議員として選び、投票するムスリムは誰でもカーフィルになるかのような非難を、そのような非難する中傷によって起こるであろう悪行（fitnah）の危険を顧みず、それに続いて起きる破壊や破滅を考慮せず、人民の間に中傷を広め出したのである。実に、政治に関わる人々の一部にいる、未熟で、このような宗教的な大きな悪行（fitnah）を導くことを恐れない人々による、謎かけのような言動は、自らの宗教を誇りに思うムスリムや健全で自由な理性を持つムスリムを非常に悲しませるものである。彼らはそうした中傷の結末は、誰よりも先に自分の頭に石をぶつけるような毒であることを知るべきである。全知なるアッラーのみが、そうしてなされた中傷が宗教のみのためやアッラーのみのためでなく、誠実な人民の声を釣り上げるための餌として行われたことを知っている。

「カーフィル宣告（kafir mengafir）」の語をいたずらに振りかざす人々は、変えてはならないイスラームの基本理念に注意を払っていない。イスラームにおいては、ムスリムは誰も他のムスリムを個人の見解に従ってカーフィルとしてはならず、もしこのようなことが起こった場合は、非難された者にそのままカーフィルに相当するという法的判断（hukum）を下してはならないという基本理念をすでに確定している。例外として、シャリーア裁判所の裁判官（hakim）が必要な検討を行った後そのように「カーフィルと」判断した場合、初めてその者にカーフィルとしての判決を下すことが可能となる。もしこのような非難がイスラームにおいて野放しに認められるならば、ムスリム社会に現在その兆候が見られているような混乱が生じるであろう。

信仰（iman）と不信仰（kufr）は両方とも個人の信条に関するもので、信条の帰するところはアッラーである「信仰や不信仰を最終的に裁くのはアッラーである」。このため、全てのウラマーは上に述べた基本理念に合意しており、そのことは個人の信条の尊重に関してシャリーアがいかに慎重な見解を持っているかを示している。預言者（彼の上に平安あれ）は、「他のムスリムを不信仰者とする人は、不信仰に陥っている」という全てのムスリムに知られている発言によって、すでにこの基本理念に反することに厳重な注意を呼びかけられた。

もしムスリム社会で許されている中傷が、特定の政党が敵を突く武器としての意味を持つならば、私はイスラームの同胞意識の名の下に、誠実さを持って、そのようなことを行う誰に対しても、政治的立場が何であれ、そのような行為を止めるように忠告する。なぜなら、そのような行為はシャリーアにおいて大きな罪と見なされ、アッラーにも彼の預言者にも全く喜ばれず、後に彼自身にも彼の政党にも悪い結果をもたらすからである。なぜなら政党は宗教に関わる事柄について議論し論じることを目的とせず、歴史上のどの時代にもイスラームが政党となったことはないからである。そのような予想されない中傷が起こった時、理性を持つムスリムと権力を持つ者たちは、そうした中傷をそれが広がり、望ましくない事柄が起こらないうちに消しておくことが義務となる。市民を騙して座り心地の良い椅子［権力の座］に座ろうとする共謀は、市民の統合を守り、聖なるイスラームの教えが高く讃えられるために、抹消しなくてはならない［Jabatan Hal Ehwal Agama Islam Terengganu 1971: 49-52］。

このファトワーでは、ＰＡＳ関係者らがＵＭＮＯ支持者をカーフィル規定することを禁じる典拠としてハディースも挙げられているが、議論を展開する上で主な根拠とされているのは、「公共の福利」である。カーフィル規定によって、ムスリム社会内部で争いが起これば、「公共の福利」が大きく損ねられるため、カーフィル規定は禁じられる、と論じられている。このファトワーでは、州政府の機関であるシャリーア裁判所のみがカーフィル規定を行う権限がある、と主張しており、シャリーア裁判所裁判官以外のムスリムがカーフィル規定を行うことを禁じている。このことは、イスラーム宗教評議会の下にイスラームに関わる諸活動が集権化されてきたことの一部であるといえる。

このファトワーのもう一つの特徴は、議会と選挙に関する質問を「宗教とは関係ない質問」と述べていることである。選挙の仕組み、すなわち「ワカーラフ」は、「イスラームのいかなる教えやムスリムとしての信仰とも関係のない事柄にのみ限定されて定められている」とも述べており、イスラームの見地からファトワーを発するファトワー委員会は、選挙や議会のあり方には介入しないと明言しているのである。

近代国家の議会や選挙は、伝統的なイスラーム法学の想定してきた統治のあり方とは異なっており、古典的な学説を適用しても、議会や選挙に関する法的判断を行うことができない、という発想がファトワー委員会にはあったと思われる。しかしながら、統治のあり方は、フィクフにおいて論じられてきた問題であり、ファトワー委員会の姿勢は、近代国家の統治のあり方について論じることを、自ら放棄したものである。

タラル・アサドが述べているように、「世俗国家とは、宗教的無関心あるいは合理的倫理を特徴とするものではない。あるいは政治的寛容性を特徴とするものでもない。それは、法的推論、道徳的実践、政治的権威を取りまとめた制度」［タラル・アサド 2006: 324］である。ファトワー委員会が近代国家の統治のあり方について述べるのを放棄したのは、近代国家がイスラームの論理の及ぶ領域を制限した結果ともいえる。世俗化とは、世俗主義的な価値が優勢となり、宗教も含めて、法的推論も、道徳的実践も、政治的権威も世俗的価値によって規定されるようになることである。統治のあり方について論じることが、イスラームの論理の領分外とされてしまうことは、近代国家マレーシアの世俗的傾向の表れであるといえる。

このような近代国家マレーシアのあり方に反発し、シャリーアに基づいた体制につくり変えることを訴えたのが当時ＰＡＳの若手指導者だったアブドゥル・ハディ・アワンであった。１９８０年代、ＰＡＳが近代国家のあり方を否定することにより急進的な攻勢に出た際の拠り所は、やはり国際的ネットワークに基づくイスラームに関わる諸活動、特に留学によってもたらされてきた中東のイスラーム運動の体験と思想であった。とりわけ大きな衝撃をもたらしたのはイラン革命であり、イスラーム運動の成功事例と認識され、イスラーム運動内の急進的な手法での闘争を勢いづかせた。

近代的な主権国家をシャリーアに基礎を置かないがゆえにアッラーの立法権に反するものであるとする主張は、１９３０年代にインドのジャマーテ・イスラーミー指導者マウドゥーディーによる「神の主権」

確立を唱える主張［Sayyid Abul A'la Maududi 1960］の中にも見られるが、1970年代にサウディ・アラビアのマディーナのイスラーム大学とエジプトのアズハル大学で学んだハディ・アワンには、この二国で受けた影響が大きかった。まず、イブン・タイミーヤの流れを汲むサウディ・アラビアのワッハーブ派サラフィー主義者らの世俗主義批判、サウディ・アラビアの最高ムフティーであったムハンマド・イブラーヒーム・アールル・シャイフおよびその後継者であるビン・バーズらによって立てられた「西欧から押し付けられた立法府の定める人定法はアッラーのみに帰属する立法権の大権を侵害する多神崇拝である」とする理論の影響があった［中田 2001b; 2002b］。また、1960年代以降各地のイスラーム運動に影響のあった、エジプトのムスリム同胞団幹部であったサイイド・クトゥブは、その著『道標』において世俗国家の下にある現代ムスリム社会を「ジャーヒリーヤ」と規定し、世俗国家を打倒することを訴えた主張［Syed Qutb 1979］の影響もあった。これらの思想的影響は、マディーナのイスラーム大学においてハディ・アワンが親交を深めたシリアのムスリム同胞団指導者であり、シリアにおいてイスラーム国家を樹立するべく武装蜂起を起こして失敗、殺害されたサイード・ハワーとも共有されていたものであった。

1981年、ハディ・アワンは地元トレンガヌ州の州都クアラ・トレンガヌにおいて開かれた集会で演説し、その際の主張が『ハッジ・ハディ教書（*Amanat Haji Hadi*）』として以下のようなかたちにまとめられてPASの党組織によって印刷され、各地に流布され、物議を醸した。

ハッジ・アブドゥル・ハディの教書

同胞よ、信じなさい、我々がUMNOに反対するのは彼らの名前がUMNOだからではなく、我々が国民戦線に反対するのはその名が国民戦線であるからではない。彼らが植民地支配者の憲法を存続させ、カーフィルの制度（peraturan）を存続させ、ジャーヒリーヤの制度を存続させているからである。

我々はこの理由においてこそ、彼らに反対して闘争を行っているのである。同胞よ、信じなさい、我々の闘争はジハードであり、我々の言葉はジハードであり、我々の寄付はジハードであり、我々はこの集団［PAS］と共に闘争を行っているため、この対決において我々が死んだならば、我々の死は殉教者の死であり、我々の死はイスラームの死である。

我々は、ユダヤ教に改宗する必要も、キリスト教に改宗する必要も、ヒンドゥー教に改宗する必要も、仏教に改宗する必要もなく、我々は民族の政治、民族の宗教を主張することによりカーフィルになるのである［Penerangan PAS Kelantan 1983］。

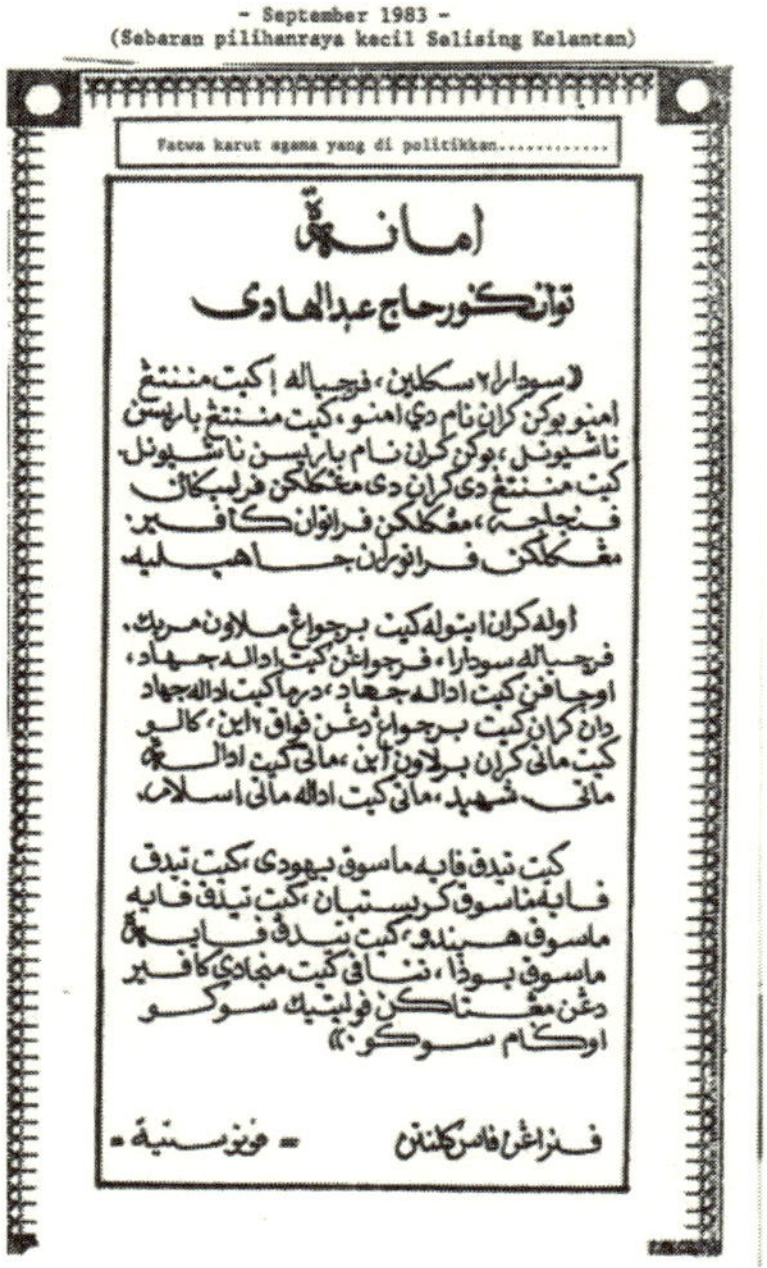

図 14　ハッジ・アブドゥル・ハディの教書

ハディ・アワンの主張が物議を呼び、政府およびUMNOから問題視されたのは、UMNOと国民戦線によるマレーシアの統治体制を「カーフィルの制度」、「ジャーヒリーヤの制度」と規定して、イスラームのシャリーアに基づく体制でないことを断言した上で、現統治体制に対する闘争を「ジハード」であると断じ、PASをその闘争のための集団であると規定したからである。この主張は、

「カーフィルの制度」である現体制と決別し、言わば宣戦を布告する宣言と受け取られた。注意されるべきは、「カーフィルの制度」、「ジャーヒリーヤの制度」と規定されているのはあくまで統治体制のあり方であり、特定の統治者やUMNO党員をカーフィル、背教者と断定したものではないことである。実際、特定のUMNO指導者が背教者であるという理由でPAS党員から武力によって攻撃されるという事態は起きなかった。

しかしながら、PAS党員の内の急進的な人々は、特にトレンガヌ州において、「カーフィルの制度」である現統治体制と決別するというかたちで、ハディ・アワンの呼びかけに応えた。すなわち、以下で検討するファトワーに描写されているように、PAS党員がUMNO党員とは別に金曜日の集団礼拝を執り行う、州政府のカーディーが関与した婚姻を無効と見なす、UMNO党員が屠殺した肉をハラームと見なす、他にもUMNO党員との交流を絶つ、といった事案が見られるようになっていった。その結果、PASと政府の間で緊張が高まっていき、本書次節で論じるクダー州ムマリの武力衝突事件も起こった。政府は、PASの主張に反論し、政府の側にイスラーム的正当性があることを主張したが、その際の主要な手段の一つが、公的機関からファトワーを発出してPASの論理を否定するとともに、(拘束力を持つ官報に掲載されたファトワーによって)ムスリムが他のムスリムをカーフィルと規定するのを禁止することであった。

各州で出されるファトワーの内容を調整する機能を持つ国家ファトワー委員会は、1986年に会合を持ち、各州のイスラーム宗教評議会に対し、『ハッジ・ハディ教書』に反論し、カーフィル宣告を禁止するファトワーを出すように要請した。国家ファトワー委員会の議事録に記録されている同会合の結論は次のようなものであった。

ハッジ・アブドゥル・ハディの教書についての見解

4.6.1.本件について調査、議論した結果、委員会は、ハッジ・アブドゥル・ハディの教書について以下のように合意した：

4.6.1.1.イスラームの教義に反している。

4.6.1.2.ムスリム社会の利益と宗教の品位に反している。

4.6.1.3.イスラームのダァワの原則に反している。

4.6.2.国家ファトワー委員会会合は本件を一般の人々に伝えることに合意し、この目的のためにイスラーム研究センター（Pusat Penyelidikan Islam）［国家イスラーム宗教評議会に付属していた機関］はトゥアン・グル・ハッジ・アブドゥル・ハディの教書に関して、国家ファトワー委員会の決定を考慮し、本件に関する証明、論拠を加えた冊子を用意することが求められた。この冊子は一般の人々に配布する予定である。

4.6.3.国家ファトワー委員会はまた、トゥアン・グル・ハッジ・アブドゥル・ハディの教書に関する決定をマス・メディアで発表することで合意した。▼123

国家ファトワー委員会の要請を受けて、『ハッジ・ハディ教書』に反論し、カーフィル宣告を禁止するファトワーが各州政府から発出された。以下では、そのうちマラッカ州から発出されたファトワーを検討する。国家ファトワー委員会が作成したのは基本的には結論部のみであり、結論に至る典拠と根拠は、各州政府の裁量に委ねられていたと見られる。

「ハッジ・アブドゥル・ハディの教書」

背景

ハッジ・アブドゥル・ハディ教書（Amanat Haji Abdul Hadi）とは、マレーシア・イスラーム党（PAS）の副総裁補、ハッジ・アブドゥル・ハディ・アワンが１９８１年４月７日にクアラ・トレンガヌのバンゴル・プラドン村で行った政治演説においての宗教的法規定に関する発言の抜粋である。ハッジ・アブドゥル・ハディ教書は、１９８３年10月11日のトレンガヌ州議会において、トレンガヌ州首席大臣ダト・スリ・ワン・モフタール・アフマド（Dato' Seri Wan Mokhtar Ahmad）によって初めて公表された。

教書の特徴

・マレーシア・イスラーム党（ＰＡＳ）の一部が統一マレー人国民組織（ＵＭＮＯ）の党員をカーフィルであると規定する契機とされるハッジ・アブドゥル・ハディ教書には、以下の三つの核となる事案がある。

1．ＵＭＮＯと国民戦線に反対するのは、ＵＭＮＯや国民戦線という名のためではなく、ＵＭＮＯと国民戦線が植民地支配者の憲法とカーフィルの制度、そしてジャーヒリーヤの制度を存続させている

ためであるという主張

2. UMNOと政府に反対する闘争はジハードであり、その闘争において死ぬことは殉教(mati syahid)であるという主張

3. 民族的政治(politik suku)と民族的宗教(agama suku)に[人々を]誘う者は誰であれカーフィルであるという主張

・以上の三つの事案は、以下のハッジ・アブドゥル・ハディ教書に含まれている。

「同胞よ、信じなさい、我々がUMNOに反対するのは彼らの名前がUMNOだからではなく、我々が国民戦線に反対するのは彼らの名が国民戦線であるからではなく、彼らは植民地支配者の憲法を存続させ、カーフィルの制度を存続させ、ジャーヒリーヤの制度を存続させており、そのために我々は彼らに反対して闘争を行っているのである。

同胞よ、信じなさい、我々の闘争はジハードであり、我々の言葉はジハードであり、我々の寄付はジハードであり、我々はこの集団[PAS]と共に闘争を行っているため、この敵対において我々が死んだならば、我々の死は殉教者の死であり、我々の死はイスラームの死である。

我々は、ユダヤ教に改宗する必要も、キリスト教に改宗する必要も、仏教に改宗する必要もなく、我々は民族の政治、民族の宗教を主張することによりカーフィルとなるのである。」

・以上の発言の抜粋に基づき、PASのUMNOに対する闘争はジハードであり、同様に彼らの発言、寄付もまたジハードに含まれるというPASの支持者の信条が強められた。このため、PAS支持者たちは血を流すことも厭わないほどにUMNOに対する闘争を行うようになった。彼らがUMNO支持者と対立して死んだ場合、彼らの死は殉教であり、イスラームにおける死であるということも、同様である［同様にPAS支持者の信条を強めた］。そして、一部の狂信的なPAS党員および支持者は、UMNO党員が本当にカーフィルであるとの確信を持つに至った。

・このような現象の結果、クランタンやトレンガヌの一部の村においてPAS支持者の間で、二人のイマームによる礼拝［UMNO党員とPAS党員が集団礼拝を別々に行うこと］、金曜礼拝の出席拒否［UMNO党員とPAS党員が金曜礼拝を別々に行うこと］、ムスリム夫婦の婚姻のやり直し［PAS党員が、UMNO党員が証人や後見人を務めた婚姻を無効と見なしたため］、屠殺された肉を食べることの拒否［UMNO党員によって屠殺された肉は、カーフィルによって屠殺されたと見なすため、イスラーム的に正しく処理されたと認めず、ハラームと見なす］、家族や親族の間での口論や挨拶の拒否、共食儀礼［kenduri-kendura、結婚披露宴等］への出席拒否、といった、イスラームに反する宗教的実践さえも見られるようになった。

ファトワーの結論

・マラッカ州ファトワー委員会会議は、1986年2月にパハン州プカンにおいて行われた第16回国家ファトワー委員会（臨時）会合の結論について伝達を受けた上で、それを受け入れ施行することに合意した。

1．本件について調査、議論した結果、国家ファトワー委員会会合は、ハッジ・アブドゥル・ハディの教書について以下のように合意した。

a）イスラームの教義に反している。

b）ムスリム社会の利益と宗教の品位に反している。

c）イスラームのダァワの原則に反している。

2．国家ファトワー委員会会合は、本件を一般の人々に伝えることに合意し、この目的のためイスラーム研究センターはトゥアン・グル・ハッジ・アブドゥル・ハディの教書に関して、国家ファトワー委員会の決定を考慮し、本件に関する根拠と典拠を加えた冊子を用意することを求められた。この冊子は一般の人々に配布する予定である。

3．［国家ファトワー委員会の］会合はまた、トゥアン・グル・ハッジ・アブドゥル・ハディの教書に関する決定を国内メディアで発表することで合意した［Jabatan Mufti Negeri Melaka 2005: 125-127］。

このファトワーは、国家ファトワー委員会会合の結論をそのまま掲載しており、独自の典拠と根拠を加えることはしていない。また、ＵＭＮＯの統治制度を「カーフィルの制度」と規定することがなぜ不当であるのかも論じられていない。単に、ＰＡＳ支持者によってムスリム社会に分裂が起こり、イスラームに関わる諸活動が共に行われず、交流が絶たれていることを、「イスラームに反する宗教的実践」と規定しているのみである。「二人のイマームによる礼拝、金曜礼拝の出席拒否」というのは、ＵＭＮＯ党員をカーフィルと見なすがゆえに礼拝を共にできないため、PAS党員だけで別に金曜礼拝を催行するということである。また、「ムスリム夫婦の婚姻のやり直し」というのは、UMNO党員である証人もしくは「カーフィルの体制」によって任命されたカーディーが関与した婚姻契約（nikah）は無効と見なすためである。

国家ファトワー委員会の結論と各州政府のファトワーが出された後も、PASとハディ・アワンが『ハッジ・ハディ教書』を撤回することはなかった。本書次節で論じるクダー州ムマリでの武力衝突事件が起きたこともあり、1980年代以降、PASとUMNOの対立は比較的落ち着いた状態となり、トレンガヌ州等の村内においてもPAS党員とUMNO党員が村を二分して絶交状態にあるというような例は少なくなっていった。しかしながら、この問題はよりトーンを落として、例えば「PASに投票することはイスラームにおける善行である」とか「UMNOはイスラームに基づいていると主張しつつも実際はマレー人という民族の利益に基づいた統治を行っており、それはイスラームでは排除されるべき部族主義である」といったかたちの主張で、特に選挙の度ごとに繰り返された。2001年、政府はPASに反論してイスラーム的な正当性を確保するべく、この問題を統治者会議の議題とした。統治者会議にファトワー発出の調整を命ぜられた国家ファトワー委員会は、各州のイスラーム宗教評議会にこの問題に関するファトワーの発出を要請した。以下では、その結果出された各州のファトワーのうち、マラッカ州から発出されたファトワーを検討する。

「団体名に『イスラーム』の語を使用することについて」

背景

・現代のイスラーム共同体（umat）の分裂は、神学（aqidah）に関しての宗教的信条の問題にも関わる極めて重要な政治的見解の相違に原因がある。この現象は、マレーシア・イスラーム党（PAS）による「ファトワー」で主張された統一マレー人国民組織（UMNO）党員がカーフィルであるという主張、二人のイマームによる礼拝、屠殺や結婚といった問題のためにすでに長く存在している［PAS党員がUMNO党員を不信仰者と見なすようになったため、地域における宗教行為を両党の党員が別々に行うようになった］。このような問題は［社会の中で］ますます広まり、統治者会議が国家ファトワー委員会にこの問題に関するファトワーを出すよう命じるに至った。

・政治的側面の相違による分裂は、政治権力を手に入れるための影響力をめぐるUMNOとPASの間の競合に由来する。PASは野党でありUMNOは与党であることから、PASの攻撃は様々な問題を利用してUMNOにのみ向けられる。PASが政府（UMNO）に対して［の攻撃で］利用する重要な問題には、以下のものがある。

1. PASに参加することはイスラームを信仰することである［という主張］。
2. ジハードと殉教（mati syahid）の問題。
3. カーフィルと背教（murtad）の問題。
4. UMNOは部族主義（asabiyyah）のために闘争している［という主張］。

5.　国民戦線（Barisan Nasional）の政府は世俗的である［という主張］。
・統治者会議（Majlis Raja-Raja）がファトワーを出すことを求めて言及した問題は以下のものである。
1.　イスラームという語、もしくはイスラームに関連する語をある団体が使用することは、イスラームという語やその教義についてムスリムを混乱に陥らせる可能性があることについて。
2.　ある人物がムスリムであること（keislaman seseorang）を認める条件の追加について。［一部のPAS党員が、UMNO党員はムスリムではないと主張していることの是非。］
3.　特定の立場を認め、支持することがムスリムの天国（syurga）に行く資格を認められるために必要であるという主張、およびある人々は地獄（neraka）に落ちるであろうとする発言について。
・イスラームという語を政治的利益の目的で使用するというムスリム社会を混乱させうる行いは、イスラームでは禁じられている。混乱は、「イスラームの団体（Jama'ah）の特性はPASにのみある」といった主張が行われる時に発生する。この主張は1984年［ママ、正しくは1981年］にハッジ・アブドゥル・ハディ・アワンによって述べられた。

根拠と典拠

・シェイフ・アフマド・ムスタファ・アル＝マラーギー（Sheikh Ahmad Mustafa al-Maraghi、ママ）［正しくは、Sheikh Muḥammad Muṣṭafā al-Marāghī］はアッラーの御言葉

「真に至高なるアッラーの（望まれる）宗教はイスラームのみである」
（アル＝イムラーン章3：19）

の解釈において以下のように述べている：
「アラビア語におけるイスラームの語は『従う』、『降伏する』といった意味に加えて、『[約束等を]実行する』という意味を持つ。イスラームはまた『平安と安全』の内に入ることも意味する。このイスラームという正しき宗教の名称は、以上の意味にふさわしいものである。」
・シェイフ・アル＝マラーギーによる説明から、アラビア語において元来複数の意味を持ったイスラームという語は、至高なるアッラーによって「宗教（ad-din）」あるいは彼の望まれる宗教の名として、あらゆる時代の人間の集団（umat manusia）のために選ばれたことがわかる。これはイスラーム法（syara'）の用語としてのイスラームという語は、クルアーンとスンナに含まれているような、至高なるアッラーのシャリーアあるいは教えを象徴するものとなっていることを意味し、その「アッラーの教えの」特徴には以下のものがある：
1．それは唯一の真実であり、それに対する疑いは全くない。至高なるアッラーが以下のように述べられた通りである：

嘘（虚偽）は前からであれ後ろからであれ、それ（クルアーン）に近づくことはできない、それは英明で讃美されるべき神によって啓示されたものである。（解明章41：42）

2．それは責任あるムスリム（mukallaf）の信条となるべき、至高なるアッラーに望まれ、受け入れられる唯一の教えである。

この日、我はおまえたちのためにおまえたちの宗教を完成し、おまえたちへの我の恩恵を完全なものとし、我はイスラームをおまえたちの宗教とすることを望んだ。（食卓章5：3）

・この説明から以下の結論が導かれる、すなわちイスラームの語はイスラーム法（syara'）における理解あるいはシャリーアにおける正しさに従えば、至高なるアッラーの宗教以外のものに用いてはならない。なぜならば、そうすること［イスラーム以外のものにイスラームの名を用いること］は以下のことを意味してしまうからである。

1．その他の教え［イスラーム以外の教え］も唯一の真実である。

2．その他の教えも、人間の共同体（umat manusia）の信条や指針となるべく、至高なるアッラーに受け入れられるということ。

・このような［イスラームという語の］使い方は（イスラーム法における理解によると）先に示したクルアーンの章句による説明および法（syara'）に明らかに反している。なぜなら、そうすることは至高なるアッラーの教えと、他の教えを同一とすることを意味するからである。

・そこで、政党へのイスラームという語の使用の問題について説明するために、我々は二つの文脈を考慮する必要がある。

1．言語上の理解、あるいは言語（lughawiyah）における正しさの文脈。

2. イスラーム法（syara'）の理解、あるいはシャリーアにおける正しさの文脈。

・第一の文脈においては、アラビア語におけるこの語［イスラームという語］はすでに述べたような意味を持っており、イスラーム法（syara'）の明文（nas）に反さない用法がなされる［例えば「悪魔に対するイスラーム＝服従」というような用法はされない］。政治団体の名前としての使用は、以下のフィクフの方法に基づき、法的判断（hukum）は、許容される（harus）、ということになる。

全ての事柄に対する規則の基礎は許容（harus）である。

・第二の文脈については、その［イスラームという語の］使用が解釈（ta'wil）なしに、あるいは適切な解釈を伴ってイスラーム法（syara'）の理解に従っているかを見なければならない。もし［誤った］解釈を伴っているならば、すでに述べたように許容されない（tidak harus）。なぜならば、それは唯一の真実である至高なるアッラーの宗教を他のものと同一視することであるからである。しかし、適切な解釈を伴って使われるのであれば、その［使用についての］法的判断は、許容される（harus）、ということになる。

・議論の対象となっている「政党」という論題の文脈では、適切な解釈とは長い名前から短い名前へと省略することである。「イスラームを信仰する人々の集団」はアラビア語で「ヒズブル・ムスリミーン（Hizbul Muslimin）［ママ、ムスリム党の意］」もしくは「アル＝ヒズブル・イスラーミー（al-Hizbul Islami）［ママ、イスラーム党の意］」と略すことができる。このように長いものを短くすることは、言語の使用において通常のことであり、例えば我々が「イスラーム銀行（Bank Islam）」という時、その意味は「イスラームの命じるところに沿って業務を行っている銀行」である。

・これらの説明から、以下の結論が導かれる。すなわち、「イスラーム」の語を政党の名称に使用することに対する法的判断は、適切な解釈の伴わないイスラーム法の理解に従って使用した場合を除き、「許容される（harus）」である。

ファトワーの結論

・マラッカ州ファトワー委員会会議は、2001年2月15日にクアラ・ルンプールのイスラーム・センター11階会議室において行われた国家ファトワー委員会（臨時）会合の結論について知見を得た上で、それを受け入れ実施することに合意した。

1．イスラームの名をいかなる団体に使用することにも妨げはなく、そればかりか推奨されているが、知、信仰、内面的向上（Ilmu. Iman. Ihsan）によって規律を持つべきである。しかしながら、イスラームあるいはイスラームという語を、社会を混乱させたり、「イスラームの正しい教えから」逸脱させたりする目的で使用することは誤り（salah）であり、シャリーアの諸原則に反することであるため、現行の法によって制裁が科される。

2．ある人がムスリムと認められるのは、六信五行[124]に従う場合である。このことから、どのような立場の人々も、ある人がムスリムか否かを判断するのに他の条件を加えることは誤りであり、そのような権利はない。ある人がムスリムであるという判断に、六信五行に従う以外に、ある勢力を認め、支持する等の条件を加える必要があるという理解は、イスラームにおいて誤りである。このため、そのような理解を実践し、教え、勧め、あるいはあらゆる手段で広める者は誰であれ、間違った、あるいは逸脱した教えを広げる行為に含まれる行いをしているのである。

3．天国へ行くか地獄へ行くかの決定は唯一至高なるアッラーのみが有する権利である。したがって、人々は天国もしくは地獄に行く前に、特定の個人や団体を認め、支持することが必要だという主張は、イスラームの教えによると間違っている。このことから、そのような理解を実践し、教え、勧め、あるいはあらゆる手段で広める者は誰であれ、間違った、あるいは逸脱した教えを広げる行為に含まれる行いをしているのである［Jabatan Mufti Negeri Melaka 2005: 115-124］。

このファトワーでまず問題にされているPASの主張は、

1）PASに参加することはイスラームを信仰することである。
2）PASの闘争はジハードであり、その闘争の中で死ぬことは殉教（mati syahid）である。
3）UMNOの統治体制は、植民地統治を継承したカーフィルの制度である。
4）UMNOは部族主義（asabiyyah）のために闘争している。
5）国民戦線（Barisan Nasional）の政府は世俗的である。

といった五項目であるが、統治者会議が回答を求めたのは、こういった問題への直接の回答ではなく、より遠回しな設問の仕方で、以下の三項目への回答を求めている。

1．イスラームという語、もしくはイスラームに関連する語をある団体（PAS）が使用することは、イスラームという語やその教義についてムスリムを混乱に陥らせる可能性があることについて。
2．ある人物がムスリムであること（keislaman seseorang）を認める条件の追加について。

3．特定の立場を認め、支持することはムスリムが天国（syurga）に行く資格を認められるために必要とされるという主張、およびある人々は地獄（neraka）に落ちるであろうという発言について。

すなわち、1）PASへの支持はイスラーム的に善行といえるのか、2）PASの闘争における死は殉教といえるのか、3）世俗的な統治体制は「カーフィルの制度」と見なしうるのか、4）UMNOの政策はイスラーム的以上に民族主義的なものであるか、5）現統治体制は世俗的であるか、といった問題について論じることは避けている。統治者会議および政府の意図としては、これらの問題について神学的、法学的な議論をPASとの間で繰り広げるよりも、こういった問題を政治の争点にしたくない、というものではなかったかと推測できる。こういった問題についての論争に政府とUMNOが引き摺り込まれることは、PASの思う壺であると政府側は考えたと思われ、政府とUMNOが望むのは経済や開発といった分野において、イスラームと関連づけられることなくPASに対して優位を示すことであったと考えられる。ファトワーで求められているのは、政治的立場とイスラーム的価値、例えば善行として評価されうるとか、救済に結びつく、といった指標とは関係ない、という法的判断であったと考えられる。ファトワーの結論では、一番目の質問について、政党名にイスラームという語を用いることは、誤った語用をしなければ許容される、とした上で、二番目と三番目の質問については、ムスリムの要件は六信五行であり、また、政治的な立場や行為はイスラーム的価値や救済とは関係ない、としている。

二番目の質問については、実際にはPAS党員がUMNO党員をカーフィルと規定することが起こったが、ハディ・アワン自身は、その教書において、近代国家マレーシアの統治体制を「カーフィルの制度」と規定したのであって、UMNO党員をカーフィルであると規定したわけではない。六信五行がムスリムの義務であることは、スンナ派ムスリムのコンセンサスであるが、サウディ・アラビアで学び、サラフィー思想に通じたハディ・アワンにとっては、信仰箇条と政治的な立場や行為を無関係とする見解は肯んじられないものであったと考えられる。イブン・タイミーヤに起源を持つサラフィー思想においては、信仰とはアッラーを唯一の創造主と認めること（tauhīd rubūbīyah: Ar）だけでは十分ではなく、アッラーの命令のみを遵守すること（tauhīd ilāhīyah: Ar）こそが信仰と不信仰を分かつ基準であるとされる。ハディ・アワンの主張は、サラフィー思想に忠実であり、アッラーの命令のみを遵守することには、人定法を最高の法とする世俗的な体制を否定し、シャリーアのみが最も正当な法とされる体制を確立しようとする姿勢も含まれる、というものであった［中田 2001b; 2002b］。したがって、ハディ・アワンの立場からは、政治的立場も信仰箇条の一部と見なされるのである。

　このファトワーは、イスラームとは狭義の信仰箇条と信仰行為にのみ関わるものであり、政治的立場や政治的行為とは関係ないとしている。このようなファトワー委員会の姿勢は、近代的な選挙制度はイスラームの教義とは関係がないとするトレンガヌ州ファトワー委員会の姿勢と共通するものであり、世俗的な原則を持つ政府にあって、自らイスラームの論理が適用されうる領域を狭めているといえる。タラル・アサドが述べているように、宗教の関わる領域を限定し、公的な言説の空間から宗教の論理を排除しようとするのが、世俗主義の特徴である［タラル・アサド 2006: 324］。

　ファトワー中、典拠として引用されているムハンマド・ムスタファ・アル＝マラーギーは、１９２７年から１９２９年にかけてと１９３５年から１９４５年にかけての２度にわたりアル＝アズハルの総長を務めたウラマーである。アル＝マラーギーの著したクルアーン注釈書である『タフィシール・アル＝マラーギー（*Tafsīr al-Marāghī*）』は、マレーシアでも広く参照されている。

　１９８０年代、ＰＡＳがＵＭＮＯの世俗主義的であることを非難し、ムスリムの義務としてのイスラーム国家樹立を要求するようになったのに対して、ＵＭＮＯ側はＰＡＳの主張が適切でない（ＵＭＮＯは世俗的ではない）として反論するとともに、イスラーム国家樹立の義務については否定できなかった。むしろ「イスラーム化」政策の促進によって政権の正当性を示し、マレー人・ムスリム有権者の支持を得ようとした。

結果的に国民戦線政府は、有権者多数の支持を得て存続しえた。1980年代、PASはUMNOとの差異化を図り、急進的な政府批判を展開することで反転攻勢を試みたが、1980年代のうちは、選挙における獲得議席数は低迷を続けた。PASの党勢が拡大していくのは、1990年代に入ってからであり、PASは華人等の非ムスリムを含めた有権者の意向を重視した政策を提示するようになっていった。1990年代に入る前、1985年に起きたムマリ事件は、1980年代前半にPASが展開した急進的な政府批判の一つの帰結であった。

第3節　ファトワーをめぐるPASと国家の対峙　2——ムマリ事件

本節では、1985年にクダー州バリン郡ムマリ村で起きたPAS党員たちと治安部隊の間で起きた武力衝突事件とこの事件に関してクダー州ファトワー委員会が発出したファトワーをめぐって政府関係者たちとPAS指導者たちの間で行われた論争を分析し、PASのウラマーたちが近代国家に対して、イスラームの論理に基づいて抗おうとした経緯を明らかにする。この論争は、ウラマーと国家の間のシャリーア解釈をめぐるせめぎあいの中でも対立の激しさが顕著であった事例である。

ムマリ村は、クダー州のタイ国境に近い地域にあり、主にゴム栽培と稲作に従事する貧困層の多い農村であった。バリン郡において、PASは伝統的に強固な地盤を有してきたが、その中でもムマリ村は、村民の全てがＰＡＳ支持者であった。ムマリ村のＰＡＳ組織において、指導的な立場にあったのが、イブラーヒーム・マフムード（Ibrahim Mahmud）であった。イブラーヒームはムマリ村出身で、アズハル大学を卒業した後、インドとリビアでも学んでおり、イブラーヒーム・リビア（Ibrahim Libya）の通称で知られていた。１９７４年に帰国後、イブラーヒームは首相府職員として勤務し、国営テレビの宗教番組において説教師として登場した。その後、イブラーヒームはムマリ村に帰郷し、宗教学校兼幼稚園を設立して宗教教師を務めるとともに、ＰＡＳの活動に専念した。１９７８年総選挙と１９８２年総選挙にＰＡＳ候補として立候補して落選している［Kerajaan Malaysia 1986: 2-3］。

１９８５年、イブラーヒームは、武装蜂起を準備している容疑で国内治安法（*Akta Kselamatan dalam Negeri*）による拘束対象とされた。１９８５年11月19日朝、ムーサー・ヒタム（Musa Hitam）副首相の総指揮の下、この作戦のためにクダー州内外から動員された警官３６００名のうち、連邦政府から派遣された特殊部隊を中心とした５７６名がムマリ村に突入し、イブラーヒームおよびその仲間の39名がいた宗教学校兼幼稚園を取り締まろうとした。作戦にはヘリコプターと装甲車も用いられた。イブラーヒームらは銃器等で応戦し、イブラーヒームおよび仲間14名が死亡、警察側は４名が死亡した。負傷者は37名、逮捕者は数百名に達した［Kerajaan Malaysia 1986: 19-24］。

ムマリ事件は、この事件に関する政府白書に記されている政府側の説明によれば、イブラーヒームが「イスラーム革命運動（Gerakan Revolusi Islam）」を組織するとともに、「イスラーム革命政府（kerajaan revolusi Islam）」樹立を企図して武装を準備し、武装蜂起を計画していたため、治安部隊が取り締まろうとしたことから起きた、としている［Kerajaan Malaysia 1986: 13-14］。そして、政府の白書はまた、イブラーヒーム・マフムードが『ハッジ・ハディ教書』の影響を受けており、ＵＭＮＯ党員をカーフィル規定し、ＰＡＳ党員に対してＵＭＮＯ党員との交流を絶つように求め、ＵＭＮＯ党員の子弟とＰＡＳ党員の子弟の結婚を認めなかったと記している［Kerajaan Malaysia 1986: 3-6］。これらの事実関係については、PAS側からの反論はなされていない。

問題となったのは、この事件の死者のうち、イブラーヒームとその仲間たち計14人の埋葬の方法であった。それは、通常、ムスリムの死者は、死後に遺体を洗浄されてから白い布に包まれて埋葬されるが、ジハードによる殉教者（syahid）の場合は遺体を洗浄されずに埋葬されるからであり、埋葬の方法如何によって、イブラーヒームらが殉教者であったか否かが定まるからであった。イブラーヒームらが殉教者であったのか、あるいはただの叛徒であったのかによって、ムマリ事件は全く別の意義を持つことになる。殉教者であったとしたら、正当性はイブラーヒームらにあり、これを弾圧した政府は不正であったことになる。叛徒であったとしたら、正当性は政府の側にあったことになる。

事件の直後、クダー州のPAS指導者であり、当時PAS副総裁であったファジル・ヌールがまずとった行動は、クダー州のファトワー委員会に働きかけて、イブラーヒームら14名が殉教者であったというファトワーを得ようとすることであった。ファジルは、クダー州イスラーム宗教評議会の構成員でPASと密接な関係にあったウラマー2名に連絡をとり、ファトワー委員会を緊急に招集してファトワーを発出するように要請したが、目的を果たせなかった。そこで、イブラーヒームらはPAS党員たちによって、公的なファトワーを得ることなく、殉教者としての埋葬方法で埋葬された［Saari Sungib 2005: 91-92］。

1986年2月2日、クダー州イスラーム宗教評議会は、スルタンの認可を得た上で、クダー州ファトワー委員会の作成したイブラーヒームら14名が「殉教者ではなかった」とする以下のようなファトワーを発出した。

「ムマリについてのファトワー」

クダー・ダールル・アマン州スルタン殿下の命を受け、ヒジュラ暦1406年3月6日、すなわち西暦1985年11月19日にバリン郡シオン地区ムマリ村で起きたムスリムの死について、クダー州ファトワー委員会による決定が下された後以下の告知がなされた。

すなわち、故イブラーヒーム・ビン・ムハンマド・リビアと、1406年ラッビウルアワル月6日、すなわち1985年11月19日ムマリでの流血事件において彼と共に犠牲になった彼の追随者たちは戦争における殉教者（syahid ma'arikat）ではなく、したがって彼らの遺体を清め、［葬儀の］礼拝を行うことが義務となり、同様に埋葬する前に白い布で包むことが義務となる。もしそうしたことをせずに埋葬した場合は、遺体が変質していなかった場合に限り、すでに悪臭があっても以上のことを完遂するために掘り起こすことが義務となる。同様に、犠牲になった警察官たちも清め、白い布で包み、礼拝を行うことが義務となる。

この決定は、ハディースと有名なシャーフィイー派フィクフの文献に基づいてなされた。アッラーこそが最もよく御存知である。[125]

このファトワーは、「ハディースと有名なシャーフィイー派フィクフの文献」を典拠としている、と記されているが、明示されていない。イブラーヒームら14名は、「戦争における殉教者（syahid ma'arikat）」ではないと規定されている。

なお、このファトワーが公表された際、クダー州ファトワー委員会議長は、「通常遺体は埋葬の2日後には変質するため、本件に関しては、掘り起こして埋葬し直す必要はない」と述べている。[126]

ムマリ事件の評価、イブラーヒームら14名を殉教者と見なすか否かは、統治者会議でも議題となった。１９８６年２月27日に開催された統治者会議によって、以下の公式見解が示された。統治者会議の公式見解は、直前の１９８６年２月23日、24日に開催された国家ファトワー委員会の結論を承認したものである。

１９８６年２月27日第１３７回統治者会議のシャヒードについての公式見解

統治者会議は、１９５２年マレー人諸州統治者会議常設委員会の決定を参照してなされた１９８６年２月23、24日のマレーシア国家ファトワー委員会の結論を承認した。

［以下は国家ファトワー委員会の決定の内容］

（１）現世と来世のシャヒード：ダール・アル＝ハルブの属民(kafir harbi)もしくは背教者との戦い(ma'rikat)において、至高なるアッラーの御言葉を高めるために、すなわち自尊心や反抗心や物質的利益に関する感情を全く持たずに、誠実にイスラームの高貴さを

فتوى مڠنائي ممالي

منجنجوڠ تيڠه ڤرينته كباوه دولي يڠ مها مليا سلطان
نڬري قدح دارالأمان مڠنائي كماتين اورڠ٢ اسلام
دكمڤوڠ ممالي، مقيم سيويڠ دايره باليڠ ڤد 6 هاريبولن
ربيع الأول، 1406 برسامأن 19 هاريبولن نوۏمبر 1985
سنله دبوات كنيتين اوله جوانكواس فتوى نڬري
قدح ايسله دعمومكن،
بهوا كماتين الله يرحم ابراهيم بن محمود ليبيا
دان ڤڠيكوت٢ يڠ توروة ترزبان دالم ڤراستيوا
برداره ممالي ڤد 6 هاريبولن ربيع الأول، 1406
برسامأن 19 هاريبولن نوۏمبر، 1985 اداله بوكن
شهيد معركة ملك يڠدمكين ايت واجب دمنديك
دان دسمبهيڠكن كاتن ميت ، ايت سمريت مان
جوڬ واجب دكافن سلوم دكوبوركن دان جك تله
دكبوميكن تنڤا برباواة دمكين واجب دكوريق كمبالي
اونتوق دسمڤورناكن ڤركارا٢ ترسبوة دڠن شرط جك ميت
ايت بلوم برأوبه ولوڤون دڠن باو يڠ بوسوق دان
دمكين جوڬ انڬوت٢ ڤوليس يڠ ترقربان دالم ڤراستيوا
ايت واجب دمنديكن، دكافن دان دسمبهيڠ.
كتيتن اين برداسركن كڤد نص٢ حديث دان نص٢
فقه شافعيه يڠ معتمد. والله أعلم.

図15　**クダー州政府によるファトワー「ムマリについてのファトワー」**

守るために死んだムスリムのことである。

（現世と来世のシャヒードとして死んだムスリムには、清めることも礼拝を行うこともハラームであるが、白い布で包むことと埋葬することは義務である。）

（2）正しいウラマーの見解に基づいて否定できないのは、ある国家のイスラーム国家（negara Islam）としての基準は、その国に住み、宗教の求めることを実践しているムスリム（umat Islam）の安全と自由［が保障される］ということである。これに関して、現在の政府によるマレーシアは一つのイスラーム国家である。

現在の政府の現状および関心事は、非常に明白である。この国のイスラーム［行政］の運営において統治者殿下たちは常にイスラームの真の理解を目指す理想の実現を重視し、努力している。要約すると、あらゆるイスラームの要求はこの国の権力者によって軽視されたことはない。

（3）上記の項目（2）に基づき、この国の全ての国民は政府に対して誠実に従うことが義務となる。

（4）上の（2）と（3）に述べたように、イスラームにおいて正しい政府に従わず、抵抗を暴力によって示し、また一般の人々の平穏を揺るがし、国の安全を脅かし、また統合を打ち壊すような力を持つような者は誰でも、叛徒（penderhaka）である。

（5）上の項目（4）で挙げたような叛徒の仲間に数えられ、政府に反対する戦いにおいて犠牲となった者は、シャヒードとして死んだのではなく、叛徒の死という性質を持ち、それは罪である。

イスラームとウンマの統合のために、この国のムスリム社会における全ての層に［以下のことを］助言する。

（1）ウンマの強さと安定を損ないうるような諸要素に常に注意を払い、影響を受けないようにする。

（2）個人や特定集団の利益をイスラームとウンマの利益の上に置かない。

（３）社会の中で宗教的な問題や不明瞭な事案や混乱が生じた場合は、政府によって信任と責任を与えられた諸部門、すなわちイスラーム宗教評議会に照会すること。

そして（４）反逆的運動において行き過ぎてしまった者は、［社会に］気づかれているかどうかに関わらず、速やかに悔悟し、元の道に戻ること。[127]

統治者会議にも承認された国家ファトワー委員会による上記の結論は、マレーシアの統治体制を「イスラーム国家」と規定し、その統治体制に対する武力による抵抗は、ジハードとは見なされず、したがって、武力による抵抗のために死亡した者は叛徒であり、殉教者とは見なされないと結論づけている。少数とはいえ、近代国家マレーシアのイスラーム的正当性を武力によって否定しようとした集団が出たことは政府に重要視され、現統治体制を「イスラーム国家」と規定することによって正当化に努めねばならなくなったともいえる。

ただし、ここで国家ファトワー委員会は、「イスラーム国家」の基準を「その国に住み、宗教の求めることを実践しているムスリム（umat Islam）の安全と自由［の保障］」としているが、これは、ＰＡＳやムスリム同胞団によって提唱されてきたイスラーム国家の概念とは明らかに異なるものである。ＰＡＳやムスリム同胞団は、イスラーム国家の要件を、シャリーアに基づく統治が行われることであるとしており、ＰＡＳはシャリーアで定められた法定刑（hudud）も含めてシャリーアに則った統治が行われねばイスラーム国家とは見なされないと主張している。「その国に住み、宗教の求めることを実践しているムスリムの安全と自由」というのは、イスラーム国家というよりも、むしろイスラームの領域（Darul Islam）の基準である。このように、あえてイスラームの領域の基準を満たしていることを根拠として近代国家マレーシアを「イスラーム国家」であると規定する論理は、ムマリ事件当時はＰＡＳ副総裁補であったナハーイー・アフマドが、後にUMNOに入党した際にも用いている［中田 2002a］。

統治者会議開催の前々日の1986年2月25日、国家ファトワー委員会議長であったアブドゥル・ジャリル・ハサン（Abdul Jalil Hasan）は、「PASはイスラームの教えと、預言者のスンナに基づき、この国を運営（mentadbir）するところの指名された政府あるい諸事の責任者（ulil Amri）たる為政者に従わなくてはならない」と述べるとともに、「彼ら［PAS］はクダー州イスラーム宗教委員会のファトワー委員会が最近出したファトワーを受け入れないことで、クダーのスルタンに対して反逆していると見なすことができる」とも述べた。また、ナハーイー・アフマドが、「アッラーのみに忠実であることのみが絶対的な（mutlak）性質を持つもので、一国の政府に対してではない。スルタンに象徴される（この国の）政府に対する忠誠は、絶対的な性質を持つものではなく、アッラーへの忠誠のみがそのような性質を持つ」と主張したとの報道に言及した上で、「国家ファトワー委員会はその権限を越えている［越権行為をしている］、なぜならいくつかの問題［に関する判決］を決定する裁判官（hakim）の役割を果たしているからである、というPASによる主張は正しくない。ファトワー委員会はシャリーアに基づいた見解を述べるのみである。我々までが悪い事柄が各地で起きるのを放置しておくような責任のないウラマーだとは思われたくない」と反論した。▼128

当時から現在に至るまでペラ州ムフティーを務めているハルッサーニー・ザカリアは、テレビ番組に出演し、国家ファトワー委員会とは若干異なる立場を示した。ハルッサーニーは、「ムスリム同士が争っていれば、他のムスリムは彼らを仲裁する義務がある」と述べた上で、「もし一方が行き過ぎ（melampau）であった場合は、（ムスリム）全体がイスラーム社会全体の統一（kesatuan）を守るためその行き過ぎた側と戦うことが求められる」と述べた。そして、ムスリム史の故事を挙げて、殉教者の要件を論じた。「第4代カリフであったアリー・ビン・アブー・ターリブ（Ali bin Abu Talib）がカリフになり、ムアーウィヤ

(Muawiyah、ウマイヤ朝の初代カリフ)が兵を挙げた時、アリーは正当な政権を守ろうとしたのであり、アリーに従って戦いで死んだムスリムは殉教者であった。反対に、ムアーウィヤがカリフになってアブドゥッラー・イブン・ズバイル(Abdullah ibn Zubair、初代正当カリフであったアブー・バクルの孫)がムアーウィヤの政府が不正(zalim)だという理由で戦いを挑んで敗れたが、宗教知識に長けていたその母アスマー(Asmah)は我が子の遺体を洗浄し、葬儀の礼拝が行われることを望んだ」といった故事を挙げ、ハルッサーニーは不正なムスリムの統治者に対する抵抗で死亡したムスリムであっても、殉教者とは見なされないと説いた。その上で、ハルッサーニーは、「殺された者も殺した者も、目的は挑発に対する自己防衛だが、やはりここにはお互いを殺そうという意図があった。そして、ムスリムが互いを批判し合い、責め合うことに対する法的判断は不信仰(fasiq)である」と述べ、イブラーヒーム・マフムードの側と政府の側の双方に咎があったと暗に主張した。[129]

一方、PAS指導者たちは断固として政府によるムマリ村の制圧を非難したが、PAS総裁ユースフ・ラワは、さらなる弾圧を避けるために弁護に努めた。1986年4月3日付の新聞では、PAS党員に対して武力革命を目指す行動は控え、それよりも選挙において国民の支持を得ることを勧めたユースフの呼びかけが報道されている。[130] また、ユースフは、PAS副総裁補ハディ・アワンの地元であるトレンガヌ州のルシッラ村では、ムマリ村で見られたような教唆は行われておらず、ムマリと同様の事件が起こるおそれはない、と弁護した。[131] ユースフがこのようにハディ・アワンを弁護した背景には、1月24日にハディ・アワンがルシッラ村における金曜礼拝で行ったとされる説教の内容が報じられたことがあった。以下のような内容が、ハディ・アワンによる説教として報じられた。

この人々[クダー州のファトワー委員会]は、[自分たちの]地位と名を守らんがために、あたかも殉教者の死に関する出来事についてクルアーンを参照するのを恐れているかのようである。ムフティーたちや政府側のファトワーを出す権力を持つとされている人々は、少しばかりの地位と給料を守らんがために、自分たちの利益のために法的判断（hukuman）を行っている。[132]

本書第5章で論じたように、公的なファトワー管理制度の整備によって、公的に発出されたファトワーに異を唱えることは、統治者に対する批判であると見なされかねず、政治的にもリスクが大きい。しかしながら、ＰＡＳ指導者たちは、ムマリ事件に関しては、クダー州ファトワー委員会によるファトワーを受け入れなかった。後年であるが、ムマリ事件当時ＰＡＳ副総裁であったファジル・ヌールは、その著、『神学と闘争』において以下のように論じている。

イスラーム国家とは、アッラーのシャリーアの全体を、部分部分に分けることなく、半分を受け入れて半分を拒否するといったことなく実施している政府のことである。これがイスラーム政府（kerajaan Islam）の特徴の一つである。イスラーム政府とは、その支配者（pemerintah）がアッラーの法に基づく公正（keadilan）を実現する政府である。ここに我々（ＰＡＳ）とマレーシア政府のファトワー委員会（Majlis Fatwa Kerajaan Malaysia）の違いが存在する［Fadzil Mohd. Noor 2003: 89］。

また、ファジルは次のようにも論じている。

この見解の相違は現在あるイスラーム政府についての立場の違いに端を発している。我々は、国民戦線の政府はイスラーム政府ではないと考えているが、ファトワー委員会は国民戦線を［ファトワーを出した結果として］間接的にイスラーム政府と見なしている［Fadzil Mohd. Noor 2003: 89］。
ファジルは、マレーシアの統治体制が、「シャリーアの全体を、部分部分に分けることなく、半分を受け入れて半分を拒否するといったことなく実施」しておらず、シャリーアを部分的に取捨選択している、あるいは統治体制全体は世俗主義に基づいているということを指摘し、国家ファトワー委員会によるマレーシアの現統治体制が「イスラーム国家」であるという規定を否定している。
ファジルは、さらにクダー州ファトワー委員会および国家ファトワーに対して以下のように批判している。

奇妙なことに、彼ら［クダー州および国家ファトワー委員会］も［イブラーヒーム・マフムードらが］「bughah［「叛徒」を意味するアラビア語］（叛徒 penderhakaan）」であると言う勇気はないのである。叛徒［の概念］は、イスラーム政府に対して［の叛逆に］のみ使用される。我々は、イブラーヒーム・マフムード師は叛徒ではなく、イスラームの宣教者であり、闘争者であったと主張する。その上、政府はイスラームを実施していないのである［したがって、イブラーヒームは叛徒とは見なしえない］［Fadzil Mohd. Noor 2003: 97］。

ファジルは、カセット・テープに記録されたというイブラーヒーム・マフムードの以下のような発言を引用して、イブラーヒームの闘争がシャリーアの基づく統治を確立するためのものであったとして擁護している。

「我々の闘争は米の値段について訴えているのではなく、バリンにおいてゴムの値段が1カティ（604・8グラム）あたり40セン（0・4リンギ）も値下がりしたとはいえ、我々の闘争はゴムの値段について訴えているのでもなく、我々の闘争はイスラームを打ち立てるための、アッラーのシャリーアを打ち立てるためのものである。」［Fadzil Mohd. Noor 2003: 97］

さらに、ファジルは、「イスラーム政府においてであれば、叛徒と見なされる集団とは、第一に政府がイスラーム政府であって初めて、その対抗者が叛徒と見なされる」［Fadzil Mohd. Noor 2003: 98］。として、ムスリム同胞団のアリー・ジャリーシャーを引用し、以下のように述べている。

アリー・ジャリーシャー博士（Dr. Ali Jarisyah）はその著書『我々は宣教者であって反逆者ではない』の中で、反逆者とはイスラームを実践することを欲しない政府の方である、彼らこそが反逆者である、と正しくも述べている［Fadzil Mohd. Noor 2003: 98］。

さらに、政府に対抗する者が叛徒と規定される条件は、「第一の条件は政府がイスラーム政府であること、第二の条件は対抗する者がその政府に対抗しうるだけの力（Syawkah）を持っていることである」［Fadzil Mohd. Noor 2003: 98］として、仮に叛徒であったとしたら、以下のような措置が取られるべきである、とマハティール政権による措置を非難している。

イスラーム政府の文脈においては、反逆者（bughah）は即座に攻撃されるのではない。イスラーム政府において反逆が起こった場合、イスラーム政府は第一に、反逆者と見なされる人々に対し、有識者で助言（nasihat）を与えられるだけの信任を得られるような人々を派遣し、助言を与えなければならない。この手順はこの国の政府によっては踏まれず、助言を与える者は派遣されなかった。諸々のフィクフの書には、そのような政府の代表が一人、あるいは多数で派遣されていき、［反逆者と話して帰ってきた後に］政府に不正があると述べたならば、政府はその不正を正さねばならない、と述べられている。これこそが、政府がイスラーム政府であるならば取られなくてはならぬ行動である［Fadzil Mohd. Noor 2003: 99］。

政府に官僚として雇用されたウラマーと異なり、ＰＡＳで活動することを選んだウラマーたちは、野党として現統治体制と対立して、シャリーアに基づく新たな統治体制を確立する道を選んだといえる。しかしながら、多くの場合、ＰＡＳで活動するウラマーたちも、イスラームに関わる諸活動の公営化や「イスラーム化」政策を実質的には攻撃しなかった。それは、イスラームに関わる諸活動の公営化や「イスラーム化」政策がウラマーたちに雇用と所得を保障したから、というばかりではなく、ウラマーたちのアジェンダを実現する上で、イスラーム行政や司法に利用価値があったからである。つまり、ファジル・ヌールがクダー州のファトワー委員会を動かそうとしたことに、あるいはハルッサーニー・ザカリアが、ＰＡＳと政府の間で中立的な立場を示したことに見られるように、ＰＡＳのウラマーたちは、政府機関内のウラマーたちと緊密なネットワークを保持しており、一方で野党として政府に圧力をかけながら、政府機関内のウラマーたちと気脈を通じて、ＰＡＳのアジェンダを漸進的に実現していくことが可能だからである。

しかしながら、『ハッジ・ハディ教書』が世に問われた１９８１年から、おそらくはムマリ事件の起きた１９８５年まで、ＰＡＳは政府と全面的に対立する路線を選び、漸進的な改良によってではなく、現統治体制を世俗的な「カーフィルの制度」と規定し、抜本的に国家のあり方をつくり変えることを求めた。

ムマリ事件を境に、ＰＡＳのラディカルな主張はトーンを落とし、１９９０年代からは、ＰＡＳは選挙を通してイスラーム国家をはじめとするアジェンダを実現するべく、経済や福祉、民族間関係・宗教間関係の安定といった非ムスリムを含めた有権者の要望を強く意識した路線をとることにより、党勢を拡大していった。１９８０年代前半にＰＡＳが世俗的な体制を極めて強く批判したことは、ＵＭＮＯと国民戦線への圧力としては大きな影響があり、「イスラーム化」政策の加速や１９９０年代の各州でのシャリーア刑法制定、２００１年のマハティール首相による「マレーシアはイスラーム国家である」という宣言、アブドゥラー政権における指針としてのイスラーム・ハドハリ（文明的イスラーム）といった産物をもたらしたと考えられる。

結論

19世紀末から20世紀を経て、21世紀初めにまで至るマレーシアのファトワーを見ると、明らかな変化があったことがわかる。一つは、フィクフにおける方法論の変化であり、当初はイブン・ハジャルをはじめとするシャーフィイー派の古典的な法学書、あるいはアフマド・アル＝ファターニー、ダウド・アル＝ファターニーといった、この地域において特に参照されてきた、東南アジア出身者が著した法学書が多く典拠として用いられていたのが、徐々に用いられなくなっていったことである。特に、19世紀後半から20世紀初めにかけてマッカで活躍した東南アジア出身のウラマーたちは、今日では実際の法的判断において参照されることはほとんどなくなってきている。代わって頻繁に用いられるようになったのは、「公共の福利（マスラハ）」の論理であり、本書で取り上げたマラッカのファトワーにおいてユースフ・カラダーウィーのような特定の学派にこだわらないサラフィー的方法論を用いる法学者たちが典拠とされているのを除けば、現代の多くのファトワーは根拠を示してある場合でも特定の法学書を挙げることなく、「公共の福利」を根拠としている。

もう一つの大きな変化は、公的なファトワー管理制度が整備され、「ファトワー」と称する教義回答については、統治者たちの下にある公的機関が発出の権限を独占したことである。公的機関から発出されたファトワーは、例えば選挙や連合党の連立政権に関するファトワーにおいて、非ムスリムの近代国家における位置づけをフィクフの多数説に基づいて論じることを避けていることに顕著に見られるように、すでに政府が決定してきた施策について異を唱えず、多くの場合、「公共の福利」の論理を持ち出すことで、政府の決定を追認してきた。

マレーシアのファトワー管理制度の特徴は以下の点に集約できる。

1）各州統治者の下にある行政機関によってファトワーの発出が独占、統制されている。

2）官報で公告されたファトワーにムスリムが従う義務が法令で定められており、ファトワーを侮辱した者、反対する言動を行った者に対する罰則が法令で定められている。

ファトワー管理制度を実体として機能させているのは、機関としては各州のスルタンら統治者の下にあるイスラーム宗教評議会とその下のファトワー委員会であり、法令としては各州のイスラーム行政法とシャリーア刑法である。連邦政府においては国家イスラーム宗教評議会とその下にある国家ファトワー委員会が、各州から発出されるファトワーを調整する役割を担っている。

公的機関から発出されたファトワーはスルタンら統治者の権威によって強制力を持つことになり、スルタンら統治者が「イスラームの首長」とされるマレーシアの法制度の中にファトワーも組み込まれている。古来イスラーム世界において、ムフティーが統治者に任命されることも、ウラマーが統治者の意向を慮ってファトワーを出すこともめずらしいことではない。しかし、たとえ公的なファトワーがその文面のまま統治者によって法令化されていると解釈するとしても、ファトワーと称されるものが罰則を伴う強制力を持ち、異論を唱えることも禁止されるというのは、イスラーム世界の歴史においても稀なことである。

歴史的に、東南アジアでは、ウラマーたちの地域を超えた活動によってフィクフを含めたイスラーム諸学の知識がもたらされ続け、ファトワーの基礎を培ってきた。20世紀前半までのマレー半島では、政治的な権力関係にとらわれることなく、地域を超えた質問とファトワーの往来が見られた。アフマド・アル＝ファターニーに見られたように、マレー半島とマッカの間で質問と回答の往来も見られた。20世紀初めから各州でファトワー管理制度が整備されていき、近代国家としてのマレーシアが独立する頃には、教義に関する質問と回答はほとんど国内で完結するようになっていた。これは中東への留学等を通してマレーシアにおけるイスラーム諸学の水準が上がったことも関係しているが、むしろ政府による公的なファトワー管理制度を含めたイスラーム行政整備の結果であった。

第2章第1節で論じたように、かつてアフマド・アル＝ファターニーは、イブン・ハジャルらによるシャーフィイー派の定説を典拠として、マレー半島に移入してきた非ムスリムたちをフィクフの文脈に位置づけようとした。古典的なシャーフィイー派の定説に従えば、現代マレーシアにおいてムスリムと非ムスリム、特に啓典の民以外の仏教徒やヒンドゥー教徒が共存することは難しいと思われる。しかしながら、古典的なシャーフィイー派の定説といえども、あくまで数あるシャリーア解釈の中の一部であり、現代のマレーシアにおいて絶対的に規範とならねばならないといったものではない。フィクフに関するイジュティハードによって、新たな行為規範が示されることも可能であると考えられる。しかし、現代マレーシア社会について新たなフィクフ上のシャリーア解釈が構築されるとすれば、ウラマーたちによる活発なイジュティハードの結果としてである。現実はそうではなく、「公共の福利」の論理を安易に濫用することは政府の方針を追認することにしかつながっていない。

近代国家マレーシアにおけるイジュティハードを極めて大きく規制したのが公的なファトワー管理制度であった。ファトワー管理制度が整備されていく過程で、20世紀初期に見られたような、新たな類推の方法論の移入とその応用の試み、シャーフィイー派以外の法学派の学説をシャーフィイー派の学説と併せて用いること、サラフィー的なシャリーア解釈といった、自由なフィクフの実践は限られたものとなっていった。活発なイジュティハードと新たな学説の提示は混乱をもたらすことが予想されるが、ファトワー管理制度によって新学説を提示することが制限されていると、社会の変化にもかかわらずウラマーが現実に対応した学説を提示できないでいると一般のムスリムからは見なされかねない。さらには、イスラーム法学を現代に適用するのが極めて困難であると見なされることにもなりかねない。一方で、ウラマーが「公共の福利」の論理によって安易に政府の施策を肯定し続けることも、ウラマーによるシャリーア解釈の活動が停滞していると見なされることにつながる。

ファトワー管理制度の本質的な問題は、国家がシャリーア解釈権を独占しようとしたことである。シャリーア解釈権をめぐって、国家とウラマーたちは時に激しく対立し、時に様々な駆け引きを演じた。ファトワー管理制度のもたらした大きな効果は、官報で公告されたファトワーへの異論が禁止されたことにより、ウラマーがイジュティハードとファトワーの発出を制限され、シャリーア解釈によってムスリム社会で影響力を行使することや政府を牽制することを封じられたということである。ウラマーは、ムスリム社会でのファトワーを通した活動を大きく制限されることになったが、このことはウラマーの官僚化と併せてウラマーの権威衰退につながらざるをえなかったと考えられる。

ファトワー管理制度を含めて、20世紀初めに始まったイスラームに関わる諸活動の公営化、20世紀後半に推進された「イスラーム化」政策は、近代ムスリム国家マレーシアがイスラーム的価値を基礎にしていた、あるいはシャリーアに基づいた統治を行おうとした、ということを意味するものではない。むしろ、近代ムスリム国家の世俗的性質の表れであったといえる。

ＰＡＳをはじめとするイスラーム運動は、近代国家マレーシアがイスラームを「連邦の宗教」と憲法で定めていることも、マレー人統治者らを「イスラームの首長」と憲法で定めていることも、あるいは一般法制度とムスリムにのみ適用される法制度が共存する二元的法制度を有していることや、イスラームに関わる諸活動の公営化を進めたことも、さらには「イスラーム化」政策を推進したことも、近代国家マレーシアがイスラームのシャリーアに基づく体制をとっていることを意味しないと主張した。彼らは、これらのイスラームに関連づけられた施策は、近代国家マレーシアが世俗的な原則に基づく体制であることと矛盾しないととらえた。イスラーム世界の文脈では、世俗的な国家とは、宗教に関与しない国家ではなく、宗教の権能を再定義し、宗教の領分を限定した上で、世俗的な原則に基づいて国策を遂行していく国家である。多くのムスリム国家では、世俗的な原則とはナショナリズムや国民経済、開発であり、宗教（イスラーム）はこのような世俗的原則に基づく国策に奉仕するように方向づけられた。

ＰＡＳは、１９８０年代前半、『ハッジ・ハディ教書』とムマリ事件をめぐる対立の際に見られたように、時に公的なファトワーをも拒否して、近代国家マレーシアの世俗的性質に異議を唱えた。そうすることで、国家、社会、個人にとっての規範としてのシャリーアの位置を確立するというウラマーの社会的役割を果たそうとしてきた。この対立軸は、対立の激しさは抑制されたものの、21世紀になっても基本的には変わっていない。

ウラマーはＰＡＳに結集するのみならず、行政機関内にも広範なネットワークを有しており、それを活用することによって、野党側から政府に圧力をかけつつ、政府内で働きかけて、アジェンダを実現することが可能である。各州のファトワー委員会もまた、ウラマーのネットワーク内における言説を考慮している。ファトワー委員会は、イスラーム宗教評議会を通して、統治者の権威の下にあり、その意味では、ＵＭＮＯをもしのぐ権威に属していることになる。このように、ＰＡＳにとってイスラーム行政機関は、ＵＭＮＯと政府に対抗する上で利用価値があり、政治的駆け引きの必要上からも、公的ファトワー制度の権威を否定することはない。つまり、ＰＡＳは公的ファトワー制度に対して二律背反的な姿勢を示しており、時に公的なファトワーに反発しつつも、公的なファトワー制度を利用しようとすることもある。

20世紀を通して公的なファトワー管理制度は強化される一方であり、ウラマーが国家によるシャリーア解釈権独占の方針を覆すことはなかった。ウラマーはＰＡＳという政治的プラットフォームに拠って、シャリーア解釈権をめぐって政府と対立し、あるいは政府内からシャリーアの規範としての位置を確立しようと試みてきた。ウラマーは政府に圧力をかけ、一定の成果を挙げてきたが、ウラマーの官僚化が進むとともにウラマーの社会的権威も失われてきている。ファトワー管理制度は、国家によるシャリーア解釈権の独占を固定化し、その結果ファトワーがマレーシアのムスリム社会において政治利用されるとともに、ウラマーはファトワーとイジュティハードを大きく規制され、ムスリム社会で影響力を行使することが一層困難となっていった。

注

（1）ここでいうシャリーア（sharīʻah: Ar, syariah: M）は、単に道徳や行為規範の体系ではなく、アッラーからの啓示、すなわちクルアーンと預言者ムハンマドの言行録であるハディースによって示されたイスラームの教えの総体のことである。この教えの総体には、アッラーの属性や来世に関する神学、行為規範、神秘主義の知識等が含まれる。

（2）ウラマー（ʻulamāʼ: Ar）は、アラビア語で「学識のある者」を意味するアーリム（ʻālim: Ar）の複数形であり、イスラーム諸学を修めた者のことを指す。ウラマーという語はマレー語にも取り入れられているが、マレー語では通常単数にも複数にも“ulama”が用いられる。本書では単複を区別せずイスラーム学者を「ウラマー」と呼ぶ。マレーシアでは、ウラマーの多くは、アラビア語で教師を意味するウスタズ（ustādh: Ar, ustaz: M）という敬称で呼ばれる。

（3）本書では表現の簡素化のため１９５７年に独立して以降「マラヤ連邦（Federation of Malaya）」、「マレーシア」と変遷してきた国名を「マレーシア」で統一する。独立当初マレー半島諸州のみで構成された国家の国名は「マラヤ連邦」であり、１９６３年にシンガポールと東マレーシアのサバ、サラワク州が参加した後は「マレーシア」となった（シンガポールは１９６５年にマレーシアを離脱して独立）。

（4）［Skovgaard-Petersen 1997］を参照。

（5）例えば、［Khoo Kay Kim 1991］、［Mohamad Abu Bakar 1991］、［Mohamad Abu Bakar 1997］等。

（6）例えば、［Muhammad Khalid Masud et al. 1996］、［Skovgaard-Petersen 1997］等。

（7）代表的なものとしては、［Abdul Monir Yaacob (ed.) 1998］、［Ahmad Hidayat Buang (ed.) 2004］、［Hasnan Kasan 2008］、［Othman Ishak 1981］等がある。

（8）スンナ派における神学については［松山 2016］を参照。

（9）“Fatwā” in ［Wizārah al-Awqāf wa al-Shuʼūn al-Islāmīyah al-Kuwait (ed.) 1983］、『フィクフ事典（*al-Mawsūʻah al-Fiqhīyah*）』はエジプトのイスラーム問題最高評議会が編纂に着手し、クウェート・ワクフ・イスラーム問題省によって完成されて同省の公式ウェブサイトに掲載されており、サウディ・アラビアのイスラーム問題・善導・宣教省の公式サイトにも転載されている現代で最も権威のあるイスラーム法学事典である。

（10）［Jabatan Hal Ehwal Agama Islam Terengganu 1971］、［Syed Alwi Tahir al-Haddad 1981］、［Jabatan Mufti Negeri Melaka 2005］、［Mufti Negeri Selangor 2008］等。各州から発出されたファトワーの一部は、各州ムフティー局のウェブサイトで閲覧できる。

（11）ユースフ・アル＝カラダーウィーの経歴、業績、背景等については、［塩崎 2012］を参照。

（12）マレー半島の歴史におけるポンドックについては［久志本 2014: 39-90］を参照。

（13）イブン・タイミーヤ（Ibn Taymīya, 1258-1328）の思想を源流とするサラフィー思想の最大の特徴は、預言者ムハンマドの時代には存在しなかったビダア（革新、逸脱）を排除することにより、純正にクルアーンとハディースに基づくイスラーム解釈を実践しようとすることである。そのために、法学的にはムハンマドの死後に成立した法学派の学説に従うこと（タクリード、taqlid）を否定し、直接クルアーンとハディースから解釈を導き出すこと（イジュティハード、ijtihad）を主張する。また、シーア派とスーフィーも本来のイスラームにはない逸脱として激しく非難する［Laoust 1939 : 541-563］。

（14）［Wan Mohd Saghir Abdullah 1990］は、このファトワー集をアフマド・アル＝ファターニーの孫にあたるワン・ムハンマド・ソヒール・アブドゥッラーが編集、出版したものである。

（15）アフマド・アル＝ファターニーの生涯と事績に関しては、［Md. Sidin Ahmad Ishak and Mohammad Rezuan 2000: 27, 60-61］を参照。

（16）マッカに滞在したクランタン出身者たちの多くが、アフマド・イブン・イドリースによって創設されたこのタリーカに影響を受けた。

（17）［Wan Mohd Shaghir Abdullah 2002: 1-28］このファトワーが出された経緯については、［Roff 2009: 254］を参照。

（18）マレーシアの連邦憲法第3条において「イスラームの首長」と規定されている統治者はスルタン等の称号を持っており、マレーシアの13州のうち9州にいる。他の4州では、イスラーム宗教評議会は9人の統治者から互選された国家元首（Yang di-Pertuan Agong）の下に置かれている。

（19）クランタン州のイスラーム宗教・マレー慣習評議会の設立の経緯と影響に関しては［Roff 2009: 179-233］を参照。

(20) 現在は、イスラーム宗教行政法（*Enakmen Pentadbiran Agama Islam*）等に改正されている。

(21) １９１７年には「イスラーム宗教評議会の認可なくファトワーを発することを禁ずる」、「イスラーム宗教評議会の認可を得て発されたファトワーが教義上の質問に対する最終的な答えである」、「全てのファトワーはシャーフィイー派の定説に基づかねばならない」ことを定めた公告がイスラーム宗教評議会から出されている［*Notis* 45/1917 of 18 December 1917, *Majlis Agama Islam dan Isti'adat Melayu Kelantan*］。現在、各州のイスラーム宗教行政法では、定説に従った時に公共の利益に反することが予想される場合は、スルタンがそうしないように指示した場合を除き、シャーフィイー派の少数説に従うことができるとも定められた。また、さらに、シャーフィイー派の定説、少数説が全て公共の利益に反する場合は、スルタンからの特別の認可を得た上で、シャーフィイー派以外のスンナ派三大法学派の説に従うことができると定められている。ただし、後述するようにプルリス州のみは異なる。

(22) **al-salafiyah: Ar**、預言者ムハンマドらの初期世代への回帰を目指すとともに後代に付加された逸脱（ビダア、**bid'ah: Ar**）を排そうとする思想であり、特定の法学派に拠らずに直接クルアーン、ハディースという法源に典拠を求める法学的な方法でもある。

(23) アラウィーヤ（Alawiya または Ba'Alawi）は、ハドラミーの一派であり、預言者ムハンマドの孫にあたるフサイン・イブン・アリー（Husayn ibn 'Ali）の後裔とされる。アラウィーヤの血統のハビーブ（Habib、預言者ムハンマドの子孫）たちの多くは、スーフィーの指導者であり、アラウィーヤはスーフィー教団としての性格も持つ。ハビーブたちは、東南アジアでも多くの崇敬者を持っている。なお、シリアやレバノン、トルコ南部に居住する宗派、アラウィー派とは全く別の集団である。

(24) サイイド・アラウィーの生涯については［Abd Latif Juffri @ Al-Jufri and Masnorindah Mohd Masry 2010: 76-85］を参照。サイイド・アラウィーに関する先行研究としては、［Daeng Sanusi Daeng Mariok & Abdul Fatah Ibrahim 1992］［Nurulwahidah Fauzi, Abdullah Yusuf, Tarek Ladjal & Mohd Roslan Mohd Nor 2013］がある。サイイド・アラウィーは、１９４１年には、日本軍の占領に際して、一度ムフティーを辞職した。

(25) マレー半島の公的なムフティーは、スルタンから直接任命され、ムスリムからの教義に関する質問に答えてファトワーを出す他、19世紀後半から20世紀前半にかけてはシェイフ・アル＝イスラームという職名を持ち、イスラーム行政や司法、教育等を統轄した。サイイド・アラウィーもジョホールにおけるイスラーム教育の責任者に任命された［Nurulwahidah Fauzi, Abdullah Yusuf, Tarek Ladjal & Mohd Roslan Mohd Nor 2013］。

(26) ワッハーブ派はサラフィー思想の一派であり、既存の法学派を否定するとともに、スーフィーとシーア派を主要敵と見なして、攻撃した。直接の創始者は18世紀のアブドゥル・ワッハーブ（Muhammad ibn ‘Abd al-Wahhab）であるが、アブドゥル・ワッハーブの思想は、ムハンマド・アブドゥやラシード・リダー同様イブン・タイミーヤを典拠としている。

(27) ハワーリジュ派は、7世紀に第4代正統カリフ、アリー・イブン・アビー・ターリブ（‘Alī ibn Abī Tālib）を、反逆者であったムアーウィヤ（Mu‘āwiya）と和議を結んだことによってアッラーに反する判断を行ったとして暗殺した。アリーは、アラウィーヤの先祖でもある。

(28) *Notis* 45/1917 of 18 December 1917, *Majlis Agama Islam dan Isti'adat Melayu Kelantan*.

(29) *al-Imam*. 5 Jan. 1908.［Abdul Aziz Mat Ton 2006: 286-287］を参照。

(30) *al-Imam*. 17 Nov. 1906.［Abdul Aziz Mat Ton 2006: 494-495］を参照。

(31) イブン・ハジャル・ハイタミー（Shihāb al-Dīn Abū al-‘Abbās Aḥmad ibn Muḥammad ibn Muḥammad ibn ‘Alī ibn Ḥajar al-Haithamī）によるシャーフィイー派フィクフの著作 *al-Zawājir ‘an Iqtiraf al-Kabā‘ir*（『大罪を犯すことの忌避』）の略。

(32) *Fatḥ al-Mannān Tarjamah li Ṣafwah al-Zubad*（『寛大なる御方の勝利――「厳選された主要論点」の翻訳』）の略称。Daud bin Abdullah al-Fatani の著、マレー語、ヒジュラ暦1249年完成。シャーフィイー派フィクフの包括的解説。*Ṣafwah al-Zubad*『厳選された主要な論点』は Aḥmad bin Raslān al-Dimashqī の著。［Wan Mohd. Saghir Abdullah 2000: 24］および［Daud bin Abdullah al-Fatani 2004］を参照。

(33) *Sabīl al-Muhtadīn fī Tafaqquh fī Amr al-Dīn*（『宗教の命令の理解における正しく導かれる者の道』）、Muhammad Arsyad bin Abdullah al-Banjari が編纂した、シャーフィイー派フィクフについて、イバーダを中心に詳細な説明をした書。マレー語、1779年完成。［Wan Mohd. Saghir Abdullah 2000: 20］を参照。

(34) *al-Riyāḍ al-Wardīyah*. マッカのマスジド・アル・ハラームにてシャーフィイー派のシェイフを務めた Ahmad Khatib bin Abd al-Latif al-Minankabawi（d. 1916）の著。［Wan Mohd. Saghir Abdullah 2000: 41］を参照。

（35）*Pengasuh*. No. 49. 17 Jun. 1920. p. 8.

（36）ハドラマウト系（イエメンのハドラマウト地方に所縁がある）のウラマー ʻAlawī al-Saqqāf（d.1916）の著 *Tarsīḥ al-Mustafidīn Khasiyah Fatḥ al-Muʻīn*『正しく導かれる者の投錨』を指すと思われる。*Fatḥ al-Muʻīn* はイブン・ハジャル・ハイタミーの弟子で16世紀インドのウラマーであるアル・マリバリー Zayn al-Dīn al-Malibarī（c.1567）の著であり、マレーシア、インドネシアで広く普及しているシャーフィイー派フィクフのテキストである。［Bruinessen 1990］を参照。

（37）*Minḥat al-Qarīb al-Mujīb wa Mugnī al-Rāgibīn fi al-Taqrīb*（『近くにおられ、応答される方からの贈り物と接近への願いを満たすもの』）の略称。Abdus Samad bin Muhammad Shalih al-Kelantani（通称 Tuan Tabal）によるシャーフィイー派フィクフについての書。マレー語、１８８２年完成。クランタン州コタ・バルの出版社 Matba'ah al-Kamaliyah において数回出版された。［Wan Mohd Saghir Abdullah 2000: 26］を参照。

（38）イブン・ハジャル・ハイタミー（Shihāb al-Dīn Abū alʻAbbās Aḥmad ibn Muḥammad ibn Muḥammad ibn ʻAlī ibn Ḥajar al-Haithamī）によるシャーフィイー派フィクフの著作 *Tuḥfah al-Muhtāj bi Sharḥ al-Minhāj*（『「ミンハージュ」の注釈のための必要への贈り物』）の略。ナワウィー（Yaḥyā ibn Sharaf al-Nawawī, d.1277）による『学徒の道 (*Minhāj al-Ṭālibīn*)』の注釈書。

（39）『必要を満たすもの（*Mugnī al-Muḥtāj*）』の略、ハティーブ・シャルビーニー（Muḥammad ibn Aḥmad al-Khaṭīb Sharbīnī, d.977H）によるシャーフィイー派フィクフの著作。ナワウィー（Yaḥyā ibn Sharaf al-Nawawī, d.1277）による『学徒の道（*Minhāj al-Ṭālibīn*）』の注釈書。

（40）*Sharḥ Ṣaḥīḥ Muslim*. ナワウィー（Yaḥyā ibn Sharaf al-Nawawī, d.1277）によるムスリム（Muslim ibn al-Hajjāj al-Qushairī, 821-875）のハディース集『真正集（*Saḥīḥ Muslim*）』の注釈書。

（41）Aḥmad ibn Muḥammad al-Qasṭalānī（d.1517）（ブハーリーのハディース集への注釈書である *Irsyād al-Sāri lī Ṣaḥīḥ al-Bukhārī* の著者）。

（42）Sulayman ibn Muhammad al-Bujayrimi（d.1806）と思われる。主な著書に、ナワウィー（Yaḥyā ibn Sharaf al-Nawawī, d.1277）『学徒たちの道（Minhāj al-Ṭālibīn）』への注釈書である Zakaria bin Muhammad al-Anṣārī（d.1520）の『学徒た

ちの道（Manhaj al-Ṭullāb）』への注釈書、Ḥāshiyah al-Bujayrimi ʻalā al-Manhaj al-Mussamat al-Tajrīd li-Naf' al-ʻĀbid ʻal-Sharḥ Manhaj al-Ṭullāb li-Abī Yaḥyā Zakariya al-Anṣāri『「学徒たちの道」へのブジャイリミーの脚注』等がある。

（43）*Pengasuh*. No. 78. 19 Aug. 1921. pp. 9-10.

（44）エジプトのスーフィーかつシャーフィイー派のウラマーである ʻAbd al-Waḥḥāb ibn Aḥmad al-Sha'arānī（d.1565 or 6）による *Mīzān al-Kubrā*.（『大天秤』）の略。

（45）*Muniyat al-Muṣallī*.（『礼拝する者の願い』）Daud bin ʻAbdullah al-Fatani（d.1847）の著で、礼拝の作法について総合的に解説した初歩的フィクフの書。前半に礼拝、後半は政治のあり方がまとめられており、マレー語圏で最も広く読まれた宗教書の一つである。Wan Saghir によると Daud al-Fatani は他の著者の本を参照することなくこの著作を書いたと伝えられており、本文や主要先行研究にも原典の存在は示されていない。［Daud bin ʻAbdullah al-Fatani 2006］を参照。

（46）*Pengasuh*. No. 82. 17 Oct. 1921. p. 8.

（47）*New Straits Times*. 19 October 2008.

（48）*The Star*. 9 August, 2010.

（49）ＵＭＮＯによるイスラーム化政策というのは、ＰＡＳの要求するシャリーアで統治者の義務とされる事項ではなく、その前段階として、教育（公教育における宗教教育）、金融（イスラーム銀行・保険）、流通（ハラール認可制度）、ＪＡＫＩＭ（マレーシア・イスラーム発展庁）への予算増額、ＩＫＩＭ（マレーシア・イスラーム理解研究所）、ＹＡＤＩＭ（マレーシア・イスラーム宣教財団）、イスラーム大学設立、マス・メディアにおけるイスラームに関するコンテンツの増加などの分野におけるイスラーム化といういわばＡＢＩＭのプログラムに沿ったものであった。［Seyyed Vali Reza Nasr 2001］

（50）Ucapan Dasar Presiden UMNO di Perhimpunan UMNO 2004. PWTC, Kuala Lumpur. 23 September 2004.

（51）Opening Speech at the Meeting of the OIC Commission of Eminent Person. Mariott Hotel, Putrajaya. 27 January 2005.

（52）近代的な主権国家国民国家の枠組み内でシャリーアを施行する体制のことをいう。中東のムスリム同胞団をはじめとする世界のイスラーム主義運動主流派共通のアジェンダである。ＡＢＩＭおよびＵＭＮＯに合流してイスラーム化政策を推進するＡＢＩＭ出身者たちは、イスラーム国家樹立を遠い将来の目標としては否定しないが、その前の準備段階として漸進的なイスラーム化が必要と考える。ＡＢＩＭによるイスラーム化の主張は、サイード・ナギーブ・アル＝アッタースによるイスラーム化論の影響を受けており、ここでいうイスラーム化とは、主に近代的な知の体系や諸制度をシャリーアに沿ったものに作り直した上で普及させることをいう。［Syed Muhammad Naguib Al Attas 1993］

(53) 民主行動党中央宣伝部声明『従民主行動党的建党理念看政教合一的神権政治』２００１年８月18日。ã

(54) http://www.mediaprima.com.my/AboutUs.asp

(55) *The Edge*. 27 June 2006.

(56) The Printing Press and Publications Act, 1984.

(57) マレー人ムスリム社会におけるウラマーの権威のあり方については、［多和田 2005］を参照。

(58) 近年、モスクが政府批判の場となることを警戒する政府が、モスクに供給される公的予算のコントロールや説教の監視を通して、モスクにおける言説の規制を図ろうとしている。たとえば、*The Star*, 19 May 2004 では、国家元首が議会の演説において、ウラマーは説教において政府批判を行うよりも民衆の直面している社会問題について取り組むべき、と述べたことが伝えられている。また、*Utusan Malaysia*, 3 March 2004 では、ＵＭＮＯ幹部の「政府予算で建てられたモスクが政党政治に用いられ、政府批判の場になるのはおかしい」との見解が伝えられている。

(59) Parti Islam SeMalaysia. *Negara Islam*. 2003, Bangi: PAS.

(60) *Qur'an*. al-Nisa' (4): 59.

(61) *Sunan Abū Dawūd*. 14: 2602.

(62) *Ṣaḥīḥ Muslim*. '*Kitāb al-Īmān*'.

(63) *Sunan Abū Dawūd*. '*Kitāb al-Jihād*', 4330.

(64) ジョホール州（http://www.maij.gov.my/）およびヌグリ・スンビラン州（http://www.mains.gov.my/cart.html）のイスラーム宗教評議会のウェブサイトに記載されている機構図に基づいて作成。なお、スランゴール州イスラーム宗教評議会のウェブサイト（http://www.mais.net.my/images/stories/cartabahagian/2010/cpent10.pdf）に記載された機構図では、ムフティーはイスラーム宗教評議会の下ではなく、スルタンに直接従属するかたちに位置づけられている。ムフティーは、スルタンから直接任命されており、イスラーム宗教評議会とは別個の独立した機関と見なすこともできる。同時に、ムフティーはイスラーム宗教評議会の評議員でもあることから、イスラーム宗教評議会の一部でもある。さらに、ムフティーはファトワー委員会の議長でもある

(65) クランタン州のイスラーム宗教・マレー慣習評議会の設立の経緯と影響に関しては、[Roff 2009: 179-233] を参照。

(66) [Roff 2009: 181-207]。モスクのイマームは村落の末端行政において大きな役割を果たしており、礼拝の催行、ザカートの徴収の他、人頭税等その他の税の徴収や土地の登記等も管轄していた。州政府の集権化と官僚化が進む中で、イマームの管掌分野は限定されていった。

(67) マレーシアは13州と連邦直轄区(クアラ・ルンプール等)から構成される連邦国家である。スルタン等と呼称される統治者が存在するのは9州であり、ペナン、マラッカ、サバ、サラワクの4州の首長は州長(Yang di-Pertua Negeri)と称される。国家元首は任期5年で、スルタンら9名の間から互選されて選出される。首相は国家元首に任命されて行政を担当する。スルタンらと州長で構成される統治者会議は、立法や国家的政策に関する諸問題に同意を与える等の役割を果たす。統治者会議の扱う議題のうち、国家元首の選出、統治者の特権、宗教、儀式、式典に関する討議には州長は参加できない(連邦憲法第38条)。

(68) 憲法第74条に付帯する第9表第2リストに挙げられた第一の項目、州議会が立法権限を有するイスラームに関する事案とは、具体的には結婚・相続等に関するムスリム家族法、ワクフの管理、マレー人の慣習、ザカート等の寄進、モスク、ムスリムがイスラーム上の違反行為を犯した際の処罰(ただし連邦議会が立法の権限を有している事案を除く。例えば、ムスリムの飲酒に対する鞭打ち刑は州議会の立法で定めることができるが、窃盗に対する刑は連邦議会で定められるため、州議会で定めることはできない)、シャリーア裁判所(ムスリムを対象とし、連邦の法律で定められている違法行為に関しては管掌しない)、ムスリムに対する教理と信条に関する教宣の管理、イスラーム法、教理、マレー人の慣習に関する事案の決定、である。ここには明記されていないが、宗教学校(sekolah agama)への管理・支援も各州イスラーム行政の主要な業務である。

(69) マレーシアにおける第1回総選挙へのイスラーム運動関係者たちの対応に関しては、[Azahar Yaakub 2007: 30] を参照。マレーシアの独立直前に実施された1955年の連邦参事会選挙に際して、マレーシアのイスラーム運動指導者

たちは、先に総選挙を実施したインドネシアのイスラーム運動の例を挙げつつ、総選挙への参加をムスリムにとっての義務であると主張し、支持者らに総選挙への参加を促した。

（70）マレーシアにおいて、マレーシアはイスラーム国家（イスラーム運動の文脈においては、近代的主権国家においてシャリーアに則った統治の行われている国家を意味する）となるべきであるが現在は未だ世俗国家であるとの主張もあれば、過去も現在も世俗国家であり、未来も世俗国家であるべきとの主張もある。マレーシアの憲法学者シャド・サリーム・ファルーキー（Shad Salim Faruqi）は、マレーシアの実態はイスラーム国家と世俗国家の中間であるとして、**“hybrid state”** であると規定している。なお、後述するように現在の政府の「公式」見解は、「マレーシアはすでにイスラーム国家である」というものである。*The Sun*. 17 July 2007 を参照。

（71）［Syed Qutb 1979］（『道標』のマレー語訳）

（72）［タラル・アサド 2006］の「第７章：植民地時代のエジプトにおける法と倫理の構造転換」を参照。

（73）暴動の直接の原因は、クアラ・ルンプール等で華人、インド人を中心とした野党である民主行動党（ＤＡＰ）、マレーシア人民運動党（ＧＥＲＡＫＡＮ）、人民進歩党（ＰＰＰ）等が躍進し、マレー人の一部、特に政府与党連合の中心である統一マレー人国民組織（ＵＭＮＯ）が危機感を抱いたことである。［金子 2001］を参照。

（74）*Berita Harian*. 26 May 2010.

（75）*Seksyen 7, Peraturan Majlis Kebangsaan Bagi Hal Ehwal Agama Islam 1971*.

（76）１９８２年には首相府イスラーム局を担当する首相府副大臣に就任、農業大臣、教育大臣を経て90年代には副首相兼財務大臣となるが、１９９８年に失脚、野党指導者となった。アンワルの下でＡＢＩＭ副総裁を務めたファジル・ヌール（Fadzil Noor）はＰＡＳ総裁（1989-2002）となった。

（77）政府主導の「イスラーム化」政策に関しては、［Seyyed Vali Reza Nasr 2001］を参照。

（78）ダルル・アルカムとタブリーグに関しては、Nagata［1984］、Abdul Rahman Abdullah［1992］を参照。

（79）*The Sun*. 17 July 2007.

（80）フィルダウス・イスマーイル（ＵＭＮＯ青年部執行委員）に対する筆者によるインタビュー、２００９年６月８日。

（81）Seksyen 48, Enakmen Pentadbiran Agama Islam (Negeri Selangor) 2003. シャリーアに関しては、ムフティーがスルタンを

補佐し、助言すると第45条に定められている。

(82) 当時、クランタンではモスクのイマームは村落の末端行政において大きな役割を果たしており、礼拝の催行、ザカートの徴収の他、人頭税などその他の税の徴収や土地の登記なども管轄していた。州政府の集権化と官僚化が進む中で、イマームの管掌分野は限定されていった。［Roff 2009: 181-207］を参照。

(83) Notis 45/1917 of 18 December 1917, Majlis Agama Islam dan Isti'adat Melayu Kelantan.

(84) Seksyen 46, Enakmen Pentadbiran Agama Islam (Negeri Selangor) 2003.

(85) ［Roff 2009: 234-266］を参照。

(86) アフマディーヤ・イドリスィーヤ教団のサラフィー主義的傾向については、［大塚 2004: 51-53］を参照。

(87) この法令に代わり、２００３年には「イスラーム宗教行政法（*Enakmen Pentadbiran Agama Islam*）」が制定された。

(88) Section 42, Administration of Muslim Law Enaktment (Negeri Selangor) 1952.

(89) Section 172, Administration of Muslim Law Enaktment (Negeri Selangor) 1952. Ahmad Mohamad Ibrahim［1998 : 95-97］を参照。

(90) Section 172, Administration of Muslim Law Enaktment(Negeri Selangor) 1952には、「口頭、または書面、または視認できる表現で侮辱、侮蔑した場合、または侮辱、侮蔑しようと試みた場合」と定められている。

(91) ただし、官報に公告されたファトワーは、政府によってファトワーがそのまま法令化されている、つまり拘束力を持っているのはファトワーそのものではなくファトワーを元に制定された法令であると解釈することも可能である、とハーシム・カマリは指摘している。［Mohammad Hashim Kamali 2000: 276］

(92) Seksyen 48, Enakmen Pentadbiran Agama Islam (Negeri Selangor) 2003.

(93) スルタンが実際にファトワーに介入することもある。近年では、２００８年に国家ファトワー委員会が、ムスリムによるヨガの実践をハラームとすることで一致したとの声明（Keputusan Muzakarah Kali Ke-83 22 October 2008）を発表した際、スランゴール州スルタンは、この問題について同州では軽率な決定は避ける、と述べるとともに、公共に影響するファトワーに関する声明は、発表の前に統治者会議に了承を得るべきである、とも述べている（*The Star*. 24 November 2008）。

（94）プルリス州のサラフィー的傾向については、［Abdul Rahman Abdullah 1989］を参照。
（95）Seksyen 7, Peraturan Majlis Kebangsaan Bagi Hal Ehwal Agama Islam 1971.
（96）Seksyen 51, Enakmen Pentadbiran Agama Islam (Negeri Selangor) 2003 によれば、スランゴール州では、イスラーム宗教行政法によって、州のファトワー委員会が、質問が国家の利益に関わると判断した場合はイスラーム宗教評議会に報告し、イスラーム宗教評議会はスルタンに対して問題の審議を統治者会議とその下部にある国家ファトワー委員会に委ねるように勧告すると定められている。
（97）［中田 2002］を参照。
（98）連邦直轄区には州議会が存在しないため、主要な立法は連邦議会によって行われる。シャリーア刑法も連邦議会によって制定された。
（99）Seksyen 12, Akta Kesalahan Jenayah Syariah (Wilayah-Wilayah Persekutuan) 1997.
（100）Seksyen 9, Akta Kesalahan Jenayah Syariah (Wilayah-Wilayah Persekutuan) 1997.
（101）［Zaini Nasohah 2005: 40］によれば、１９９５年にスランゴール州でシャリーア刑法が制定されて以来、２０００年７月までに５件の立件があった。
（102）Seksyen 12, Enakmen Jenayah Syariah (Negeri Selangor) 1995.「イスラームの首長であるスルタン、またはイスラーム宗教評議会、またはムフティーからの声明のかたちで、またはファトワーのかたちで出された指示、または命令に対し、その効力を否定した者、または拒否した者、または反対した者、または異議を唱えた者は３０００リンギ以下の罰金、または２年以下の懲役、またはその両方に処される」と定められている。スランゴール州では連邦直轄区に先駆けてシャリーア刑法が制定されていた。
（103）*The Sun*. 25 July 1997. 記事中では、イスラーム宗教局職員が現行犯で逮捕するべく会場に待ちかまえていたこと、公衆の面前で手錠をして連行したこと、ファトワーを公告した官報が一般にはさほど周知されていなかったことが問題視されている。
（104）*Al Islam*. April 2009. p. 28.
（105）PAS（Parti Islam SeMalaysia）という党名の訳語としては、「マレーシア・イスラーム党」の他に「汎マレーシア・イスラーム党」が考えられる。1955年に内務省に登録された党名はPan Malayan Islamic Partyであった。党名の“Pan Malayan”（汎マラヤ）という語は当時PASが提唱していたインドネシア、タイ南部との国際的連帯という方針を反映していた。その後、1970年代になるとPASは「汎マラヤ」という方針を主張しなくなった。現在、内務省に登録されている党名はParti Islam SeMalaysiaであるが、PASによる党名の英訳はIslamic Party of Malaysiaであり、アラビア語訳はHizb Islāmī Malaizī（マレーシア・イスラーム党）であり、「汎」にあたる“Se”という語は反映されていない。現在のPASの方針に鑑みて、党名の訳語に“Se”という語を反映させるべきではなく、“SeMalaysia”を「汎マレーシア」と訳すのは適当ではないと考えられる。

(106) マアハド・イル・イフヤ・アッシャリフに関しては、［Nabir Abdullah 1976］を参照。

(107) *Undang-Undang Hizbul Muslimin*. 22 March 1948.

(108) ［Roff 2009］の第7章“Indonesia and Malay Students in Cairo in the 1920s”を参照。

(109) ［Abdul Qadir Muttalib al-Indonesi al-Mandili 1954］を参照。

(110) ユースフ・ラワの経歴については、［Kamaruddin Jaffar (ed.) 2000］および［Mujahid Yusof Rawa 2001］を参照。

(111) Burhanuddin Helmi's acceptance speech after Presidential election in PAS *Muktamar* 1956.

(112) バドルルアミン・バハロン（元アズハル留学生、元ABIM執行委員）に対する筆者によるインタビュー、2007年5月18日。

(113) *Ke Arah Pembebasan Ummah*. Ucapan Dasar Muktamar Tahunan PAS 1983.

(114) *Mengempur Pemikiran 'Asabiyyah'*. Ucapan Dasar Muktamar Tahunan PAS 1984.

(115) *Bertekad Membulatkan Jama'ah*. Ucapan Dasar Muktamar Tahunan PAS 1988.

(116) *Fasal 7, Perlembagaan Parti Islam SeMalaysia* (Pindaan 1987).

(117) ナハーイー・アフマド（元PAS副総裁補）に対する筆者によるインタビュー、2009年6月8日。

(118) アブドゥル・ハミド・オスマン（元首相府大臣）に対する筆者によるインタビュー、2008年12月16日

(119) *Bangsa dan Tanah Air yang Selamat dan Sejahtera*.（『安全で豊かな民族と祖国』と題された1978年総選挙におけるPASのマニフェスト）

(120) *Kedaulatan Islam Menjamin Keamanan dan Kesejahteraan Rakyat.*（『イスラームの主権［権力］は国民の平和と福祉を保障する』と題された１９８２年総選挙におけるＰＡＳトレンガヌ州委員会のマニフェスト）

(121) ［Hooker 1993: 104-105］、［Hooker 1997: 14-15］。フーカーは、ファトワー委員会によるファトワーは州および連邦政府の政策を追認するものばかりであり、ウラマーが自在にイジュティハードを行った結果によるものではないと述べている。また、政府の政策を追認するために公共の福利のため、という論理が限度を超えて濫用されているとも指摘している。同様の指摘は、［Othman Ishak 1981: 26-61］も行っている。

(122) Abdul Qadir Muttalib al-Indonesi al-Mandili［1954 : 43-45］。

(123) Minit Muzakarah Jawatankuasa Fatwa Kali yang ke16. Kertaskerja bilangan 6/16/86. 18-19 February 1986. p. 16.

(124) 六信はイスラームにおける信仰箇条、義務とされる信仰であり、アッラー、天使の存在、（シャリーアをもたらした）使徒たち（がアッラーから遣わされたこと）、啓典（がアッラーから授けられたこと）、来世（が最後の審判の後に来ること）、運命（の存在）を信じることである。五行はイスラームにおける義務である信仰行為であり、信仰告白、義務の礼拝、ザカート、ラマダーン月の斎戒、（可能な者は）巡礼を行うことである。

(125) *Utusan Melayu*. 3 February 1986.

(126) 同上。

(127) *Utusan Melayu*. 29 February 1986.

(128) *Utusan Melayu*. 26 February 1986.

(129) *Utusan Melayu*. 31 January 1986.

(130) *Utusan Melayu*. 3 April 1986.

(131) *Utusan Melayu*. 29 January 1986.

(132) *Utusan Melayu*. 31 January 1986.

参考文献

英語、マレー語文献

Abdul Aziz Mat Ton (2006) *Pengislahan Masyarkat Melayu: Perbincangan al-Imam (1906-1908)*. Kuala Lumpur: Dewan Bahasa dan Pustaka.

Abdul Basir Mohamad (2012) "The Influence of Turkey on the State of Johore: A Study on Majallat al-Ahkam al-Adliyyah", *Journal of Applied Sciences Research*. Vol. 8, No. 3.

Abdul Hadi Awang (2002) *Amanat Haji Hadi*. Kuala Lumpur: Jabatan Penerangan PAS Pusat.

—— (2003) *Sistem Pemerintahan Negara Islam*. Kuala Terengganu: Penerbitan Yayasan Islam Terengganu.

Abd. Jalil Borham (2002) Majalah Ahkam Johor: *Kod Undang-undang Sivil Islam Kerajaan Negeri Johor 1331 H/1913 M*. Skudai: Penerbit Universiti Teknologi Malaysia.

Abd Latif Juffri @ Al-Jufri and Masnorindah Mohd Masry @ Durratul Mujahid (2010) *40 Tokoh Ulama Johor*. Johor: Kesatuan Kebangsaan Guru-Guru Ugama.

Abdul Monir Yaacob (ed.) (1998) *Mufti dan Fatwa di Negara-Negra ASEAN*. Kuala Lumpur: Institut Kefahaman Islam Malaysia.

Abdul Qadir Muttalib al-Indonesi al-Mandili (1954) *Islam: Agama dan Kedaulatan*. Egypt: *Matba'at al-Anwar*.

Abdul Rahman Abdullah (1989) *Gerakan Islah di Perlis: Sejarah dan Pemikiran*. Kuala Lumpur: Penerbitan Pena.

—— (1992) *Gerakan Islam Tradisional di Malaysia: Sejarah dan Pemikiran Jamaat Tabligh & Darul Arqam*, Kuala Lumpur: Penerbitan Kintan.

Abdul Salam Muhammad Shukri (ed.) (2007) *Dimensi Pemikiran Shah Wali Allah Al-Dihlawi dan Pengaruhnya di Malaysia*. Kuala Lumpur: Pusat Penyelidikan Universiti Islam Antarabangsa Malaysia.

Abdul Samat Musa et.al. (eds.) (2006) *Prinsip dan Pengurusan Fatwa di Negara-Negara ASEAN*, Negeri Sembilan: Institut Pengurusan dan Penyelidikan Fatwa Sedunia (INFAD).

Abdul Shukor Husin et al. (eds.) (2010) *Monograf Al-Ifta' (Siri 1)*. Shah Alam: Jabatan Kemajuan Islam Malaysia.

Ahmad Hassan (1968) *Soal-Jawab: Tentang Berbagai Masalah Agama*, Bandung: Diponegoro.

Ahmad Hidayat Buang (2004) "Penulisan dan Kajian Fatwa" in Ahmad Hidayat Buang (ed.) *Fatwa di Malaysia*. Kuala Lumpur: Jabatan Syariah dan Undang-undang, Akademi Pengajian Islam Universiti Malaya. pp. 1-24.

Ahmad Hidayat Buang (2004) "Analisis Fatwa-Fatwa Syariah di Malaysia" in Ahmad Hidayat Buang (ed.) *Fatwa di Malaysia*. Kuala Lumpur: Jabatan Syariah dan Undang-undang, Akademi Pengajian Islam Universiti Malaya. pp. 163-180.

Ahmad Hidayat Buang (ed.) (2004) *Fatwa di Malaysia*. Kuala Lumpur: Jabatan Syariah dan Undang-undang, Akademi Pengajian Islam Universiti Malaya.

Ahmad Ibrahim Abu Shouk (2002) An Arabic Manuscript on the life and career of Ahmad Muhammad Sūrkatī and his Irshādī disciples in Java. in Huub de Jonge and Nico Kaptein eds., *Transcending Borders: Arabs, Politics, Trade and Islam in Southeast Asia*, Leiden. KITLV Press, pp. 203-217.

Ahmad Mohamad Ibrahim (1998) "Acara Mufti Membuat Fatwa" in Abdul Monir Yaacob (ed.) *Mufti dan Fatwa di Negara-Negra ASEAN*. Kuala Lumpur: Institut Kefahaman Islam Malaysia.

Ahmad Zain al-Fatani (1957) *al-Fatāwā al-Fatānīyah*. Patani: Matba'at Fatani.

Aidit Ghazali and Dzulfawati Hassan (eds.) (1997) *Peranan Ulama' dalam Pembangunan Menjelang Abad ke-21*. Kuala Lumpur: Institut Perkembangan Minda.

Amrita Malhi (2003) "The PAS-BN Conflict in the 1990s: Islamism and Modernity" in Virginia Hooker and Norani Otheman (eds.) *Malaysia: Islam, Society and Politics*. Singapore: Institute of Southeast Asian Studies.

Ann Wan Seng (2005) *Al-Arqam di Sebalik Tabir*, Kuala Lumpur: Penerbit Universiti Malaya.

Azahar Yaakub (2007) *PAS & Negara Islam: Satu Penilaian Strategi*. Kuala Lumpur: HARAKAH.

Azyumardi Azra (2004) *The Origins of Islamic Reformism in Southeast Asia: Networks of Malay-Indonesian and Middle Eastern 'Ulamā in the Seventeenth and Eighteenth Centuries*. Crows Nest and Honolulu: Allen & Unwin and University of Hawai'i Press.

Badrulamin Bahron (2002) *Dari UIA ke ISA*. Kuala Lumpur: Percetakan Dua Alam.

Bosworth, C. (2007) *Historic Cities of The Islamic World*. Leiden: Brill.

Bruinessen, Martin van (1990) "Kitab Kuning: Books in Arabic Script Used in the Pesantren Milieu" *Bijdragen tot de Taal-, Land-en Volkenkunde*. Vol. 146, pp. 226-269.

—— (1995) *Kitab Kuning, Pesantren dan Tarekat: Tradisi-Tradisi Islam di Indonesia*. Bandung: Mizan.

Burhanuddin Helmy (2000) "Falsafah Kebangsaan Melayu" in Kamarudin Jaffar (ed.) *Dr. Burhanuddin al Helmy: Pemikiran dan Perjuangan*. Kuala Lumpur: IKDAS. pp. 67-120.

Daeng Sanusi Daeng Mariok and Abdul Fatah Ibrahim (1992) "Dato' Sayid Alwi Tahir al-Haddad, 1884-1962, Mufti yang Tegas", in Ismail Mat ed., *Ulama Silam dalam Kenangan*, Bangi: Penerbit Universiti Kebangsaan Malaysia, pp. 109-118.

Daud bin Abdullah al-Fatani (2004) *Fatḥ al-Manān Tarjamah li Ṣafwat az-Zubad li Walī Allah Aḥmad bin Ruslān al-Damashqī dengan Bahasa Melayu*. Kuala Lumpur: Khazanah Fathaniyah.

—— (2006) *Munyatul Mushalli Syeikh Daud bin Abdullah al-Fatani*. transliterated by Wan Mohd. Shghir Abdullah in Wan Mohd. Shaghir Kuala Lumpur: Khazanah Fathaniyah.

Dewan Ulamak PAS Pusat (ed.) (2009) *25 Tahun Kepimpinan Ulamak: Membangun bersama Islam*. Kuala Lumpur: Nufair Street.

Dinsman (ed.) (2000) *Sepuluh Tahun Membangun bersama Islam: Kelantan di bawah Pimpinan Ulamak*. Kota Bharu: Pusat Kajian Strategik.

Dodge, B. (1961) *Al-Azhar: A Millennium of Muslim Learning*. Washington D. C.: The Middle East Institute.

Fadzil Noor (2003)*'Aqidah & Perjuangan*. Shah Alam: Dewan Pustaka Fajar.

Farish Noor (2003) "The Localization of Islamist Discourse in the *Tafsir* of Tuan Guru Nik Aziz Nik Mat, Murshid'ul Am of PAS" in Virginia Hooker and Norani Othman (eds.) *Malaysia: Islam, Society and Politics*. Singapore: Institute of Southeast Asian Studies. pp. 195-235.

—— (2004) *Islam Embedded: The Historical Development of the Pan-Malaysia Islamic Party PAS (1951-2003)*. Kuala Lumpur: Malaysian Sociological Research Institute.

Federspiel, Howard M. (2009) *Persatuan Islam: Islamic Reform in Twentieth Century Indonesia*, Singapore: Equinox.

Feener, R. Michael (2007) *Muslim Legal Thought in Modern Indonesia*, Cambridge: Cambridge University Press.

Fraser, N. (1993) *Rethinking the Public Sphere: A Contribution to the Critique of Actually Existing Democracy*. in *Habermas and the Public Sphere*. edited by Craig Calhoun, Boston: Massachusetts Institute of Technology Press.

Funston, N. (1980) *Malay Politics in Malaysia: A Study of the United Malays National Organization and Party Islam*. Kuala Lumpur: Heinemann Educational Books.

Gibb, H. A. R. (eds.) (1960) 'al-Masdjid al-Ḥarām' in *The Encyclopaedia of Islam*, Leiden: Brill.

Gilroy, Paul. (1987) *There ain't No Black in the Union Jack*. London: Routledge.

Gomez, E. (2004) *The State of Malaysia: Ethnicity, Equity and Reform*. New York: Routledge Curzon.

—— (2007) *Politics in Malaysia: The Malay Dimension*. New York: Routledge Curzon.

Hamayotsu, Kikue (2003) "Politics of Syariah Reform: The Making of the State Religio-Legal Apparatus" in Virginia Hooker and Norani Othman (eds.) *Malaysia: Islam, Society and Politics*. Singapore: Institute of Southeast Asian Studies. pp. 195-235.

—— (2004) "Islamisation, Patronage and Political Ascendancy: The Politics and Business of Islam in Malaysia" in Edmund Terence Gomez. *The State of Malaysia: Ethnicity, Equity and Reform*. New York: Routledge Curzon.

Hanapi Md. Noor (2005) *Tabligh: The Misunderstood Jewel of the Last Century*, Penang; Hanapi Publishing House.

Hasnan Kasan (2008) *Institusi Fatwa di Malaysia*. Penerbit UKM.

Habermas, Jurgen (1989) *The Structural Transformation of the Public Sphere: An Inquiry into a Category of Bourgeois Society*, translated by Thomas Burger, Cambridge: Polity Press, p. 220.

Heffner, Robert. *Civil Islam: Muslims and Democratization in Indonesia*, 2000, Princeton: Princeton University Press. p.11.

Hoexter, Miriam. and Eisenstadt, Shmuel and Levtizion, Nehemia. (eds.) (2002) *The Public Sphere in Muslim Societies*. Albany: State University of New York Press.

Hooker, M. B. (1993) "Fatwa in Malaysia 1960-1985" *Arab Law Quarterly*. Vol. 8, No. 2, pp. 93-105.

—— (1997) "Islam and Medical Science: Evidence from Malaysia and Indonesian Fatwa 1960-1995" *Studia Islamika*. Vol. 4, No. 3, pp. 1-31.

—— (2003) *Indonesian Islam: Social Change through Contemporary Fatwa*. Allen and Unwin and Honolulu: University of Hawai'i Press.

Hooker, M. B. (ed.) (1983) *Islam in South-East Asia*. Leiden: E. J. Brill.

Hooker, Virginia and Norani Otheman (eds.) (2003) *Malaysia: Islam, Society and Politics*. Singapore: Institute of Southeast Asian Studies.

Ibrahim Syukri (1985) *History of the Malay Kingdom of Patani*. translated by Conner Bailey and John Miksic. Athens: Ohio University Center for International Studies.

Institut Terjemahan Negara Malaysia (2008) *Perjanjian & Dokumen Lama Malaysia: Old Treaties & Documents of Malaysia 1791-1965*. Kuala Lumpur: Institut Terjemahan Negara Malaysia.

Ismail Che Daud (2001) *Tokoh-Tokoh Ulama' Semenanjung Melayu (1)*. Kota Bharu: Majlis Ugama Islam dan Adat Istiadat Melayu Kelantan.

Jabatan Hal Ehwal Agama Islam Terengganu (1971) *Fatwa-fatwa Mufti Kerajaan Terengganu: Dari Tahun Hijrah 1372-1389 Bersamaan Tahun 1953-1970*. Kuala Terengganu: Jabatan Hal Ehwal Agama Islam Terengganu.

Jabatan Kemajuan Islam Malaysia (2009) *Keputusan Muzakarah Jawatankuasa Fatwa Majlis Kebangsaan Bagi Hal Ehwal Ugama Islam Malaysia*. Kuala Lumpur: Visual Print.

Jabatan Perangkaan Malaysia (2000) *Population and Housing Census 2000, General Report of the Population and Housing Census*. 2005, Kuala Lumpur: Federal Government of Malaysia.

Jabatan Mufti Negeri Melaka (2005) *Himpunan Fatwa: Warta Kerajaan Negeri Melaka (1986-2005)*. Melaka: Jabatan Mufti Negeri Melaka.

Jonge, Huub de. and Kaptein, Nico. (eds.) (2002) *Transcending Borders: Arabs, Politics, Trade and Islam in Southeast Asia*. Leiden: KITLV Press.

Kamaruddin Jaffar (2000) *Dr. Burhanuddin al Helmy: Pemikiran dan Perjuangan*. Kuala Lumpur: IKDAS.

—— (2001) *Zulikifli Muhammad: Pemikiran dan Perjuangan*. Kuala Lumpur: IKDAS.

Kamaruddin Jaffar (ed.) (2000) *Memperingati Yusof Rawa*. Kuala Lumpur: IKDAS.

Kamarulnizam Abdullah (2003) *The Politics of Islam in Contemporary Malaysia*. Bangi: Penerbit Universiti Kebangsaan Malaysia.

Kaptein, N. (1997) *The Muhimmāt al-Nafāis: A Bilingual Meccan Fatwa Collection for Indonesian Muslims from the End of the Nineteenth Century*. Jakarta: INIS.

—— (2002) "The Conflicts about the Income of an Arab Shrine: The Perakara Luar Batang in Batavia", in Huub de Jonge and Nico Kaptein eds., *Transcending Borders: Arabs, Politics, Trade and Islam in Southeast Asia*, Leiden, KITLV Press, pp. 185- 201.

Khairul Nizam Zainal Badri (2008) *Ketokohan dan Pemikiran Abu Bakar Al-Baqir*. Shah Alam: Karisma Publications.

Khoo Kay Kim (1991) "Ulama dan Perjuangan: Suatu Perspektif Sejarah" *Jurnal Pengajian Melayu*, Vol. 3, pp. 1-11.

Laoust, H. (1939) *Essai sur les Doctrines Sociales et Politique de Takī-d-dīn Ahmad b. Taimīya, Canoniste Hanbalite né à Harrān en 661/662, Mort à Damas en 728/1328*, Cairo: Imprimerie de l'Institut Français d'Archéologie Orientale.

M. Kamal Hassan and Ghazali bin Basri (ed.) (2005) *Encyclopedia of Malaysia Volume 10 Religions and Beliefs*. Singapore: Archipelago Press.

Mahayuddin Yahaya (1980) "Latarbelakang Sejarah Keturnan Sayyid di Malaysia", in Khoo Kay Kim ed., *Tamadun Islam di Malaysia*, Kuala Lumpur: Persatuan Sejarah Malaysia.

Mahmud Saedon Awang Othman (1998) *Institusi Pentadbiran Undang-Undang dan Kehakiman Islam*. Kuala Lumpur: Dewan Bahasa dan Pustaka.

Madjid Hasan Bahafdullah (2010) *Dari Nabi Nuh sampai Orang Hadhramaut di Indonesia: Menelusuri Asal Usul Hadharim*, Jakarta: Bania Publishing.

Mansor Daud (2000) "Keutamaan kepada Pendidikan Islam" in Dinsman (ed.) *Sepuluh Tahun Membangun bersama Islam: Kelantan di bawah Pimpinan Ulamak*. Kota Bharu: Pusat Kajian Strategik.

Matheson, B. and Hooker, M. B. (1988) "Jawi Literature in Patani: The Maintenance of an Islamic Tradition" *JMBRAS*. Vol. 61, No. 1, pp. 1-86.

Md. Sidin Ahmad Ishak and Mohammad Rezuan Othman (2000) *The Malays in the Middle East: With a Bibliography of Malay Printed*

Works Published in the Middle East. Kuala Lumpur: University of Malaya Press.

Milner. A. C. (1983) "Islam and the Muslim State" in Hooker, M. B. (ed.) *Islam in South-East Asia*. Leiden: E. J. Brill.

M. Ishom Saha (2008) *Dinamika Madrasah Diniyah di Indonesia ; Menelusuri Akar Sejarah Pendidikan Nonformal*, Jakarta: Pustaka Mutiara.

Mohamad Abu Bakar (1991) "Tuan Guru, Pak Lebai dan Tuk Faqih: Ulama Sebagai Institusi Umum dengan Rujukan kepada Sejarah Islam Terengganu" *Jurnal Pengajian Melayu*. Vol. 3, pp. 12-31.

—— (1997) "Ulama Pondok dan Politik Kepartian di Malaysia, 1945-1985" in Norazit Selat (ed.) *Ekonomi dan Politik Melayu*. Kuala Lumpur: Akademik Pengajian Melayu.

—— (2000) "Konservatisme dan Konflik: Isu 'Kafir Mengkafir' dalam Politik Kepartian 1955-2000" *Pemikir*. Vol. 21, pp. 121-159.

Mohamad Fauzi Zakaria (2007) *Pengaruh Pemikiran Sayyid Qutb: Terhadap Gerakan Islam di Malaysia*. Kuala Lumpur: Jundi Resources.

Mohammad Hashim Kamali (2000) *Islamic Law in Malaysia: Issues and Developments*. Kuala Lumpur: Ilmiah Publishers.

Mohamad Nor Manuty (1990) *Perception of Social Change in Contemporary Malaysia*. PhD thesis: Temple University.

Mohammad Redzuan Othman (2002) Conflicting Political loyalties of Arabs in Malaya before World War Ⅱ. in Huub de Jonge and Nico Kaptein (eds.) *Transcending Borders: Arabs, Politics, Trade and Islam in Southeast Asia*, Leiden: KITLV Press. pp. 37-52.

—— (2004) "In Search of an Islamic Leader: Malay Perceptions of Ibn Sa'ūd's Triumph and the Domination of the Waḥḥābīs in Saudi Arabia", *Studia Islamika,* 11(2).

—— (2005a) *Islam dan Masyarakat Melayu: Peranan dan Pengaruh Timur Tengah*, Kuala Lumpur: Penerbit Universiti Malaya.

—— (2005b) "Egypt's Religious and Intellectual Influence on Malay Society", *KATHA – The Official Journal of the Centre for Civilisational Dialogue*, 1, pp. 1-18.

—— (2006) *The Arabs Migration and its Importance in the Historical Development of the Late Nineteentn and Early Twentieth Century Malaya*. Paper presented at the 15th Annual World History Association Conference held on 22-25 June 2006 in California, USA.

Mohd. Daud Bakar. (1997) "Instrumen Fatwa Dalam Perkembengan Perundangan Islam" *Jurnal Syariah*. Vol. 5, No. 1, pp. 1-14.

—— (1997) "Penglibatan Ulama' dalam Fatwa Semasa: Tanggapan dan Realiti" in Aidit Ghazali and Dzulfawati Hassan (eds.) *Peranan Ulama' dalam Pembangunan Menjelang Abad ke-21*. Kuala Lumpur: Institut Perkembangan Minda.

Mohd. Lazim Lawee (2004) *Penyelewengan Jemaah al-Arqam dan Usaha Pemurniannya*. Bangi: Penerbit Universiti Kebangsaan Malaysia.

Mona Abaza (1994) *Islamic Education, Perception and Exchanges: Indonesian Students in Cairo*. Paris: Cahier d'Archipel.

Mufti Negeri Selangor (2008) *Fatwa: Warta Kerajaan Negeri Selangor Darul Ehsan (1991-1997)*. Shah Alam: Pejabat Mufti Negeri Selangor.

Muhammad Khalid Masud et al. (eds.) (1996) *Islamic Legal Interpretation: Muftis and their Fatwas*. Cambridge Mass: Harvard University Press.

Muhammad Qasim Zaman (2002) *The Ulama in Contemporary Islam: Custodians of Change*. Princeton and Oxford: Princeton University Press.

Mustafa Anuar (2002) *Defining Democratic Discourses: The Main Stream Press*. in *Democracy in Malaysia: Discourses and Practices*. edited by Francis Loh Kok Wah & Khoo Boo Teik, Richmond: Curzon Press.

Mujahid Yusof Rawa (2001) *Permata Dari Pulau Mutiara*. Kuala Lumpur: Nufair Street.

Nabir Abdullah (1976) *Maahad il Ihya Assyariff Gunung Semanggol 1934-1959*. Bangi: Jabatan Sejarah Universiti Kebangsaan Malaysia.

Nagata, Judith (1984) *The Reflowering of Malaysian Islam: Modern Religious Radicals and Their Roots*. Vancouver: University of Colombia Press

Nasharudin Mat Isa (2001) *50 Tahun Mempelopori Perumahan: Menyingkap Kembali Perjuangan PAS 50 Tahun*. Batu Caves: Penerbit Ahnaf.

—— (2001) *The Islamic Party of Malaysia (PAS): Ideology, Policy, Struggle and Vision towards the New Millennium*. Kuala Lumpur: Islamic Party of Malaysia.

Negt, O & Kluge, A. (1997) *The Public Sphere and Experience* in *October: The Second Decade 1986-1996*. Boston: Massachusetts Institute of Technology Press.

Nik Abdul Aziz Nik Mat (1995) *Kelantan: Agenda Baru Untuk Umat Islam*. Kuala Lumpur: Rangkaian Minda Publishing.

—— (1996) *Tafsir Surah Hud*. Nilam Puri: Ma'ahad ad-Dakwah wal-Imamah.

Othman Ishak (1981) *Fatwa dalam Perundangan Islam*. Kuala Lumpur: Penerbit Fajar Bakti.

—— (1989) "The Making of Fatwa in Malaysia" *Islamic Studies*. Vol. 28, No. 4, pp. 415-420.

Panel Pengkaji Sejarah Pusat Penyelidikan PAS (1999) *PAS dalam Arus Perjuangan Kemerdekaan*. Shah Alam: Angkatan Edaran. Penerbitan Pena.

Nurulwahidah Fauzi, Abdullah Yusuf, Tarek Ladjal and Mohd Roslan Mohd Nor (2013) "Hadhrami 'Ulama' within the Malay-Johor Activism: The Role of Sayyid 'Alwī Tahir al-Haddad (1934-1961)", *Midle-East Journal of Scientific Research*. Vol. 13, No. 3.

Parti Islam SeMalaysia (2003) *Negara Islam*. Selangor: Parti Islam SeMalaysia.

Paizah Ismail and Ridzwan Ahmad (2000) *Fiqh Malaysia: Ke Arah Pembinaan Fiqh Tempatan yang Terkini*. Kuala Lumpur: Akademi Pengajian Islam Universiti Malaya.

Peters, Jeroen (1997) *Kaum Tuo-Kaum Mudo: Perubahan Religiousdi Palembang 1821-1942*. Jakarta: INIS.

Raihanah Abdullah (2004) "Personel Jabatan Mufti" in Ahmad Hidayat Buang (ed.) *Fatwa di Malaysia*. pp. 65-93. Kuala Lumpur: Department of Shariah and Law, Academy of Islamic Studies University of Malaya.

Rajen Devaraj (2005) "Understanding *Fatwa* in the Malaysian Context: The Purpose of a Fatwa should be to Offer an Opinion" *Aliran Monthly*. Vol. 25, Issue 2.

Riddelle, Peter (2001) *Islam and the Malay-Indonesian World: Transmission and Responses*. Honolulu: University of Hawai'i Press.

Riduan Mohd Nor (2004) *Pengaruh Pemikiran Ikhwanul Muslimin: Terhadap Parti Islam Se-Malaysia (PAS)*. Kuala Lumpur: Jundi Resources.

—— (2007) *Sejarah dan Perkembangan Gerakan Islam Abad Moden*. Batu Caves: MHI Publication.

Roff, William (1984) *Kerjasama dan Koperasi di Semenanjung 1910-1941*. Kuala Lumpur: Penerbit Universiti Malaya.

—— (1994) *The Origins of Malay Nationalism Second Edition*, Kuala Lumpur: Oxford University Press.

—— (1996) "An Argument about How to Argue" in Muhammad Khalid Masud et al. (eds.) *Islamic Legal Interpretation: Muftis and Their*

Fatwas. Cambridge Mass: Harvard University Press. pp. 223-229.

—— (1998) "Pattern of Islamization in Malaysia, 1890s-1990s: Exemplars, Institutions, and Vectors" *Journal of Islamic Studies*. Vol. 9, No. 2.

—— (2004) *Pondoks, Madrasahs and the Production of 'Ulama' in Malaysia*. Studia Islamika. Volume 11, November 1.

—— (2009) *Studies on Islam and Society in Southeast Asia*. Singapore: NUS Press.

Saari Sungib (2005) *Tokoh Gerakan Islam Malaysia*. Selangor: PAS Gombak.

Saadan Man (2008) "The Development of Ikhtilāf and its Impact on Muslim Community in Contemporary Malaysia" *Journal Syariah*. Vol. 16, pp. 497-522.

Said Ibrahim (1985) *Muzakarah Mengembalikan Kewibawaan Mufti*. kertas kerja di Muzakarah Tahunan Persatuan Ulama Malaysia. 28-30 June 1985.

Sayyid Abul A'la Maududi (1960) *First Principles of the Islamic State*. translated and edited by Khursid Ahmad. Lahore: Islamic Publications Limited.

Sayyid Alawi Tahir al-Haddad (1981) *Fatwa-fatwa Mufti Kerajaan Johor: 1356-1381 Hijrah = 1936-1961 Miladiyah*, Johor Bharu: Bahagian Penerbitan Jabatan Agama Johor.

—— (2001) *Sejarah Masuknya Islam di Timur Jauh*, Jakarta: Penerbit Lentera.

Syed Ahmad Hussein. (2002) *Muslim Politics and the Discourse on Democracy*. in *Democracy in Malaysia: Discourses and Practices*. edited by Francis Loh Kok Wah & Khoo Boo Teik, Richmond: Curzon Press.

Seyyed Vali Reza Nasr (2001) *The Islamic Leviathan: Islam and the Making of State Power*. New York: Oxford University Press.

Scott, James C. (1985) *Weapons of the Weak: Everyday Forms of Peasant Resistance*. New Haven and London: Yale University Press.

Shad Saleem Faruqi (1997) "Beauty Contest and Syariah Law in Selangor" *Current Law Journal*, Vol. 4.

Shiozaki, Yuki. (2010) "The State and *Ulama* in Contemporary Malaysia" in Parvizi Amineh (ed.) *Society and International Relations in Asia*. Amsterdam: Amsterdam University Press. pp. 95-104.

Skovgaard-Petersen, J. (1997) *Defining Islam for the Egyptian State: Muftis and Fatwas of the Dar al Ifta'*. Leiden: Brill.

Syed Muhammmad Naguib Al-Attas (1984) *The Correct Date of the Trengganu Inscription: Friday, 4th Rejab, 702 A. H. / Friday 22nd February, 1303*. Kuala Lumpur: Muzium Negara.

—— (1993) *Islām and Secularism*. Kuala Lumpur: International Institute of Islamic Thought and Civilization.

Syed Qutb (1979) *Petunjuk Sepanjang Jalan*. Petaling Jaya: Penerbitan Pena Sdn Bhd.

Tagliacozzo, Eric (ed.) (2009) *Southeast Asia and the Middle East: Islam, Movement, and the Longue Durée*. Singapore: NUS Press.

Talal Asad (1993) *Geneaologies of Religion: Discipline and Reasons of Power in Christianity and Islam*. Baltimore: The Johns Hopkins University Press.

—— (2003) *Formations of the Secular: Christianity, Islam, Modernity*. Stanford: Stanford University Press.

Wan Mohamad Sheikh Abdul Aziz (2010) "Impak Internet dalam Penyebaran Maklumat Kefatwaan" in Abdul Shukor Husin et al. (eds.) *Monograf Al-Ifta' (Siri 1)*. Shah Alam: Jabatan Kemajuan Islam. Malaysia. pp. 32-47.

Wan Mohd Saghir Abdullah (1990) *Fatwa tentang Bintaang Hidup Dua Alam Syeikh Ahmad al-Fatani*. Penerbitan Hizbi.

—— (2000) *Wawasan Pemikiran Islam Ulama Asia Tenggara*. 3 volumes. Kuala Lumpur: Khazanah Fathaniyah.

—— (2002) *Al-Fatawal Fathaniyah Syeikh Ahmad Al-Fathani Jilid 3: Membicarakan Shufi, Hadits, Fiqh Perbandingan antara Dunia Nyata & Ghaib*. Kuala Lumpur: Khazanah Fathaniyah.

Wan Senik (2007) *Pemikiran Politik "Mujahid Ulung" Dato' Hj. Fadzil Mohd. Noor.* Pendang: PAS Kawasan Pendang.

Warner Kraus (2008) "Sejarah Wilayah Muslim, Modenisasi Islam Thai dan Gerakan Pemisah" in Farid Mat Zain and Zulkarnain Mohamed (eds.) *Muslim Selatan Thai: Konflik dan Perjuangan*. Shah Alam: Karisma Publications.

Yegar, M. (1979) *Islam and Islamic Institutions in British Malaya: Policies and Implementation*. Jerusalem: The Magnes Press.

Yusuf Qaradawi (1995) *Fatwa Masa Kini*. Kuala Lumpur: Pustaka Salam.

Yusuf Qaradawi (2003) *Fatwa: Antara Ketelitian dan Kecerobohan*. Batu Caves: Thinker's Library.

Zaharom Nain. (2003) *The Structure of the Media Industry:Implications for Democracy*. in *Democracy in Malaysia: Discourse and Practices*. edited by Francis Loh Kok Wah and Khoo Boo Teik, Richmond: Curzon Press.

Zainah Anwar (1987) *Islamic Revivalism in Malaysia: Dakwah among the Students*. Petaling Jaya: Pelanduk Publications.

Zaini Nasohah (2005) "Undang-undang Penguatkuasaan Fatwa di Malaysia" *Islamiyyat*. Vol. 27, No. 1, pp. 25-44.
Zainuddin Awang Hamat and Dinsman (2000) "Mengurus Kewangan Negeri Berdana Kecil" in Dinsman (ed.) *Sepuluh Tahun Membangun bersama Islam: Kelantan di bawah Pimpinan Ulamak*. Kota Bharu: Pusat Kajian Strategik.

日本語文献

大塚和夫（2004）『イスラーム主義とは何か』、岩波新書
金子芳樹（2001）『マレーシアの政治とエスニシティ』、晃洋書房
久志本裕子（2010a）「マレーシアにおける伝統的イスラーム学習の変容」、『比較教育学研究』、第 40 号、日本比較教育学会、pp.44-62.
――（2010b）「マレーシアにおける伝統的イスラーム知識伝達――構成要素と学びの意味」、『イスラーム世界研究』、第 3 巻 2 号、pp.255-292
――（2014）『変容するイスラームの学びの文化――マレーシア・ムスリム社会と近代学校教育』、ナカニシヤ出版
小杉泰（1994）『イスラームとは何か――その宗教・社会・文化』、講談社現代新書
――（2002）「ファトワー」「ムフティー」、大塚和夫他編『岩波 イスラーム辞典』所収、岩波書店
――（2006）『現代イスラーム世界論』、名古屋大学出版会
塩崎悠輝（2005）「Islam Hadhari ――アブドゥッラー政権におけるイスラーム政策の指針」、『JAMS News』（日本マレーシア研究会会報）、32 号、pp.33-35.
――（2006a）「マレーシア・ムスリム社会におけるイスラーム主義運動と公共圏の形成」、『一神教学際研究』、3 号、pp. 101-127.
――（2006b）「政府主導によるイスラーム化の中のシャリーア裁判制度発展」、日本マレーシア研究会（JAMS）、『JAMS News』（日本マレーシア研究会会報）、34 号、pp26-27.
――（2006c）「国民統合とイスラーム化――特集にあたって」、『JAMS News』（日本マレーシア研究会会報）、34 号、pp.24-

25.
――（2008）「マレーシア人と宗教」、『季刊　マレーシアレポート』、2008/09年冬号、Vol. 1, No.3、pp. 25-36.
――（2010）「現代ムスリム国家における主権と世俗主義批判――マレーシアにおけるイスラーム主義批判と国家論」、『一神教世界』、1号、pp.1-14.
――（2011）「マレーシアの公的ファトワー管理制度――近代国家によるシャリーア解釈権独占の試み」『イスラム世界』76号
――（2012）「カラダーウィーによる欧米のマイノリティ・ムスリムのためのファトワー――サラフィー的方法論とワサティーヤ（中道）の概念に基づく現代諸問題への取り組み」、塩崎悠輝編『マイノリティ・ムスリムのイスラーム法学』、日本サウディアラビア協会、pp. 5-16.
シュミット、カール（1971）『政治神学』田中浩・原田武雄訳、未來社
タラル・アサド（2006）『世俗の形成――キリスト教、イスラム、近代――』中村圭志訳、みすず書房
多和田裕司（2005）『マレー・イスラームの人類学』、ナカニシヤ出版
富沢寿勇（2003）『王権儀礼と国家――現代マレー社会における政治文化の範型』、東京大学出版会
鳥居高編著（2006）『マハティール政権下のマレーシア――「イスラーム先進国」をめざした22年』、アジア経済研究所
中田考（2000）「マレーシア・ＰＡＳ（汎マレー・イスラーム党）とウラマーの指導」『山口大学哲学研究』、9巻、pp.17-40.
――（2001a）『イスラームのロジック――アッラーフから原理主義まで』、講談社
――（2001b）「ＰＡＳ（汎マレーシア・イスラーム党）指導者ジャウィ著作解題付ローマ字翻字・邦訳――アブドルハーディー・アワン著『ムスリム信条序説』第20章「現代における不信仰の諸特性」ローマ字翻字・邦訳・解題」、『上智アジア学』、19号、pp.345-356.
――（2002a）「マレーシアの「公認」イスラーム国家論」、『JAMS News』（日本マレーシア研究会会報）、24号、pp.12-17.
――（2002b）「マレー世界とイスラーム地域研究――ＰＡＳ（汎マレーシア・イスラーム党）ハーディー・アワン『教書』の『背教宣告』問題によせて――」、『イスラム世界』、58号、pp.63-75.

――（2002c）「ビンラディンの論理」、小学館
――（2003）『イスラーム法の存立構造』、ナカニシヤ出版
ハトックス、ラルフ・S（1993）『コーヒーとコーヒーハウス――中世中東における社交飲料の起源』斉藤富美子・田村愛理訳、同文館
藤本勝次（1966a）「現マラヤのムスリム社会におけるファトワーについて」、『イスラム世界』、5号、pp. 1-11.
――（1966b）「マラヤのザカートに関する二・三のファトワーについて」、『書泉』、32号、pp. 34-47.
フーコー、ミシェル（1978）「イランの反抗はカセット・テープ上を走っている」、蓮實重彦・渡辺守章監修／小林康夫・石田英敬・松浦寿輝編『ミシェル・フーコー思考集成Ⅶ　知／身体』、筑摩書房
堀井聡江（2004）『イスラーム法通史』、山川出版社
松山洋平（2016）『イスラーム神学』、作品社
マーワルディー（2006）『統治の諸規則』湯川武訳、慶應義塾大学出版会
嶺崎寛子（2003）「多元的法秩序としてのシャリーアとファトワー――現代エジプトを事例として」、『日本中東学会年報』、18-1号、pp. 1-31.
山口元樹（2006）「アラウィー・イルシャーディー論争と中東の指導者たち――１９３０年代における東南アジアハドラミー移民社会の内紛と仲裁の試み――」『オリエント』49-2, pp. 91-109.
――（2011）「オランダ領東インドにおけるアラブ人協会イルシャードの教育活動――アフマド・スールカティーの改革主義思想とその影響」『東洋学報』93-3, pp. 27-51.
湯川武編著（1995）『講座イスラーム世界５　イスラーム国家の理念と現実』、栄光教育文化研究所
横田貴之（2009）『イスラームを知る10　原理主義の潮流――ムスリム同胞団』、山川出版社

中国語文献

陳中和　(2006)『馬来西亜伊斯蘭政党政治：巫統和伊斯蘭党之比較』、Kajang、新紀元学院馬来西亜族群研究中心

アラビア語文献

Abu Bakr Chik (1999) al-Ḥizb al-Islāmī al-Malīzī. Beirut: Dar al-Bayarq.

Abū al-Ḥasan ʻAli b. Muḥammad al-Māwardi (1994) al-Hāwī al-Kabīr. 18 volumes and Introduction. Beirut: Dār al-Kutub al-ʻIlmīyah.

—— (1996) al-Ahkām al-Sulṭanīyah wa al-Wilāyah al-Dīnīyah. translated by Asadullah Yate. London: Ta-Ha Publishers Ltd.

Usāmah ʻUmar al-Ashqar (2008) Fauḍā al-Iftā'. ʻAmmān: Dār al-Nafā'is.

Ibn Ḥajar al-Makkī al-Haythamī (1997) al-Fatāwā al-Kubrā al-Fiqhīyah ʻalā al-Madhhab al-Imām al-Shāfiʻī. 4 volumes. Beirut: Dār al-Kutub al-ʻIlmīya.

Ibn Qayyim al-Jawzīyah (1955) Aʻlām al-Muwaqqiʻīn. 2nd ed. Vol. 2, Part 3. Beirūt: Dār al-Fikr.

"Fatwā" in Wizārah al-Awqāf wa al-Shu'ūn al-Islāmīyah al-Kuwait (ed.) (1983) al-Mawsūʻah al-Fiqhīyah. Kuwait: Ṭabāʻah Dhāt al-Salāsil.

Qur'ān

Sunan Abū Dawūd

Ṣaḥīḥ Muslim

新聞

Berita Harian. 26 May 2010.

New Straits Times. 19 October 2008.

The Star. 9 August 2010.

The Sun. 25 July 1997.

The Sun. 17 July 2007.

Utusan. 9 November 1984.

Utusan Melayu. 29 January 1986.
Utusan Melayu. 31 January 1986.
Utusan Melayu. 3 February 1986.
Utusan Melayu. 26 February 1986.
Utusan Melayu. 3 April 1986.

雑誌

al-Imam. 17 November 1906.
al-Imam. 5 January 1908.
Al Islam. April 2009.
Pengasuh. bilangan 49, 17 June 1920.
Pengasuh. bilangan 78. 19 August 1921.
Pengasuh. bilangan 82, 17 October 1921.

法令

Akta Jenayah Syariah (Wilayah-Wilayah Persekutuan) 1997.
Akta Pentadbiran Undang-Undang Islam (Wilayah-Wilayah Persekutuan) 1993.
Enakmen Jenayah Syariah (Negeri Selangor) 1995.
Enakmen Pentadbiran Agama Islam (Negeri Selangor) 2003.
Enakmen Pentadbiran Hal Ehwal Agama Islam (Terengganu) 2001.
Federal Constitution of Malaysia.

行政文書

Bahagian Perancangan dan Penyelidikan Kementerian Pengajian Tinggi Malaysia (2008) *Perangkaan Pengajian Tinggi Malaysia: Tahun 2008*.

Jawatan Fatwa Kebangsaan (1986) *Minit Muzakarah Jawatankuasa Fatwa Kali yang ke16. Kertaskerja bilangan 6/16/86. 18-19 February 1986*.

Kerajaan Malaysia (1986) *Peristiwa Memali: Kertas Perintah 21 Tahun 1986*.

Majlis Kebangsaan Bagi Hal Ehwal Agama Islam (1971) Peraturan Majlis Kebangsaan Bagi Hal Ehwal Agama Islam.

Majlis Agama Islam dan Isti'adat Melayu Kelantan (1917) *Notis 45/1917 of 18 December 1917, Majlis Agama Islam dan Isti'adat Melayu Kelantan*.

Malayan Security Service (1948) *Political Intelligence Journal*. January-August 1948. London: Public Record Office.

政党関係文書

Abdullah Ahmad Badawi (2004) "Ucapan Dasar Presiden UMNO di Perhimpunan UMNO 2004. PWTC, Kuala Lumpur. 23 September 2004" in Nazli Mohd. Ghazali (ed.) (2007) Islam Hadhari Approach: Towards a Progressive Islamic Civilization, Selected Speeches by Abdullah Ahmad Badawi. Putrajaya: Department of Islamic Development Malaysia.

—— (2005) "Opening Speech at the Meeting of the OIC Commission of Eminent Person. Mariott Hotel, Putrajaya. 27 January 2005" in Nazli Mohd. Ghazali (ed.) (2007) Islam Hadhari Approach: Towards a Progressive Islamic Civilization, Selected Speeches by Abdul lah Ahmad Badawi. Putrajaya: Department of Islamic Development Malaysia.

Bangsa dan Tanah Air yang Selamat dan Sejahtera. Bertekad Membulatkan Jama'ah. Ucapan Dasar Muktamar Tahunan PAS (1988).

Fadzil Mohd Noor (1993) "Pertahan Syakhsiyyah Ummah: Ucapan Dasar Muktamar Tahunan PAS ke-39" in Nasir Ahmad (ed.) (2003)

Koleksi Ucapan Dasar Muktamar PAS Kali ke-36 hingga 48. Johor: PAS Kawasan Ledang.
Jawatankuasa PAS Negeri Trengganu (1982) Kedaulatan Islam Menjamin Keamanan dan Kesejahteraan Rakyat.
Ke Arah Pembebasan Ummah. Ucapan Dasar Muktamar Tahunan PAS (1983).
Mengempur Pemikiran 'Asabiyyah'. Ucapan Dasar Muktamar Tahunan PAS 1984.
Penerangan PAS Kelantan (1983) Sebaran Pilihanraya Kecil Selising Kelantan. September 1983.
Perlembagaan Parti Islam SeMalaysia (Pindaan 1987).
Undang-Undang Hizbul Muslimin. 22 March 1948.

筆者によるインタビュー（役職名は当時のもの）

アブドゥル・ハミド・オスマン（元首相府大臣）に対するインタビュー、２００８年12月16日
ナハーイー・アフマド（元ＰＡＳ副総裁補）に対するインタビュー、２００９年６月８日
バドルルアミン・バハロン（元アズハル留学生、元ＡＢＩＭ執行委員）に対するインタビュー、２００７年５月18日
フィルダウス・イスマーイル（ＵＭＮＯ青年部執行委員）に対するインタビュー、２００９年６月８日

あとがき

ケインズは『雇用、利子、貨幣の一般理論』の中で以下のように述べている。「経済学者や政治哲学者の思想というのは、正しい場合であれ間違っている場合であれ、一般に理解されているよりもはるかに力がある。本当のところ、世界を支配するのは、ほとんどは思想である。……既得権益の力は、徐々に広まっていく思想の力に比べてあまりにも過大に評価されているといえる。もちろん、すぐにではなく一定の期間をおいて広まっていくのであるが」(Keynes, J. M. (1936) *The General Theory of Employment, Interest and Money*. London: Macmillan. p. 383)。

経済学をより公正で望ましい社会を実現していくための手段としての道徳科学ととらえていたケインズは、人間と社会が多様な要因に動かされることを前提とした上で、長期的な時間の中での思想の影響力は非常に大きいと考えていた。

イスラーム(の教義)とそこから派生した法学を含む諸学問も、ある望ましい社会を実現していこうとする志向性を持つことが知られている。そして、ムスリムが大多数を占める社会であっても、その志向性通りに社会が動いていくわけではなく、現実には多様な要因によって動かされているのも周知のことである。イスラームについて研究するという場合、まず、イスラームの教義そのものについて研究する、というのが一つのあり方である。もう一つ、現実におけるイスラームについて研究するという場合は、イスラーム(の教義)とある地域、あるいは社会がどのように関係しあうのか、を研究することになるであろう。しかし、この関係のメカニズムは複雑で長い時間がかかることもあり、到底実証しきれるものではない。およそ思想への社会の影響がそうであるように、イスラームにおいても、ある思想が数十年、数百年の期間を経て、突如間欠泉のように社会に影響を与える事例がしばしば見られる。これが、イスラームと社会・地域の関係を研究する際の方法的困難の一つである。

もう一つ、イスラームと社会・地域の関係について研究する際の方法的困難は、イスラームをある側面だけではなく、包括的にとらえなければならないことである。ある社会や地域で起きた事象について理解するためには、イスラームのみならず、経済や文化、その他人間を動かす要因を総合的にとらえる学際的な視野が必要になる。さらに、イスラームが社会に及ぼす影響についても、ある一側面を見るだけでは理解できない。例えば「あるイスラーム政治思想の影響でテロが起こった、紛争が起こった」というような説は、一部で妥当することはあっても、イスラームの影響を理解したことにはならない。イスラームを実践しようとするムスリムにとって、日々の礼拝も侵略者と戦うジハードも、宗教的な義務であることは同様である。イスラームの教義そのもの、イスラームをそのムスリム（たち）がどのように理解しているか、そのムスリム（たち）が生きている環境を総合的に理解しなければ、なぜそのような事象が起きたのかについての理解に近づくことはできない。イスラームのある側面のみを分割して理解しようとするということは、イスラームを理解することではない。

本書は、基本的には筆者の博士論文を中心に筆者が２００６年から２０１５年にかけて発表してきた著書、論文をまとめたものであるが、この期間は上記二つの困難を常に意識しながら、方法論上の模索を続けた時間でもあった。イスラームの教義と現実の多様な権力関係がテキストの上で交錯するファトワーという資料を分析し、ファトワーが出されるに至った歴史的、あるいは政治、経済的な背景を分析に反映させるという本書の中心的な方法は、この方法論上の問題を完全に解決しうるものではない。しかし、イスラームを現実に反映させようとするウラマーが近代国家の様々な要因と対峙し、苦闘した、あるいは妥協した形跡を知るためには、ファトワーは最適な資料であると考えている。

本書の研究は、以下の科学研究費助成事業および民間の研究助成を受けて継続されてきた。マレーシア、インドネシア等での現地調査をはじめ、本研究は、これらの助成なくしては、継続は困難であった。深く謝意を表したい。

・松下国際財団研究助成（２００６年）「東南アジア・マレー世界の国家形成・変容とイスラーム、インドネシア、マレーシアの独立期から現在まで」

・日本学術振興会特別研究員奨励費（ＤＣ２）（２０１０年〜２０１１年）「マレーシアにおける近代政治とイスラーム――近代国家の発展とムスリム社会の対応」

・日本学術振興会研究活動スタート支援（２０１１年〜２０１２年）「東南アジアのファトワー――ウラマーのネットワークとイスラーム法学の受容・展開―」

・国際宗教研究所賞（２０１２年）

・三島海雲記念財団学術研究助成（２０１３年）「東南アジアと中東の間のウラマーの移動とイスラーム法学の継承過程」

・日本学術振興会若手研究Ｂ（２０１３年〜２０１６年）「東南アジアにおけるイスラーム法学の受容と展開――学びの中心とウラマーのネットワーク」

・日本学術振興会特別研究員奨励費（ＰＤ）（２０１４年〜２０１６年）「イスラーム法学の展開――東南アジアと中東、南アジアをつなぐウラマーのネットワーク――」

本書は、数多くの方々の学術上のご協力、ご教示なくしては成り立ちえなかった。筆者のこれまでの研究で多大なお世話になった方々のお名前を全て挙げて感謝することは到底できないが、深謝の意を表したい。特に、博士後期課程の指導教授として学問的な基礎を教えていただいた中田考氏、上智大学での一連の東南アジアにおけるイスラームと宗教文献の研究プロジェクトに参加していただき筆者の研究を発展させる多くの機会を与えてくださった川島緑氏、オックスフォード大学とのイスラーム教育機関に関する研究プロジェクトに参加させていただき日本学術振興会特別研究員としてもお世話になっている桜井啓子氏、長期に渡り研究に協力していただいているマレーシア国際イスラーム大学の人々、そして誰よりも研究においても最大の助力を得ている塩崎（久志本）裕子氏には、これまでいただいた学恩について、再度感謝をお伝えしたい。

末尾になるが、著書の執筆については不慣れなことも多い筆者を辛抱強くサポートしていただいた作品社の福田隆雄氏に御礼申し上げたい。

２０１６年５月12日　塩崎悠輝

ヤ 行

ラ 行

ワ 行

タ 行

カ 行

サ 行

事項索引

アルファベット

ABIM: Angkatan Belia Islam Malaysia（マレーシア・イスラーム青年運動） 098, 125, 128, 142, 145, 148, 149, 152, 153, 155, 156, 158, 159, 180, 181, 187-189, 215, 233, 234, 238, 239, 241, 244, 302, 303, 305, 308
BN: Barisan Nasional（国民戦線） 121, 119, 233
DAP: Democratic Action Party of Malaysia（マレーシア民主行動党） 123, 142, 305
GERAKAN: Parti Gerakan Rakyat Malaysia（マレーシア人民運動党） 069, 278, 305
IAIS: International Institute of Advanced Islamic Studies（マレーシア国際高等イスラーム研究所） 184
JIM: Jamaah Islah Malaysia（マレーシア改革協会） 142, 145, 239
MCA: Malaysian（Malayan）Chinese Association（マレーシア華人協会、マレーシア成立以前はマラヤ華人協会） 121, 122, 231, 246, 247
MIC: Malaysian（Malayan）Indian Congress（マレーシア・インド人会議、マレーシア成立以前はマラヤ・インド人会議） 046, 052, 123, 126, 179, 184, 192, 200, 222, 225, 231, 238, 239, 308
PKMM: Parti Kebangsaan Melayu Malaya（マラヤ・マレー国民党） 228
PMIP: Pan-Malayan Islamic Party（汎マラヤ・イスラーム党） 200, 225, 231, 242
PPP: People's Progressive Party（人民進歩党） 305
UMNO: United Malays National Organization（統一マレー人国民組織） 119, 121-123, 125, 126, 128, 133, 142, 145, 152, 153, 156, 157, 170, 178, 182, 184-189, 191, 199, 200, 202, 204, 205, 207, 215, 219, 222, 223, 225-231, 233, 234, 241-247, 249, 252, 257, 259-261, 263-269, 274-278, 284, 290, 295, 302, 303, 305

ア 行

アシュアリー派 027
アズハル 044, 045, 058, 066, 084, 086, 098, 099, 192, 194, 195, 199, 204, 230, 235, 236, 259, 276, 278, 308
アッバース朝 031
アニミズム 114, 118
アフマディーヤ→カーディアーニ
アフマディーヤ・イドリスィーヤ教団 059, 199, 306
アラウィー・イルシャーディー論争 074-077, 083
アラウィーヤ 068, 070, 072-077, 081-083, 299, 300
アル＝イマーム 035, 056, 066, 067, 069, 084-089, 150
アル＝マナール 069, 085, 086
イジュマー 030, 078, 140
「イスラーム化」政策 098, 125, 126, 129, 138, 142, 149, 152, 155, 157, 163, 164, 171, 173, 178, 180-182,

ヤ　行

ラ　行

ワ　行

ハ 行

マ 行

タ 行

ナ 行

カ　行

サ　行

人名・地名索引

ア　行

著者略歴

塩崎悠輝（しおざきゆうき）

1977年、愛媛県生まれ。

国際基督教大学を卒業後、マレーシア国際イスラーム大学で修士課程修了、同志社大学神学研究科博士後期課程修了。神学博士（Th.D.）。

外務省在マレーシア日本国大使館専門調査員、マレーシア国際高等イスラーム研究所客員研究員、同志社大学特別任用助教を経て、現在、日本学術振興会特別研究員（PD）、同志社大学一神教学際研究センター（CISMOR）リサーチ・フェロー。

東南アジアにおけるイスラーム法学の歴史、中東と東南アジアの交流についての研究を専門としている。

主な著書、論文に、塩崎悠輝（編著）『マイノリティ・ムスリムのイスラーム法学』（日本サウディアラビア協会）、Shiozaki, Yuki. “Ulama Network as Conveyor of Islamic World Trend: Connecting Malaysian Politics to the Muslim Umma by Islamic Party of Malaysia（PAS）” in Omar Farouk & Miichi Ken（eds.）*Islam and Development in Southeast Asia: Southeast Asian Muslim Responses to Globalization*（Palgrave Macmillan）、Shiozaki, Yuki. “From Mecca to Cairo: Changing Influences on Fatwas in Southeast Asia” in Masooda Bano and Keiko Sakurai（eds.）*Shaping Global Islamic Discourses: The Role of Al-Azhar, Al-Medina, and Al-Mustafa*.（Edinburgh University Press）などがある。

国家と対峙するイスラーム
マレーシアにおけるイスラーム法学の展開

2016年6月25日第1刷印刷
2016年6月30日第1刷発行

著　者　塩崎悠輝

発行者　和田肇
発行所　株式会社作品社
〒102-0072　東京都千代田区飯田橋2-7-4
Tel 03-3262-9753 Fax 03-3262-9757
http://www.sakuhinsha.com
振替口座 00160-3-27183

装　幀　小川惟久
本文組版　有限会社閏月社
印刷・製本　シナノ印刷(株)

Printed in Japan
落丁・乱丁本はお取替えいたします
定価はカバーに表示してあります
ISBN978-4-86182-586-6 C0014

21世紀世界を読み解く

作品社の本

肥満と飢餓

世界フード・ビジネスの不幸のシステム

ラジ・パテル　佐久間智子訳

なぜ世界で、10億人が飢え、10億人が肥満に苦しむのか？世界の農民と消費者を不幸するフードシステムの実態と全貌を明らかにし、南北を越えて世界が絶賛の名著！《日本のフード・システムと食料政策》収録

［徹底解明］

タックスヘイブン

グローバル経済の見えざる中心のメカニズムと実態

R・パラン／R・マーフィー／C・シャヴァニュー

青柳伸子訳　**林尚毅**解説

構造とシステム、関連機関、歴史、世界経済への影響…。研究・実態調査を、長年続けてきた著者３名が、初めて隠蔽されてきた“グローバル経済の中心”の全容を明らかにした世界的研究書。

ウォーター・ビジネス

世界の水資源・水道民営化・水処理技術・ボトルウォーターをめぐる壮絶なる戦い

モード・バーロウ　佐久間智子訳

世界の“水危機”を背景に急成長する水ビジネス。グローバル水企業の戦略、水資源の争奪戦、ボトルウォーター産業、海水淡水化、下水リサイクル、水に集中する投資マネー…。最前線と実態をまとめた話題の書。

モンサント

世界の農業を支配する遺伝子組み換え企業

M・M・ロバン　村澤真保呂／上尾真道訳　**戸田清**監修

次の標的は、TPP協定の日本だ！PCB、枯葉剤…と史上最悪の公害を繰り返し、現在、遺伝子組み換え種子によって世界の農業への支配を進めるモンサント社──その驚くべき実態と世界戦略を暴く！

ブラックウォーター 世界最強の傭兵企業

ジェレミー・スケイヒル　益岡賢・塩山花子訳

殺しのライセンスを持つ米国の影の軍隊は、世界で何をやっているのか？　今話題の民間軍事会社の驚くべき実態を初めて暴き、世界に衝撃を与えた書。『ニューヨーク・タイムズ』年間ベストセラー！

ワインの真実

本当に美味しいワインとは？

ジョナサン・ノシター　加藤雅郁訳

映画『モンドヴィーノ』の監督が、世界のワイン通に、再び大論争を巻き起こしているベストセラー！ 世界の「絶品ワイ148」「醸造家171」を紹介！「本書を読むと、次に飲むワインの味が変わる……」

田川建三訳著

新約聖書　訳と註

全7巻［全8冊］

【第一巻】マルコ福音書／マタイ福音書※

【第二巻】上ルカ福音書※

下使徒行伝※

【第三巻】パウロ書簡　その一※

【第四巻】パウロ書簡　その二／擬似パウロ書簡※

【第五巻】ヨハネ福音書※

【第六巻】公同書簡／ヘブライ書※

【第七巻】ヨハネ黙示録（2016年12月予定）

※印は既刊です

第二版［増補改訂版］

イエスという男

田川建三

イエスはキリスト教の先駆者ではない、歴史の先駆者である。イエスをキリスト教の呪縛から解き放ち、歴史の本質を担ったひとりの逆説的反逆者として捉えた、画期的名著の増補新版。